2025 경찰승진 대비

김만희
실무종합
100

총정리

PREFACE

<2025 김만희 실무종합 100 총정리>

방만한 다수의 지식으로는 객관식을 최종 준비할수 없습니다. 잘다듬어진 최정예의 핵심이 필요합니다. 〈실무종합 총정리 100〉은 김만희 실무종합 시리즈의 최종단계입니다.
2025 〈김만희 실무종합 100 총정리〉은 체계적 이해를 기본으로 수험 심화적 내용까지 이 한권으로 핵심 총정리를 하였습니다.

<교재 특징>

기존학습한 〈실무종합300〉을 바탕으로 하여, 더욱 실전에 적합한 최종정리가 될수있게 구성하였습니다. 이 교재는 300실무종합 학습이 바탕이 되어서, 100실무종합에서는 필수적 암기사항, 중요 시험포인트의 세부정리, 최신개정 사항의 반영등을 통해 보다 객관식 수험에 대비할 수 있는 총정리용 교재입니다.
단순 암기부분도 있지만, 보다 객관식 지문구조화를 할수 있는 강조사항은 지문구조에 맞게 형성시켜두었습니다.
〈김만희 실무종합 100 총정리〉를 통해 반복학습과 지문구조를 살린 적응 학습을 하시면서 '숙련'의 과정을 담금질하시기 바랍니다.
개정사항등은 네이버 카페〈팩트경찰학〉을 통해 소통, 업그레이드 하겠습니다.

승진에는 많은 요소가 필요합니다. 그중 제일중요한 것은 바로 자신에 대한 신뢰일 것입니다. '주경야독'하는 업무환경 속에서의 고군분투과정은 결국 목표한바의 성과로 이루어질것이며, 그 과정을 항상 응원드립니다.

마음속 항상 빛나는 별 하나, 둘, 셋을 향해……
- 경찰실무종합 김 만 희 -

CONTENTS

CHAPTER 01 핵심 총정리   004

김만희 100
실무종합 총정리

CHAPTER 01
핵심 총정리

제1편 핵심 총정리

핵심포인트 01 경찰분류 총정리

기준	분류	의미	사례
목적 (3권분립) (3.행.사)	행정경찰	사회공공의 안녕과 질서유지 → 행정법규 적용	실질적 의미의 경찰
	사법경찰	범죄수사와 범인체포 → 형사소송법 적용	형식적 의미의 경찰
업무의 독자성 (독.보.협)	보안경찰	다른 행정영역과 무관한 독립적 경찰작용	생활안전·교통·경비경찰
	협의의 행정경찰	다른 행정영역과 결합하여 행해지는 경찰작용	산림·위생·건축·철도·경제경찰
권한과 책임의 소재 (소.국.자)	국가경찰	국가가 설립하고 관리하는 경찰	
	자치경찰	자치단체가 설립하고 관리하는 경찰	
위해정도와 담당기관 (적용법규)	평시경찰	평온한 상태에서 일반경찰 법규에 의하여 보통경찰기관이 행하는 경찰작용	일반경찰
	비상경찰	국가비상시에 군대가 경찰사무를 담당	계엄사령관, 위수사령관
경찰활동의 질과 내용 (질.서.봉)	질서경찰	권력적(강제력) 수단으로 법집행 하는 경찰	범죄수사, 진압, 즉시강제, 교통위반자에 대한 처분 등
	봉사경찰	비권력적 수단으로 직무를 수행	청소년선도, 교통정보 제공, 방범순찰, 수난구호 등
경찰권 발동시점 (시.예.진)	예방경찰	위해의 발생을 방지하기 위한 경찰작용(사전)	총포·화약류의 취급 제한, 위해우려 정신착란자 보호조치
	진압경찰	발생한 위해제거 및 범죄수사를 위한 경찰작용(사후)	범죄의 제지·진압, 범죄수사, 위해를 주는 정신착란자 보호조치, 사람공격 멧돼지 사살
보호법익 기준 (보.고.보)	고등경찰	정치, 사상등 고차원적 가치의 법익보호	집회결사, 언론출판 등
	보통경찰	고등경찰 이외 경찰	교통경찰 등

핵심포인트 **02 실질적 경찰과 형식적 경찰**

	실질적 의미 경찰	형식적 의미 경찰
기준	권력적 작용(사회목적적 작용) → 이론상(강학상) 정립(독일 행정법) → 작용 성질을 기준함	**조직상** 기준 → 실무상 정립(작용의 성질과 관계없음) → 경찰이 아닌 다른 행정기관은 해당안됨.
내용	**일반통치권에** 근거해 사회공공의 안녕과 질서유지를 목적으로 국민에게 **명령·강제** → 소극적 목적	**실정법상 보통경찰기관이** 임무를 달성하기 위해 행하는 경찰활동 → 국가마다 상이하다.
예	건축허가, 위생경찰, 산림경찰, 보건경찰, 환경 경찰, 영업경찰, 행정경찰 등	정보경찰, 범죄예방 홍보, 수사경찰, 각종 경찰 서비스 등

핵심포인트 **03 자치경찰** (교.생.수.다)

지역 내 주민의 생활안전 활동에 관한 사무	1) 생활안전을 위한 순찰 및 시설의 운영 2) 주민참여 방범활동의 지원 및 지도 3) 안전사고 및 재해·재난 시 **긴급구조지원** 4) 아동·청소년·노인·여성·장애인 등 사회적 보호가 필요한 사람에 대한 보호업무 및 **가정폭력·학교폭력·성폭력 등의 예방** 5) 주민의 일상생활과 관련된 사회질서의 유지 및 그 위반행위의 지도·단속. 다만, 지방자치단체 등 다른 행정청의 사무는 제외한다. 6) 그 밖에 지역주민의 생활안전에 관한 사무
지역 내 교통활동에 관한 사무	1) 교통법규 위반에 대한 **지도·단속** 2) 교통안전시설 및 무인 교통단속용 장비의 심의·설치·관리 3) 교통안전에 대한 교육 및 홍보 4) 주민참여 지역 교통활동의 지원 및 지도 5) 통행 허가, 어린이 통학버스의 신고, 긴급자동차의 지정 신청 등 각종 허가 및 신고에 관한 사무 6) 그 밖에 지역 내의 교통안전 및 소통에 관한 사무
다음의 어느 하나에 해당하는 수사 사무 (학.교.가.실.경.아.가.성.공)	1) **학교폭력** 등 소년범죄 2) **가정폭력, 아동학대** 범죄 3) **교통사고** 및 교통 관련 범죄 4) 「형법」 제245조에 따른 **공연음란** 및 「성폭력범죄의 처벌 등에 관한 특례법」 제12조에 따른 **성적 목적**을 위한 다중이용장소 침입행위에 관한 범죄 5) **경범죄** 및 기초질서 관련 범죄 6) **가출인** 및 「실종아동등의 보호 및 지원에 관한 법률」 제2조제2호에 따른 **실종아동등** 관련 수색 및 범죄
지역 내 **다중운집** 행사 관련 혼잡 교통 및 안전 관리	

핵심포인트 04 실정법상 임무

국가경찰과 자치경찰의 조직 및 운영에 관한 법률 제3조(생.수.해.경.정.외.교.공)	경찰관직무집행법 제2조
1. 국민의 **생명**·신체 및 재산의 보호 2. 범죄의 예방·진압 및 **수사** 3. **범죄피해자** 보호 4. **경비**·요인경호 및 대간첩·대테러 작전 수행 5. 공공안녕에 대한 위험의 예방과 대응을 위한 **정보의 수집·작성 및 배포** 6. **교통**의 단속과 위해의 방지 7. **외국** 정부기관 및 국제기구와의 국제협력 8. **그 밖에 공공의 안녕과 질서유지**	1. 국민의 생명·신체 및 재산의 보호 2. 범죄의 예방·진압 및 수사 2의2. 범죄피해자 보호 3. 경비, 주요 인사 경호 및 대간첩·대테러 작전 수행 4. 공공안녕에 대한 위험의 예방과 대응을 위한 정보의 수집·작성 및 배포 5. 교통 단속과 교통 위해의 방지 6. 외국 정부기관 및 국제기구와의 국제협력 7. 그 밖에 공공의 안녕과 질서 유지
제1조(목적) 이 법은 경찰의 **민주적인 관리·운영과 효율적인 임무수행**을 위하여 경찰의 **기본조직 및 직무범위와 그 밖에 필요한 사항**을 규정함을 목적으로 한다. 제2조(국가와 지방자치단체의 책무) 국가와 지방자치단체는 **국민의 생명·신체 및 재산을 보호**하고 공공의 안녕과 질서유지에 필요한 시책을 수립·시행하여야 한다.	제1조(목적) ① 이 법은 국민의 자유와 권리 및 모든 개인이 가지는 **불가침의 기본적 인권**을 보호하고 **사회공공의 질서**를 유지하기 위한 경찰관(경찰공무원만 해당한다.)의 **직무 수행**에 필요한 사항을 규정함을 목적으로 한다. ② 이 법에 규정된 경찰관의 직권은 그 직무 수행에 **필요한 최소한도**에서 행사되어야 하며 남용되어서는 아니 된다.

핵심포인트 05 위험의 종류 – 인식기준

외관적 위험	① 합리적으로 사리 깊게 상황 판단하여 위험이 존재한다고 인식하여 개입하였으나, **실제로는 위험이 없던 경우**.(주관적 착오 ×) → 예 : 집안에서 아이들이 크게 장난치는데, 강도사건이 발생한 것으로 오인한 경우 ② 경찰권의 발동 : 원칙적으로 **적법**하다. ③ 적법한 직무집행일 경우 국가의 **손실보상책임**이 발생할 수 있다.
오상위험	① 객관적으로 위험혐의가 인정되지 않음에도 불구하고, 경찰이 위험의 존재를 **잘못 추정하는** 경우.(주관적 착오 O) → 예 : 영화촬영장에서 폭행으로 오인하고 경찰이 개입 ② 오상위험의 경우 경찰의 개입은 **위법**하다. → 경찰 개인에게는 민·형사상 책임, 국가는 **손해배상책임**이 발생할 수 있다.
위험혐의	① 경찰이 의무에 합당한 사려 깊은 판단을 할 때 위험의 발생 가능성은 예측되지만, 위험의 실제 **발생여부가 불확실**한 경우이다. ② 예비적인 **위험조사 차원**의 경찰개입은 **가능하다**. → 명령등 직접적인 발동은 불가하다.

제1편 핵심 총정리

핵심포인트 06 경찰관할

인적 관할	① 원칙 : 국가의 일반통치권에 복종하는 모든 사람에게 적용된다. ② 예외 　㉠ 국회의원 - 불체포특권(헌법 제44조) 　㉡ 대통령 - 불소추특권(헌법 제84조) 　㉢ 외교사절 - 외교특권 인정 　㉣ 주한미군지위협정(SOFA)에 의한 미군
지역 관할	① 원칙 : 대한민국의 영역 내에 모두 적용되는 것이 원칙이다. ② 예외

지역 관할		
	국회	ⓐ 국회의장의 경호권 ⓑ 국회의장은 국회의 경호를 위해 필요시 **국회운영위원회의 동의**를 받아 일정한 기간을 정하여 정부에 경찰공무원의 파견을 요구할 수 있다. 　→ 국회의장 지휘를 받아 국회경위는 회의장 **건물 안**, 파견된 경찰공무원은 회의장 **건물밖**에서 경호한다. ⓒ 국회내 **현행범 체포** 국회경위나 경찰공무원은 국회 안에 **현행범인**이 있을때에는 **체포한 후 의장의 지시**를 받아야 한다. 　→ 국회의원은 현행범인 경우를 제외하고는 회기 중에 국회의 동의없이 체포 또는 구금되지 아니한다. 　→ **국회의원은** 회의장 안에 있어서는 국회의장의 명령 없이 체포할 수 없다.
	법정 내부	ⓐ 법원의 법정경찰권은 **재판장**이 행사한다. ⓑ 재판장은 법정에서의 질서유지를 위하여 필요하다고 인정할 때에는 **개정 전후에 상관없이** 관할 **경찰서장**에게 경찰공무원의 파견을 요구할 수 있다. 　→ 파견된 경찰공무원은 법정 내외의 질서유지에 관하여 **재판장의 지휘를 받는다.**
	치외 법권	ⓐ 원칙 외교공관이나 외교관의 **사택 및 그들의 승용차·보트·비행기 등**에 대해서는 외교사절의 요구나 동의가 없는 한 출입할 수 없다. 　→ 영사관계에 관한 비엔나협약 제31조 ⓑ 예외 화재나 감염병 발생처럼 **긴급을 요하는 경우**에는 외교사절의 동의 없이 관사출입이 가능하다. * 미군영내

핵심포인트 07 갑오개혁 이후 경찰사

갑오개혁	① 1894년 '각아문관제'에서 최초로 '경찰' 용어 사용하였다. ② 김홍집 내각에서 법무아문소속으로 시도되었으나, **내무아문 소속으로 경무청** 설치함.
경무청관제직장 (1894.7)	① 의의 : **최초의 경찰조직법** ② 한성부에 **경무청** 설치 → 경무청의 장으로 '**경무사**' → 한성5부 내 경찰지서(지서장 - **경무관**)를 설치함. → **직수아문 폐지** : 각부, 각아문, 각군문의 체포·구금 폐지
행정경찰장정 (1894.8)	① **최초의 경찰작용법**이다. → 일본의 행정경찰규칙(1875)과 위경죄즉결례(1885)를 혼합하여 만듦. ② 경찰 업무범위를 광범위하고 포괄적으로 규정하였다. → 경찰업무와 일반행정업무의 완전 분화는 이루어지지 않음. ③ '지방경찰규칙(1895)'으로 내부대신이 지방경찰을 지휘감독함. ④ '순검직무세칙(1896)' : 풍기단속, 병자보호, 야간순찰등 순검직무 규정
내부관제 정비 (1895)	'내부관제'의 제정 내부대신의 경찰에 대한 지휘·감독권을 정비하였다. → 경무청관제(칙령제85호) : 경무사는 내부 대신의 지휘감독을 받아 전적으로 한성부 5부의 경찰, 소방, 감옥에 관한 일을 총할한다.
광무개혁 (1897)	① **경부 설치(1900년)** → '경부관제'의해 중앙관청인 '**경부**'로 설치함.(격상) → 궁내경찰서와 한성부 내 5경찰서, 3개 분서 → **경무감독소를 설치해 지휘하게 하였다.** ② 이원적 경찰체제 <table><tr><td>중앙</td><td>경부에서 **한성 및 각 개장항**의 경찰업무와 감옥 사무를 통합 수행하였다.</td></tr><tr><td>지방</td><td>각 관찰사 밑에 **총순**을 파견하여 관찰사를 보좌하였다. → 총순은 관찰사의 지휘를 받음.</td></tr></table>
경무청(1902)	1902년 **내부소속의 경무청** 다시 설치함. → **전국**을 관할함.

핵심포인트 08 일제 강점기 경찰

을사조약 (1905) 통감부	① 경무청 - 1906년 '경무청관제개정건'에서 **한성부내 경찰로 축소함**. → 통감부 산하에 별도로 경무부 설치(경무총장이 경찰사무 총괄) ② 1907년 '경시청관제'에서 경무청이 **경시청**으로 개칭됨.
경찰권 상실 (1910) (취.재.사.경)	경찰사무에 관한 **취극서**(1908) - **재한국 일본인**을 일본이 지휘감독 **재한국** 외국인민에 대한 경찰에관한 한일협정(1909.3) - **재한국 외국인**에 대한 경찰사무를 일본경찰이 지휘감독 한국**사법** 및 **감옥** 사무 위탁에 관한 각서(1909.7) - **사법사무와 감옥사무를** 일본에 위탁 한국 **경찰사무** 위탁에 관한 각서(1910.6) - 한국 경찰 사무 전체 강탈함
헌병경찰제	① 1910년 **조선총독부** 설치 → 총독부에 경무총감부(장:경무총장), 각 도에는 경무부(장:경무부장) 설치. ② '조선주차헌병조령(1910.9.10.)'으로 헌병 통치 근거마련 → **헌병경찰** : 군사상 주요지역(보통경찰 : 도시나 개항장 등에 배치) → 1896년 한성과 부산간 군용전신선 보호명분으로 일본헌병이 주둔함. → 헌병은 사법경찰, 군사경찰, 행정경찰을 겸하였다. → 주임무 : 의병토벌, 민사소송조정, 집달리 업무, 국경세관업무, 일본어 보급, 부업 장려 등 ③ 총독에서 **제령권**, 경무총장·경무부장에게 **명령권**을 주어 제국주의 경찰권 행사하였다. ④ 보안법, 집회단속에 관한 법률, 출판법, 신문지법 등 으로 탄압
보통경찰제 (정.치.예)	① **1919년 3.1운동후** 법제상 '**보통경찰제**'를 채택하였다. → 경찰조직의 외형적 축소는 있었으나, 경찰직무와 권한에 대한 기본적 변화는 없었다. ② 1919년 3.1운동을 계기로 '**정치범처벌법**'제정해 탄압함. ③ 1925년 **일본의** 치안유지법을 한국에 적용한 '**치안유지법**'으로 더욱 탄압 ④ 1941년 **예비검속법**

핵심포인트 09 임시정부

상해 임시 정부 (경.연.의)	경무국	① 1919년 4월 25일 공포된 '대한민국 임시정부 장정' 제정 → 내무부에 경무국 직제 규정 → 초대 경무국장으로 **백범 김구**(2대 경무국장 김용원) ② 경찰을 위한 정식예산이 편성되고, 소정의 월급이 지급됨
	연통제	① **상해임시정부**의 지역적 한계 극복과 국내연계, 독립운동 자금모집을 위해 **연통제 실시** ② 각 도에는 지방행정기관으로 **독판부**를 두고, 산하 경찰기구로 **경무사**를 둠 → 독판부·부서·군청 및 경무사·경무과 소속의 경감과 경호원이 경찰업무 수행하였다. → 1920년 화령 연통제 발각 계기로 1921년 이후 점차 와해되었다.
	의경대	각 교민단체의 '의경대조례'를 통해 **자치경찰조직**으로서 설치 → 밀정색출, 친일파처단, 교민사회질서유지·호구조사·민단세징수·풍기단속 등
중경임시정부		1941년 내무부 직속으로 **경위대** 설치 →임시정부청사 경비, 임시정부 요인 보호 1943년 '대한민국 잠행관제'에 의해 내무부 아래 **경무과** 설치 → 일반경찰사무, 인구조사, 징병징발, 정보수집 등

핵심포인트 10 미군정기(1945~1948)

경무국(1945.10.) → 경무부(1946) → 여경제도(1946) → 간부후보생제도(1947) → 중앙경찰위원회(1947)

① 초기에는 '태평양미군총사령부 포고1호'를 통해 과도기적인 군정의 실시와 구관리 체제를 유지하였다.
② 1946.3.29. 경무국을 **경무부**로 승격함.
→ 지방에 3개의 경무총감부를 설치하였다.
③ 경찰업무의 **비경찰화** 및 일원화가 이루어졌다.(경찰 활동 영역 축소)
→ 고등경찰·경제경찰 폐지, 위생업무 이관, 정보경찰 신설, 경찰봉 대체
→ **정**치범처벌법·**치**안유지법·**예**비검속법 폐지(1945), **보**안법 폐지(1948)
④ 중앙경찰위원회 설치 – 민주적 요소, 6인 위원
⑤ 영미법적 영향을 받아 경찰제도의 민주적 요소가 도입되었다.
→ 경찰제도의 인력구성의 개혁에 대해서는 부정적 평가.
⑥ **수사는 경찰, 기소는 검사** 체제 도입되어 경찰의 독자적 수사권 인정하였다.

핵심포인트 11 정부수립이후 흐름 정리

	연도	내용
치안국	1948	정부수립, **내무부 아래 치안국** 설치(격하)
	1949	경찰병원 설립
	1953	**경찰관직무집행법 제정** → 국민의 생명·재산 보호 같은 영미법적 요소가 도입 해양경찰대 발족(12.23)
	1954	경범죄처벌법
	1955	국립과학수사연구소
	1966	경찰관 해외주재관제도 경찰윤리헌장 선포
	1968	전투경찰대 설치
	1969	**경찰공무원법 제정** - 경정, 경장 신설, 계급정년제(경감이상)
치안본부	1974	내부무 치안본부로 개편, 22특별경비대 설치
	1975	소방업무 분리(소방을 민방위본부로 이관)
	1979	경찰대학설치법
경찰청	1991	**경찰법** 제정(5.31) - 경찰청 승격, 경찰청장과 지방경찰청장은 독립관청화 - 경찰위원회, (시도지사소속)치안행정협의회 설치
	1996	해양수산부로 해양경찰청 이관
	1998	경정 계급정년제
	1999	청문감사관제 도입
	2000	사이버테러대응센터 설치
	2005	경찰병원을 **책임운영기관**으로 전환
	2006	제주특별자치도 자치경찰제 실시
	2021	**국가경찰과 자치경찰의 조직 및 운영에 관한법률** - 자치경찰제 실시, 국가수사본부 설치
	2022	행정안전부내 **경찰국** 설치

핵심포인트 12 한국경찰 표상

백범 김구	1919년 상하이에서 수립한 대한민국 **임시정부의 초대 경무국장**
안맥결 총경	① **도산 안창호 선생의 조카딸, 독립운동가 출신의 여성경찰관이다.** ② 1946년 5월 미군정하 제1기 여자경찰간부로 임용되어 국립경찰에 투신하였고 1952년부터 2년간 서울여자경찰서장을 역임하며 풍속·소년·여성보호 업무를 담당하였다. → 독립유공자로 등록되었다.
문형순 경감	① **민주·인권경찰의 표상** ② 성산포경찰서장시 **제주 4.3사건** 당시 처형위기에 처한 100여명의 주민 전원을 훈방하고, 1950년 계엄군의 예비검속자 총살명령에 '부당함으로 불이행'한다고 거부하고 278명 방면함.
안종삼 서장	1950년 구례경찰서장으로 예비검속 된 보도연맹원들 총살명령을 거부하고 "내가 죽더라도 방면하겠으니 국가를 위해 충성해 달라"는 연설 후 전원 방면
노종해 경감	1950년 양구경찰서장으로 북한군 진격을 지연시키고 전사하여 춘천지구전투 승리에 기어하였다.
차일혁 경무관	① **호국경찰·인권경찰·문화경찰의 표상** ② 상부의 사찰 소각 명령에 대하여 '절을 태우는 데는 한나절이면 족하지만, 세우는 데는 천 년 이상의 세월로도 부족하다.'며 화엄사, 천은사, 선운사 등 사찰과 문화재를 보호함(문화보관훈장 수여) ③ 충주경찰서장 재직시 충주직업소년학원을 설립해 불우아동에게 학습제공 (문화경찰) ④ 드라마 여명의 눈동자 모델
최규식 경무관, 정종수 경사	① **호국경찰의 표상** ② 1968년 **1.21 무장공비침투사건** 당시 최규식 총경, 정종수 등 형사 7명이 종로경찰서 자하문검문소에서 무장공비를 차단·격투 끝에 **청와대를 사수하였다.**
안병하 치안감	① **민주·경찰의 표상** ② **1980년 광주민주화운동** 당시 전남도경국장으로 '시민에게 총을 겨누지 말라, 분산되는 자는 너무 추적하지 말라, 연행과정에서 학생의 피해가 없도록 유의하라'며 **비례원칙과 시위대의 인권보호**를 강조하였다. ③ 신군부의 직위해제와 고문을 당한 후 고문후유증으로 사망함. → 충남아산 경찰인재개발원에 '안병하 홀'건립.
이준규 서장	1980년 **5.18당시 목포경찰서장**으로 군부의 강경진압을 거부하고 시민을 보호함 총기 방아쇠 뭉치를 제거해 시민과 유혈충돌 방지함.
최중락 총경	① 재직중 1300명의 범인을 검거하는 등 수사경찰의 대표적 표상. ② 드라마 '**수사반장**'의 실제모델
박재표 경위	1956년 자유당 **부정선거관련 경찰 최초 내부고발자**

핵심포인트 13 2024 경찰영웅

심재호 경위, 이재현 경장 : 2004년 폭력 사건 피의자인 이학만 체포 위해 출동했다가 흉기에 찔려 순직.
나성주·장진희 경사 : 1995년 부여 대간첩작전에서 무장간첩과 총격전 중 순직.

핵심포인트 14 국가경찰위원회 - 구성

설치	국가경찰행정에 관하여 심의·의결하기 위하여 **행정안전부에 둔다.** (경찰행정기관) → 합의제 심의, 의결기관
구성	① 위원장 1명을 포함한 **7명의 위원**으로 구성 | 비상임	**위원장**, 5명 위원
상임	1명 위원(**정무직**) | 〈국가경찰위원회 규정(대통령령)〉 ① 위원장은 위원회를 대표하며, 위원회의 사무를 총괄. ② **위원장은** 비상임위원중에서 **호선** ③ 위원장 직무대리 순서 : **상임위원 → 위원중 연장자순**
임명	① 위원은 **행정안전부장관의 제청**으로 **국무총리를 거쳐 대통령이 임명**한다. → 행정안전부장관은 위원 임명을 제청할 때 경찰의 정치적 중립이 보장되도록 하여야 한다. ② 위원 중 **2명은 법관의 자격이 있는 사람**이어야 한다. → 위원은 특정 성이 **10분의 6**을 초과하지 아니하도록 노력하여야 한다.
결격사유	① 결격사유 및 당연퇴직 1. 정당의 당원이거나 당적을 이탈한 날부터 3년이 지나지 아니한 사람 2. 선거에 의하여 취임하는 공직에 있거나 그 공직에서 퇴직한 날부터 **3년**이 지나지 아니한 사람 3. **경찰, 검찰, 국가정보원 직원 또는 군인의 직**에 있거나 그 직에서 퇴직한 날부터 **3년**이 지나지 아니한 사람 4. 「국가공무원법」제33조(결격사유) 각 호의 어느 하나에 해당하는 사람. → 다만, 「국가공무원법」제33조제2호(파산선고를 받고 복권되지 아니한자) 및 제5호(금고이상의 형의 선고유예를 받은 경우에 그 선고유예 기간 중에 있는 자)에 해당하는 경우에는 같은 법 제69조제1호 단서에 따른다. ② 위원에 대해서는 「국가공무원법」제60조(비밀엄수의무) 및 제65조(정치운동금지)를 준용한다.
임기	위원의 임기는 **3년**으로 하며, **연임할 수 없다.** → 이 경우 보궐위원의 임기는 **전임자 임기의 남은 기간**으로 한다.

	*위원 임기 3년 (국.시.소.언) → 국가경찰위원회, 시도자치경찰위원회, 소청심사위원회, 언론중재위원회
신분 보장	위원은 중대한 신체상 또는 정신상의 장애로 직무를 수행할 수 없게 된 경우를 제외하고는 **그 의사에 반하여 면직되지 아니한다.** (위원의 면직) ① 위원이 중대한 심신상의 장애로 직무를 수행할 수 없게 되어 면직하는 경우에는 **위원회의 의결이 있어야 한다.** ② 의결요구는 **위원장 또는 행정안전부장관**이 한다.

핵심포인트 15 국가경찰위원회 운영

심의·의결	1. **국가경찰사무에 관한** 인사, 예산, 장비, 통신 등에 관한 주요정책 및 경찰 업무 발전에 관한 사항 2. 국가경찰사무에 관한 **인권보호와 관련되는** 경찰의 운영·개선에 관한 사항 3. 국가경찰사무 **담당 공무원의 부패 방지와 청렴도 향상**에 관한 주요 정책사항 4. 국가경찰사무 외에 **다른 국가기관으로부터의 업무협조 요청**에 관한 사항 5. **제주특별자치도의 자치경찰에 대한** 경찰의 지원·협조 및 협약체결의 조정 등에 관한 주요 정책사항 6. 제18조에 따른 **시·도자치경찰위원회 위원 추천, 자치경찰사무에 대한 주요 법령·정책 등에 관한 사항**, 제25조제4항에 따른 시·도자치경찰위원회 의결에 대한 재의 요구에 관한 사항 7. 제2조(국가와 지방자치단체의 책무)에 따른 시책 수립에 관한 사항 8. 제32조에 따른 비상사태 등 **전국적 치안유지를 위한 경찰청장의 지휘·명령에 관한 사항** 9. 그 밖에 **행정안전부장관 및 경찰청장이 중요하다고** 인정하여 국가경찰위원회의 회의에 부친 사항 ② **행정안전부장관**은 심의·의결된 내용이 적정하지 아니하다고 판단할 때에는 **재의를 요구할 수 있다.** ㉠ 행정안전부장관이 재의를 요구하는 경우에는 **의결한 날부터 10일**이내에 재의요구서를 위원회에 제출하여야 한다. ㉡ 위원장은 재의요구가 있는 경우에는 그 **요구를 받은 날부터 7일**이내에 회의를 소집하여 다시 의결하여야 한다.

운영 등	① 국가경찰위원회의 사무는 **경찰청에서** 수행한다.		
	② 의결 정족수 : **재적위원 과반수의 출석과 출석위원 과반수의 찬성**		
	회의	정기회의	특별한 사유가 있는 경우를 제외하고는 **매월 2회** 위원장이 소집한다.
		임시회의	**위원장**은 필요한 경우 임시회의를 소집할 수 있으며, **위원 3인이상과 행정안전부장관 또는 경찰청장**은 위원장에게 임시회의 소집을 요구할 수 있다. → 임시회의소집 요구가 있는 경우에는 위원장은 특별한 사유가 없는 한 회의를 소집하여야 한다.
	간사	간사 1인을 두되, 간사는 경찰청 혁신기획조정담당관이 된다	

핵심포인트 16 국자법 - 경찰청

소속	행정안전부장관 소속	
경찰청장	① 경찰청에 경찰청장을 두며, 경찰청장은 **치안총감**으로 보한다.	
	임명	국가경찰위원회의 동의를 받아 **행정안전부장관의 제청으로 국무총리를 거쳐 대통령이 임명한다.** → 국회의 인사청문을 거쳐야 한다.
	임기	**2년으로 하고, 중임할 수 없다.**
	탄핵	직무를 집행하면서 **헌법이나 법률을 위배**하였을 때에는 **국회는 탄핵 소추를 의결할 수 있다.**
	② 경찰청장은 경찰의 수사에 관한 사무의 경우에는 **개별 사건의 수사에 대하여 구체적으로 지휘·감독할 수 없다.** → 다만, 국민의 생명·신체·재산 또는 공공의 안전 등에 중대한 위험을 초래하는 **긴급하고 중요한 사건의 수사**에 있어서 경찰의 자원을 대규모로 동원하는 등 통합적으로 현장 대응할 필요가 있다고 판단할 만한 상당한 이유가 있는 때에는 **국가수사본부장을 통하여 개별 사건의 수사에 대하여 구체적으로** 지휘·감독할 수 있다.	
	긴급하고 중요한 사건의 범위 등	① 전시·사변 또는 이에 준하는 국가 비상사태가 발생하거나 발생이 임박하여 **전국적인 치안유지가 필요한 사건** ② 재난, 테러 등이 발생하여 공공의 안전에 대한 급박한 위해나 범죄로 인한 피해의 급속한 확산을 방지하기 위해 **신속한 조치가 필요한 사건** ③ 국가중요시설의 파괴·기능마비, 대규모 집단의 폭행·협박·손괴·방화

	등에 대하여 **경찰의 자원을 대규모로 동원할 필요**가 있는 사건 ④ 전국 또는 일부 지역에서 **연쇄적·동시다발적으로 발생**하거나 **광역화된 범죄에** 대하여 경찰력의 집중적인 배치, 경찰 각 기능의 종합적 대응 또는 국가기관·지방자치단체·공공기관과의 **공조가 필요한 사건**
수사지휘의 방식	① 경찰청장은 따라 국가수사본부장에게 개별 사건의 수사에 대한 **구체적 지휘**를 하는 경우에는 **서면으로 지휘**해야 한다. ② 경찰청장은 서면 지휘가 불가능하거나 현저히 곤란한 경우에는 구두나 전화 등 서면 외의 방식으로 지휘할 수 있다. → 이 경우 **사후에 신속하게 서면**으로 지휘내용을 **송부**해야 한다.

③ 경찰청장은 개별 사건의 수사에 대한 구체적 지휘·감독을 개시한 때에는 이를 **국가경찰위원회에 보고하여야 한다.**
  → 경찰청장은 사유가 **해소된 경우**에는 개별 사건의 수사에 대한 구체적 지휘·감독을 **중단하여야 한다.**
  → 경찰청장은 국가수사본부장이 사유가 해소되었다고 판단하여 개별 사건의 수사에 대한 구체적 지휘·감독의 중단을 건의하는 경우 **특별한 이유가 없으면 이를 승인하여야 한다.**
④ 헌법재판소 위헌결정에 따라, 경찰청장은 현재 **퇴직후 2년이내**에 정당의 발기인이나 당원이 될수 있다.

핵심포인트 17 자치경찰에 대한 직접 지휘명령

자치경찰 대한 직접 지휘 명령 (비.다.지)	① **경찰청장**은 다음 각 호의 경우에는 자치경찰사무를 수행하는 경찰공무원(제주특별자치도의 자치경찰공무원을 포함)을 **직접 지휘·명령할 수 있다.** 1. 전시·사변, 천재지변, 그 밖에 이에 준하는 **국가 비상사태, 대규모의 테러 또는 소요사태가 발생**하였거나 발생할 우려가 있어 **전국적인 치안유지를 위하여 긴급한 조치**가 필요하다고 인정할 만한 충분한 사유가 있는 경우 2. 국민안전에 중대한 영향을 미치는 사안에 대하여 **다수의 시·도에 동일하게 적용되는 치안정책을 시행할 필요가 있다**고 인정할 만한 충분한 사유가 있는 경우 3. 자치경찰사무와 관련하여 해당 시·도의 경찰력으로는 국민의 생명·신체·재산의 보호 및 공공의 안녕과 질서유지가 어려워 **경찰청장의** 지원·조정이 필요하다고 인정할 만한 충분한 사유가 있는 경우

→ 국가경찰위원회에 즉시 보고
→ **3호 경우 미리 국가경찰위원회 의결 거쳐야** 하며, 긴급한 경우 우선 조치후 국가경찰위원회 의결 거쳐야 한다.

핵심포인트 18 국가수사본부

지휘감독	「형사소송법」에 따른 경찰의 수사에 관하여 각 시·도경찰청장과 경찰서장 및 **수사부서 소속 공무원**을 지휘·감독한다.
임기 등	① 임기 : 2년으로 하며, 중임할 수 없다.(임기가 끝나면 당연히 퇴직한다.) ② 국가수사본부장이 직무를 집행하면서 헌법이나 법률을 위배하였을 때에는 **국회는 탄핵 소추를 의결할 수 있다.**
국가수사본부장을 경찰청 외부를 대상으로 모집 임용시 자격요건	1. **10년 이상 수사업무에 종사한 사람** 중에서「국가공무원법」제2조의2에 따른 고위공무원단에 속하는 공무원, 3급 이상 공무원 또는 **총경 이상** 경찰공무원으로 재직한 경력이 있는 사람 2. **판사·검사 또는 변호사**의 직에 10년 이상 있었던 사람 3. 변호사 자격이 있는 사람으로서 국가기관, 지방자치단체,「공공기관의 운영에 관한 법률」제4조에 따른 공공기관(국가기관등)에서 **법률에 관한 사무에 10년 이상** 종사한 경력이 있는 사람 4. 대학이나 공인된 연구기관에서 **법률학·경찰학 분야에서 조교수 이상**의 직이나 이에 상당하는 직에 10년 이상 있었던 사람 5. 제1호부터 제4호까지의 경력 기간의 **합산이 15년 이상인** 사람
국가수사본부장을 경찰청 외부를 대상으로 모집시 결격사유	1.「경찰공무원법」제8조제2항 각 호의 결격사유에 해당하는 사람 2. 정당의 당원이거나 **당적을 이탈한 날부터 3년이** 지나지 아니한 사람 3. 선거에 의하여 취임하는 공직에 있거나 그 공직에서 **퇴직한 날부터 3년이** 지나지 아니한 사람 4. 제6항제1호에 해당하는 공무원 또는 제6항제2호의 **판사·검사의 직**에서 퇴직한 날로부터 **1년이** 지나지 아니한 사람 5. 제6항제3호에 해당하는 사람으로서 **국가기관등에서 퇴직한 날로부터 1년이** 지나지 아니한 사람

핵심포인트 19

중임 금지	경찰청장, 국가수사본부장 (중.청.수)
연임 금지	국가경찰위원회위원, 시도자치경찰위원회위원, 경찰인권위원회위원장(국.시.인)

핵심포인트 20 시·도자치경찰위원회 운영등

심의·의결	정족수	재적위원 과반수의 출석과 **출석위원 과반수의 찬성**
	재의 요구 (할수있다)	㉠ **시·도지사**는 시·도자치경찰위원회의 의결이 적정하지 아니하다고 판단할 때에는 **재의를 요구할 수 있다.** ㉡ 위원회의 의결이 법령에 위반되거나 공익을 현저히 해친다고 판단되면 **행정안전부장관은 미리 경찰청장의 의견을 들어 국가경찰위원회를 거쳐** 시·도지사에게 재의를 요구하게 할 수 있다. ㉢ **경찰청장**은 국가경찰위원회와 행정안전부장관을 거쳐 시·도지사에게 재의를 요구하게 할 수 있다.
	재의결	**위원장은** 재의요구를 받은 날부터 **7일 이내**에 회의를 소집하여 재의결하여야 한다. → **재적위원 과반수의 출석과 출석위원 3분의 2 이상의 찬성**으로 전과 같은 의결을 하면 그 의결사항은 **확정된다.**
운영 등		① 원칙 : 회의는 **정기적으로 개최**하여야 한다. 　㉠ 정기회의는 특별한 사유가 있는 경우를 제외하고는 **월 1회 이상** 소집·개최한다. 　㉡ 시·도자치경찰위원회 위원장은 회의를 소집하려면 회의 개최 3일 전까지 회의의 일시·장소 및 안건 등을 위원에게 알려야 한다. 　→ 다만, 긴급한 사정이나 그 밖의 부득이한 사유가 있는 경우에는 그렇지 않다. 　임시회 (개최할 수 있다)　ⓐ **위원장이 필요하다**고 인정하는 경우 　　　　　　　　　　　　　ⓑ **위원 2명 이상이 요구**하는 경우 　　　　　　　　　　　　　ⓒ **시·도지사가 필요하다**고 인정하는 경우 ② 그 밖에 시·도자치경찰위원회의 운영 등에 필요한 사항은 대통령령으로 정하는 기준에 따라 **시·도조례로** 정한다.
사무기구		① 시·도자치경찰위원회의 사무를 처리하기 위하여 **시·도자치경찰위원회에** 필요한 사무기구를 둔다. ② 사무기구에는 「지방자치단체에 두는 국가공무원의 정원에 관한 법률」에도 불구하고 **대통령령으로 정하는 바에 따라 경찰공무원을 두어야 한다.** → 사무기구의 조직·정원·운영 등에 관하여 필요한 사항은 경찰청장의 의견을 들어 대통령령으로 정하는 기준에 따라 시·도조례로 정한다.

→ 자치경찰사무의 수행에 필요한 예산은 <u>시·도자치경찰위원회의 심의·의결</u>을 거쳐 <u>시·도지사가 수립</u>한다. 이 경우 시·도자치경찰위원회는 <u>경찰청장의 의견</u>을 들어야 한다.

핵심포인트 21 국가경찰위원회와 시도자치경찰위원회

	국가경찰위원회	시·도자치경찰위원회
소속	• 행정안전부 소속	• 시·도지사 소속
성격	의결 기관	합의제 행정기관
구성원수	7인 → 특정성이 6/10초과 하지 아니하도록 노력하여야 한다.	
위원장	비상임위원 중 호선 (직무대행 : 상임 위원 → 비상임위원 중 연장자순)	위원 중 시·지사가 임명 (직무대행 : 상임 위원 → 위원 중 연장자순)
비상임	위원장 + 5인 위원	5인 위원
상임	1인 상임위원(정무직)	위원장 + 1인 → 지방자치단체의 공무원으로 본다.

위원 임명	• 위원 중 2인은 법관자격
	• 행정안전부장관 제청
	  → 국무총리
	  → 대통령이 임명
		• 위원 중 1 인은 인권문제 전문가로 노력
		• 시도지사의 추천권자에게 추천요청
		  (임기만료전 30 일전) → 추천권자의 추천
		  → 시도지사의 임명
		
		  ㉠ 시·도의회가 추천하는 2명
		  ㉡ 국가경찰위원회가 추천하는 1명
		  ㉢ 해당 시·도 교육감이 추천하는 1명
		  ㉣ 시·도자치경찰위원회 위원추천위원회가 추천하는 2명
		  ㉤ 시·도지사가 지명하는 1명

위원 자격 (결격사유)	• 당적이탈 후 3년 이상 • 공직퇴직 후 3년 이상 • 경찰, 검찰, 국가정보원 직원, 군인 퇴직 후 3년 이상	• 판사, 검사, 변호사, 경찰의 직에 5년 이상 • 변호사 자격 + 국가기관등에서 5년 이상 • 법률학, 행정학, 경찰학 조교수 이상 5년 이상 • 지역주민 중 학식과 덕망 • 결격사유 : 경찰, 검찰, 국가정보원 직원, 군인 3년

위원 임기	• 3년, 연임할 수 없다
	  → 중대한 심신장애를 제외하고는 면직되지 아니한다.
		• 3년, 연임할 수 없다
		• 보궐위원(남은 잔여임기)
		  → 보궐위원의 잔여임기가 1년 미만인 경우 1회에 한하여 연임가능

정기회의	매월 2회	월 1회 이상
임시회의	㉠ 위원장은 필요한 경우 ㉡ 위원 3명이상과 행정안전부장관 또는 경찰청장은 위원장에게 임시회의 소집 요구 가능	㉠ 위원장이 필요하다고 인정하는 경우 ㉡ 위원 2인이상이 요구하는 경우 ㉢ 시도지사가 필요하다고 인정하는 경우
재의 요구	행안부장관은 10일 이내에 재의요구 → 국가경찰위원회는 7일 이내에 재의결	행안부장관과 경찰청장의 재의요구지시 → 시·도지사의 재의요구 → 위원회는 7일 이내에 재의결 (재적과반수출석, 출석위원 2/3 이상 찬성)
의결정족수	재적과반수출석, 출석과반수찬성	

핵심포인트 22 의결정족수 정리

재적 과반수찬성	경찰공무원승진심사위원회·경찰공무원인사위원회·보상금심사위원회·시도자치경찰위원회위원추천위
재적 3분의 2 이상 출석, 출석 과반수찬성 (2.소.정)	소청심사위원회 정규임용심사위원회
5명이상 출석, 출석 과반수찬성(5.공.고)	경찰고충심사위원회의 공개수배심사회의

핵심포인트 23 훈령 특징

① 훈령은 **법규성이 없다.**
③ 위반시 효과 : 대외적 구속력없다.(원칙적 위**법아님**), 대내적(**징계사유 됨**)
④ 효력 : 도달주의
⑤ 경합시 해결

상호 모순되는 두 개 이상의 상급 관청의 훈령이 경합	주관 상급관청
서로 모순되는 훈령을 발한 상급관청이 서로 상하 관계	**직근 상급관청**
주관 상급관청이 불명확 할 때	**주관쟁의**

핵심포인트 24 훈령 요건

실질적 요건	요건 사항	① 내용이 법규에 저촉되지 않아야 한다.(**적법 타당성**) ② **공익에 반하지 않을 것** ③ **실현가능**하고 명백할 것
	심사 여부	① 원칙 : 하급경찰관청은 실질적 요건에 대한 **심사권이 없다.** → 형식적 요건이 구비되면 **일단 복종하여야 한다.** ② 예외 : 훈령의 내용이 **중대·명백한 하자**가 있거나 범죄를 구성하는 경우에는 하급관청에게 심사권있고, 복종거부하여야 한다. → 만약 이러한 훈령에 복종하였다면 복종한 하급경찰관청도 책임을 진다.
형식적 요건	요건 사항	① **정당한 훈령권**을 가진 상급관청이 발할 것 ② 하급관청의 **권한 내의** 사항에 관한 것일 것 ③ 하급관청의 권한행사에 **독립성이 보장되어 있는 사항이 아닐 것**(직무상 독립한 범위에 속하는 사항이 아닐 것)
	심사 여부	① 원칙 : 하급경찰관청이 **심사권을 갖는다.** ② 형식적 요건을 구비하지 않은 경우 **복종 거부 가능하다.** → 형식적 요건을 구비하지 않았는데도 복종하는 경우 하급경찰관청의 책임이다.

핵심포인트 25 권한 행사 관계

상하 관청 관계	권한의 감독	감시권, 훈령권, 인가권, 주관쟁의 결정권, 취소·정지권
	권한의 대리	임의대리, 법정대리
	권한의 위임	
대등 관청 관계	권한의 존중	권한 불가침, 주관 쟁의
	권한의 협력	사무촉탁, 경찰응원

핵심포인트 26 훈령과 직무명령

	훈령	직무명령
의의	상급관청이 **하급관청의 권한 행사**를 지휘하기 위해 발하는 명령	상관이 **부하 경찰공무원에** 대해 발하는 명령
법적 근거	불필요	불필요
범위	하급경찰기관의 소관사무에 국한됨	직무와 관련된 사생활 까지 가능
구성원의 변동시	훈령의 **효력 유지**	수명공무원의 변동시 **효력 상실**
양자의 관계	훈령은 직무명령을 **겸할수 있음**	직무명령은 훈령을 겸할수 없음

핵심포인트 27 행정권한의 위임 및 위탁에 관한 규정

위임 및 위탁의 기준	① 행정기관의 장은 허가·인가·등록 등 민원에 관한 사무, 정책의 구체화에 따른 집행사무 및 일상적으로 반복되는 사무로서 그가 직접 시행하여야 할 사무를 제외한 **일부 권한(행정권한)**을 그 보조기관 또는 하급행정기관의 장, 다른 행정기관의 장, 지방자치단체의 장에게 위임 및 위탁한다. ② 행정기관의 장은 행정권한을 위임 및 위탁할 때에는 위임 및 위탁하기 전에 수임기관의 수임능력 여부를 점검하고, **필요한 인력 및 예산을 이관하여야 한다.**
지휘, 감독	**위임 및 위탁기관은** 수임 및 수탁기관의 수임 및 수탁사무 처리에 대하여 **지휘·감독**하고, 그 처리가 위법하거나 부당하다고 인정될 때에는 이를 **취소하거나 정지시킬 수 있다.**
사전승인 등의 제한	수임 및 수탁사무의 처리에 관하여 위임 및 위탁기관은 수임 및 수탁기관에 대하여 **사전승인을 받거나 협의를 할 것을 요구할 수 없다.**
책임의 소재 및 명의표시	① 수임 및 수탁사무의 처리에 관한 책임은 수임 및 수탁기관에 있으며, **위임 및 위탁기관의 장은** 그에 대한 감독책임을 진다. ② 수임 및 수탁사무에 관한 권한을 행사할 때에는 **수임 및 수탁기관의 명의로 하여야 한다.**
권한의 위임 및 위탁에 따른 감사	위임 및 위탁기관은 위임 및 위탁사무 처리의 적정성을 확보하기 위하여 필요한 경우에는 수임 및 수탁기관의 수임 및 수탁사무 처리 상황을 **수시로 감사할 수 있다.**
비용부담	법령에 특별한 규정이 없는 한 위임자 부담으로 한다.

→ 쟁송시 피고는 **수임기관이다.**

핵심포인트 28 권한의 대리, 위임

	권한 위임	임의대리	법정대리
권한 이전 여부	수임기관으로 이전	이전되지 않음	이전되지 않음
법적 근거	**필요**	**불필요**	**필요**
발생	법령에 근거한 위임기관의 일방적 위임행위	피대리관청의 일방적 수권행위	법정 사실의 발생
상대방	주로 하급관청	주로 보조기관	주로 보조기관
권한 행사 방식(명의)	**수임기관**	**대리기관 명의**	대리기관 명의
권한 범위	**일부 위임**	일부 대리	**전부 대리**
효과의 귀속	**수임청**	**피대리관청**	피대리관청
지휘·감독	가능	가능	**불가능**
복대리·재위임	재위임 **가능**	복대리 **불가능**	복대리 **가능**
행정소송 피고	**수임기관**	**피대리관청**	피대리관청

핵심포인트 29 경찰청 직무대리 운영규칙

경찰서장의 직무대리	경찰서장에게 사고가 있을 때에는 직제 시행규칙에서 정한 순서에 따른 **직근 하위 계급의 과장**이 대리한다.
직무대리의 지정	규정한 사항 외의 공무원에게 사고가 발생하였거나 규정된 직무대리가 적절치 않다고 인정되는 경우에는 **직무대리지정권자가** 해당 공무원의 직근 하위 계급자 중에서 직무의 비중, 능력, 경력 또는 책임도 **등을 고려하여 직무대리자를 지정한다.**
직무대리의 특례	직무대리지정권자는 대리하게 할 업무가 특수하거나 그 밖의 부득이한 사유가 있는 경우, **사고가 발생한 공무원과 동일한 계급자를 직무대리자로 지정할 수 있다.**
직무대리의 운영	① 직무를 대리하는 경우 한 사람은 **하나의 직위에 대해서만 직무대리**를 할 수 있다. ② 사고 기간이 **15일 이하인 경우**에는 직무대리 명령서의 발급을 **생략할 수 있다.** 이 경우 직무대리지정권자는 직무대리자로 지정된 사실을 전자인사관리시스템이나 내부통신망 등을 통하여 직무대리자에게 명확하게 통지하여야 한다. ③ 직무대리자는 본래 담당한 직위의 업무를 수행하면서 직무대리 업무를 수행하는 것을 원칙으로 하되, 사고가 발생한 공무원의 직위에 보할 수 있는 승진후보자에게 그 사고가 발생한 공무원의 직무대리를 하게 하는 경우에는 본래 담당한 직위의 업무를 수행하지 아니하고 **직무대리 업무만을 수행하게 할 수 있다.** ④ **직무대리자는** 직무대리하여야 할 업무를 **다른 공무원에게 다시 직무대리하게 할 수 없다.**
직무대리권 범위	직무대리자는 사고가 발생한 공무원의 **모든 권한을 가지며, 그 권한에 상응하는 책임을 진다.**

핵심포인트 30 경찰공무원 임용결격사유 (국.수.피.파.자.유.횡.성.미.파.해)

① 대한민국 **국적**을 가지지 아니한 사람 (무국적자)
② 「국적법」 제11조의2제1항에 따른 **복수국적자**
③ **피성년후견인 또는 피한정후견인**
④ 파산선고를 받고 **복권되지 아니한 사람**
⑤ **자격정지 이상의 형을 선고**받은 사람
⑥ 자격정지 이상의 형의 선고유예를 **선고받고 그 유예기간 중**에 있는 사람
⑦ 공무원으로 재직기간 중 **직무와 관련**하여 「형법」 제355조(**횡령·배임**) 및 제356조(**업무상 횡령·배임**)에 규정된 죄를 범한 자로서 **300만원 이상의 벌금형**을 선고받고 그 형이 **확정된 후 2년**이 지나지 아니한 사람
⑧ 「**성폭력범죄의 처벌** 등에 관한 특례법」 제2조에 규정된 죄를 범한 사람으로서 **100만원 이상의 벌금형**을 선고받고 그 형이 확정된 후 **3년**이 지나지 아니한 사람
⑨ **미성년자에 대한** 다음 각 목의 어느 하나에 해당하는 죄를 저질러 형 또는 치료감호가 확정된 사람(집행유예를 선고받은 후 그 집행유예기간이 경과한 사람을 포함한다)
  가. 「성폭력범죄의 처벌 등에 관한 특례법」 제2조에 따른 **성폭력범죄**
  나. 「아동·청소년의 성보호에 관한 법률」 제2조제2호에 따른 **아동·청소년대상 성범죄**
⑩ 징계에 의하여 **파면 또는 해임처분**을 받은 사람

임용형식	① **임용통지서 교부**(임용장에 적힌 날짜에에 임용된 것으로 본다) ② 사망으로 인한 면직은 사망한 **다음날**에 면직된 것으로 본다. 임용시기 특례 : 재직 중 전사하거나 순직한 사람을 특별승진임용하는 경우 → 재직 중 사망한 경우 : 사망일의 **전날** → 퇴직 중 사망한 경우 : 퇴직일의 **전날** → 임용시 부정행위자 처분이 있은날부터 **5년간** 응시자격 정지한다.
채용후보자 명부	유효기간 2년(필요에 따라 1년 범위에서 연장가능, 최장 3년)
임용 또는 임용제청의 유예	① 「병역법」에 따른 병역복무를 위하여 징집 또는 소집되는 경우 ② 학업을 계속하는 경우 ③ **6개월 이상의 장기요양**이 필요한 질병이 있는 경우 ④ 임신하거나 출산한 경우 ⑤ 그 밖에 임용 또는 임용제청의 유예가 부득이하다고 인정되는 경우

핵심포인트 31 임용권자

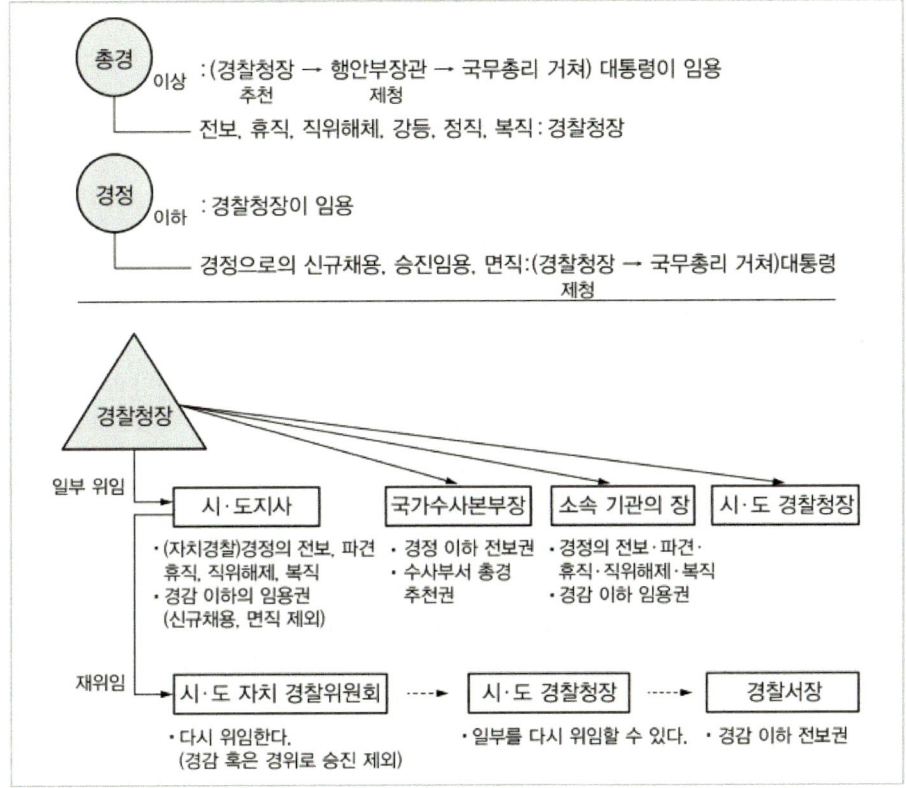

→ 임용은 임용통지서 교부로 행한다.(사망으로 인한 면직은 사망한 **다음날** 면직)
→ (전.휴.직.강.정.복.)
→ (신.승.면.)
→ (전.파.휴.직.복.)

핵심포인트 32 임용 위임

〈경찰공무원 임용령〉
① **경찰청장은 시·도지사에게** 해당 시·도의 **자치경찰사무를 담당**하는 경찰공무원[시·도자치경찰위원회, 시·도경찰청 및 경찰서(지구대 및 파출소는 제외한다)에서 근무하는 경찰공무원을 말한다] 중 **경정의 전보·파견·휴직·직위해제 및 복직에 관한 권한과 경감 이하의 임용권**(신규채용 및 면직에 관한 권한은 제외한다)을 **위임한다**.
② **경찰청장은 국가수사본부장에게** 국가수사본부 안에서의 **경정 이하에 대한 전보권을 위임한다.**
③ 경찰청장은 **소속기관등**(경찰대학·경찰인재개발원·중앙경찰학교·경찰수사연수원·경찰병원 및 시·도경찰청)의 장에게 그 소속 경찰공무원 중 **경정의 전보·파견·휴직·직위해제 및 복직에 관한 권한과 경감 이하의 임용권**을 위임한다.
④ 제1항에 따라 임용권을 위임받은 시·도지사는 경감 또는 경위로의 승진임용에 관한 권한을 제외한 임용권을 **시·도자치경찰위원회에 다시 위임한다**.
⑤ 제4항에 따라 임용권을 위임받은 **시·도자치경찰위원회**는 시·도지사와 시·도경찰청장의 의견을 들어 그 권한의 일부를 **시·도경찰청장에게 다시 위임할 수 있다**.
⑥ 제3항 및 제5항에 따라 임용권을 위임받은 **시·도경찰청장은** 소속 **경감 이하** 경찰공무원에 대한 해당 경찰서 안에서의 **전보권을 경찰서장에게 다시 위임할 수 있다**.
⑦ 경찰청장은 **수사부서에서 총경을 보직**하는 경우에는 **국가수사본부장의 추천**을 받아야 한다.
⑧ **시·도자치경찰위원회는 임용권을 행사**하는 경우에는 **시·도경찰청장의 추천**을 받아야 한다.
⑨ 시·도경찰청장 및 경찰서장은 **지구대장 및 파출소장을 보직**하는 경우에는 **시·도자치경찰위원회의 의견을 사전에 들어야** 한다.
⑩ 소속기관등의 장은 **경감 또는 경위를 신규채용**하거나 **경위 또는 경사를 승진**시키려면 **미리 경찰청장의 승인**을 받아야 한다.

핵심포인트 33 경찰공무원 인사위원회

구성	① 경찰청에 두는 **비상설 자문기관**이다. ② 경찰공무원인사위원회는 위원장을 포함하여 **5명 이상 7명 이하의 위원**으로 구성한다. ③ 인사위원회의 위원장은 **경찰청 인사담당국장**이 된다. → 위원은 경찰청 소속 총경 이상 경찰공무원 중에서 경찰청장이 각각 임명한다.
위원장 직무대행	위원 중에서 **최상위계급 또는 선임**의 경찰공무원이 그 직무를 대행한다.
회의 및 의결	① 위원장은 인사위원회의 회의를 소집하고 그 의장이 된다. ② 회의는 **재적위원 과반수의 찬성**으로 의결한다.

핵심포인트 33 경찰공무원법 – 경과 부여

일반경과	기획, 감사, 경무, 방범, 형사, 수사, 교통, 작전, 정보, 외사 등인데, 안보경과와 특수경과에 속하지 않는 직무. → **총경 이하**에 부여함
안보수사경과	보안경찰에 대한 업무(보안유지, 간첩체포 등). → **경정 이하**에 부여함
수사경과	범죄수사에 관한 업무를 담당.(경정 이하에 부여함)
특수경과	**항공경과, 정보통신경과**, 해양경과 → 총경 이하에 부여함. → 운전경과는 경사 이하 경찰공무원으로 한다.

핵심포인트 34 경찰공무원법 – 전과

전과의 유형	전과는 **일반경과에서 수사경과·안보수사경과 또는 특수경과로의 전과만** 인정한다. → 다만, 정원감축 등 경찰청장이 정하는 사유가 있는 경우 수사경과·안보수사경과 또는 정보통신경과에서 일반경과로의 전과를 인정할 수 있다.
전과의 대상자 및 제한	㉠ 현재 경과를 부여받고 1년이 지나지 아니한 사람 ㉡ 특정한 직무분야에 근무할 것을 조건으로 채용된 경찰공무원으로서 채용 후 **5년**이 지나지 아니한 사람

핵심포인트 35 경찰공무원법 - 수사경과

선발	① 수사업무 수행을 위한 업무역량, 전문성 등을 고려하여 **경정 이하**의 경찰공무원을 대상으로 수사경과자를 선발한다. ② 수사경과자의 선발인원은 수사경찰의 전문성 확보와 인사운영의 효율성 등을 고려하여 수사부서 **총 정원의 1.5배의 범위 내에서 경찰청장이 정한다.**
유효기간	수사경과 유효기간은 **수사경과를 부여일 또는 갱신일로부터 5년**으로 한다.
필요적 해제사유 (청.부. 인.5.갱)	① 직무와 관련한 **청렴의무위반·인권침해 또는 부정청탁**에 따른 직무수행으로 징계처분을 받은 경우 ② **5년간 연속**으로 제3조제1항 외의 부서에서 근무하는 경우 ③ 제14조에 따른 유효기간 내에 **갱신이 되지 않은 경우**
임의적 해제사유	① (직무와 관련한 청렴의무위반·인권침해 또는 부정청탁에 따른 직무수행으로 징계처분을 받은 경우) **외의 사유**로 징계처분을 받은 경우 ② 인권침해, 편파수사를 이유로 다수의 진정을 받는 등 **공정한 수사업무 수행을 기대하기 곤란한 경우** ③ 수사업무 능력·의욕이 현저하게 부족한 경우 ㉠ **2년간 연속**으로 정당한 사유없이 수사부서 외의 부서에서 근무하는 경우(「국가공무원법」 제32조의4 및 「경찰공무원임용령」 제30조에 따른 파견기간 및 같은 법 71조에 따른 휴직의 기간은 위 기간에 산입하지 아니한다) ㉡ 수사부서 근무자로 선발되었음에도 정당한 사유없이 수사부서 전입을 기피하는 경우 ㉢ 인사내신서를 제출하지 않거나 부실기재하여 제출한 경우 ④ 수사경과 해제를 희망하는 경우

→ 경찰청, 시도경찰청에 **수사경과심사위원회**(위원장1 포함 5명이상 9명이내)

핵심포인트 36 승진 - 승진 대상(원칙- 실적주의)

심사승진	**경무관 이하** → 경무관으로 승진예정인원은 경무관 정원의 25퍼센트, 총경으로 승진임용 예정인원은 총경 정원의 20퍼센트 초과할수 없다.
심사승진, 시험승진(병행)	**경정 이하**

→ 계급별로 전체 승진임용 예정 인원에서 특별승진임용 예정 인원을 뺀 인원의 **70퍼센트**를 심사승진임용 예정 인원으로, **30퍼센트**를 시험승진임용 예정 인원으로 한다.
→ 25년 12월 31일까지 : 심사60, 시험40

→
> 1. 근무성적 평정점 : **65퍼센트**
> 2. 경력 평정점 : **35퍼센트**

핵심포인트 37 승진 – 근속승진

경위 → 경감	해당 계급(경위)에서 **8년** 이상 근속자
경사 → 경위	해당 계급(경사)에서 **6년 6개월** 이상 근속자
경장 → 경사	해당 계급(경장)에서 **5년** 이상 근속자
순경 → 경장	해당 계급(순경)에서 **4년** 이상 근속자

> **제26조(근속승진)**
> ① 법 제16조에 따른 근속승진 기간은 제5조제2항부터 제8항까지의 규정에 따른 승진소요 최저근무연수의 계산 방법에 따라 계산한다.
> ② 법 제16조제1항 각 호 외의 부분 단서에 따라 다음 각 호의 경찰공무원을 근속승진임용하는 경우에는 해당 각 호의 구분에 따른 기간을 근속승진 기간에서 단축할 수 있다.
>> 1. 「공무원임용령」 제48조제1항제1호에 따른 인사교류 기간 중에 있거나 인사교류 경력이 있는 경찰공무원 : 인사교류 기간의 2분의 1에 해당하는 기간
>> 2. 국정과제 등 주요 업무의 추진실적이 우수한 경찰공무원이나 적극행정 수행 태도가 돋보인 경찰공무원 : 1년
>
> ③ 제2항제2호에 따라 근속승진 기간을 단축하는 경찰공무원의 인원수는 인사혁신처장이 제한할 수 있다.
> ④ 임용권자는 경감으로의 근속승진임용을 위한 심사를 연 2회까지 실시할 수 있다. 이 경우 경감으로의 근속승진임용을 할 수 있는 인원수는 연도별로 합산하여 해당 기관의 근속승진 대상자의 100분의 50에 해당하는 인원수(소수점 이하가 있는 경우에는 1명을 가산한다)를 초과할 수 없다.
> ⑤ 임용권자는 제4항 전단에 따라 심사를 실시하려는 경우 근속승진임용일 20일 전까지 해당 기관의 근속승진 대상자 및 근속승진임용 예정 인원을 경찰청장에게 보고해야 한다.

① 승진소요 최저근무연수

총경	3년 이상
경정 및 경감	2년 이상
경위, 경사, 경장, 순경	1년 이상

② 휴직 기간, 직위해제 기간, 징계처분 기간 및 제6조제1항제2호에 따른 승진임용 제한기간은 승진소요 최저연수에 포함하지 않는다.
다만, 다음 각 호의 기간은 승진소요 최저연수의 **기간에 포함한다.**

1. 「국가공무원법」 제71조에 따른 휴직 기간 중 다음 각 목의 기간
    가. 「공무원 재해보상법」에 따른 **공무상 질병 또는 부상**으로 인하여 「국가공무원법」 제71조 제1항제1호에 따라 휴직한 경우에 그 휴직 기간
    나. 「국가공무원법」 제71조제1항제3호(병역의무)·제5호(법률규정에 따른 의무 수행 위하여 직무 이탈) 또는 같은 조 제2항제1호(국제기구 등에 임시채용될 때)에 **따라 휴직한 경우에 그 휴직 기간**
    다. 「국가공무원법」 제71조제2항제2호**(국외 유학을 하게 된 때)**에 따라 휴직한 경우에 그 **휴직 기간의 50퍼센트**에 해당하는 기간
    라. 「국가공무원법」 제71조제2항제4호(만 8세 이하 또는 초등학교 2학년 이하의 자녀를 **양육하기 위하여 필요하거나 여성공무원이 임신 또는 출산하게 된 때**)에 따라 휴직한 경우에 그 휴직 기간.
        → 다만, 자녀 1명에 대하여 총 휴직 기간이 1년을 넘는 경우에는 최초의 1년으로 하되, 다음의 어느 하나에 해당하는 경우에는 그 **휴직 기간 전부**로 한다.
        1) 첫째 자녀에 대하여 부모가 모두 휴직을 하는 경우로서 각 휴직 기간이 「공무원임용령」 제31조제2항제1호다목1)에 따라 인사혁신처장이 정하는 기간 이상인 경우
        2) **둘째 자녀 이후**에 대하여 휴직을 하는 경우

→ 직위해제처분이 무효 또는 취소되거나, 직위해제처분 사유가 된 형사사건이 법원의 판결에 의해 무죄로 확정된 경우의 그 기간 등은 산입한다.

핵심포인트 38 특별승진 : 치안정감까지 가능(원칙 1계급, 예외 2계급 특별승진(경위이하))

> ㉠ 「국가공무원법」 제40조의4제1항제1호부터 제4호까지의 규정 중 어느 하나에 해당되는 사람
> ㉡ 전사하거나 순직한 사람
> ㉢ 직무 수행 중 현저한 공적을 세운 사람

- 특별승진의 경우 초과 비율(정할 수 있다)
1. 경정으로의 특별승진임용 예정 인원: 경정으로의 승진임용 예정 인원의 3퍼센트 이내
2. 경감 이하 계급으로의 특별승진임용 예정 인원: 해당 계급으로의 승진임용 예정 인원의 30퍼센트 이내

핵심포인트 39 승진 임용 제한

1. **징계의결 요구, 징계처분, 직위해제, 휴직**(「공무원 재해보상법」에 따른 공무상 질병 또는 부상으로 인하여 「국가공무원법」 제71조제1항제1호에 따라 휴직한 사람을 제37조제1항제4호 또는 같은 조 제2항에 따라 특별승진임용하는 경우는 제외한다) 또는 시보임용 기간 중에 있는 사람
2. 징계처분의 집행이 끝난 날부터 다음 각 목의 구분에 따른 기간[「국가공무원법」 제78조의2제1항 각 호(**금전등 횡령, 배임, 절도, 사기, 유용**)의 어느 하나에 해당하는 사유로 인한 **징계처분과 소극행정, 음주운전**(음주측정에 응하지 않은 경우를 포함한다), **성폭력, 성희롱 및 성매매**에 따른 징계처분의 경우에는 각각 **6개월을 더한 기간**]이 지나지 않은 사람 (금.횡.소.음.성)

   > 가. 강등·정직 : **18개월**
   > 나. 감봉 : **12개월**
   > 다. 견책 : **6개월**

3. 징계에 관하여 경찰공무원과 다른 법령을 적용받는 공무원으로 재직하다가 경찰공무원으로 임용된 사람으로서, 종전의 신분에서 징계처분을 받고 그 징계처분의 집행이 끝난 날부터 다음 각 목의 구분에 따른 기간이 지나지 아니한 사람

   > 가. 강등 : **18개월**
   > 나. 근신·영창 또는 그 밖에 이와 유사한 징계처분 : **6개월**

4. 경찰공무원법 제30조제3항에 따라 **계급정년이 연장**된 사람

→ 경찰공무원은 **강임, 전직**이 적용되지 않는다.

핵심포인트 39 승진심사위원회

	중앙승진심사위원회	보통승진심사위원회
설치	경찰청	**경찰청, 소속기관 등 및 경찰서**
구성	위원장 포함 5~7인 위원	위원장 포함 5~7인 위원(위원으로 경위도 참여가능)
위원 임명	승진심사대상자보다 상위계급인 경찰공무원중에서 **경찰청장이 임명**	그 보통승진심사위원회가 **설치된 경찰기관의 장**이 승진심사대상자보다 상위계급인 **경위 이상** 소속 경찰공무원중에서 임명
위원장	위원 중 최상위 계급 또는 선임	
정족수	재적위원 과반수 찬성	
공개	비공개	
심사대상	**총경이상** 승진심사	**경정 이하** 계급으로의 승진심사 → 해당 경찰관이 **소속한 경찰기관의** 보통승진심사위원회 경찰서 소속 **경감 이상** 계급으로의 승진심사 → **시·도경찰청** 보통승진심사위원회

핵심포인트 40 대우공무원 제도 근무기간

총경, 경정	7년 이상
경감 이하	4년 이상

→ 매월 말 5일 전까지 대상자 결정하고, 그 다음 달 **1일에 일괄 발령**
→ 대우공무원수당(월봉급액의 4.1%)을 지급할 수 있다.

핵심포인트 41 **직권휴직**(휴직을 명하여야 한다.) (장.병.생.노.법)

- ㉠ 신체·정신상의 장애로 **장기 요양**이 필요할 때 – **1년 이내**
  - → 부득이한 경우 1년범위 내 연장 가능
  - → 공무원연금법에 따른 공무상 요양비 지급 대상 질병 또는 부상으로 인한 휴직기간은 3년 이내, 의학적 소견 등을 고려하여 대통령령등으로 정하는 바에 따라 2년의 범위에서 연장 가능
- ㉡ 「병역법」에 따른 **병역 복무**를 마치기 위하여 징집 또는 소집된 때
  - → 복무기간 만료시까지
- ㉢ 천재지변이나 전시·사변, 그 밖의 사유로 **생사 또는 소재가 불명확**하게 된 때
  - → 경찰공무원은 법원의 실종선고를 받는 날까지 (일반공무원은 3개월 이내)
- ㉣ 그 밖에 **법률의 규정**에 따른 의무를 수행하기 위하여 직무를 이탈하게 된 때
  - → 그 복무기간이 끝날 때 까지
- ㉤ 공무원 **노동조합 전임자**로 종사하게 된 때 – 그 전임기간

핵심포인트 42 **의원휴직**(휴직을 명할 수 있다)

- ㉠ 국제기구, 외국 기관, 국내외의 대학·연구기관, 다른 국가기관 또는 대통령령으로 정하는 민간 기업, 그 밖의 기관에 임시로 채용될 때(채용기간)
  - → 다만, 민간기업이나 그 밖의 기관에 채용되면 3년 이내
- ㉡ 국외 유학을 하게 된 때 → 3년 이내, 2년 범위에서 연장 가능
- ㉢ 중앙인사관장기관의 장이 지정하는 연구기관이나 교육기관 등에서 연수하게 된 때 → 2년 이내
- ㉣ 만 8세 이하 또는 초등학교 2학년 이하의 자녀를 양육하기 위하여 필요하거나 여성공무원이 임신 또는 출산하게 된 때 → **자녀 1인에 대해 3년 이내**
  - → 대통령으로 정하는 특별한 사정이 없으면 휴직을 명하여야 한다.
  - → 임용권자는 이에 따른 휴직을 이유로 인사에 불리한 처우를 하여서는 아니 된다
- ㉤ 조부모, 부모(배우자의 부모를 포함), 배우자, 자녀 또는 손자녀를 부양하거나 돌보기 위하여 필요한 경우. (다만, 조부모나 손자녀의 돌봄을 위하여 휴직할 수 있는 경우는 본인 외에 돌볼 사람이 없는 등 대통령령 등으로 정하는 요건을 갖춘 경우로 한정) → **1년 이내, 재직기간 중 총 3년 초과 불가**
- ㉥ 외국에서 근무·유학 또는 연수하게 되는 배우자를 동반하게 된 때 → **3년 이내, 2년 범위에서 연장가능**
- ㉦ 대통령령 등으로 정하는 기간 동안 재직한 공무원이 직무 관련 연구과제 수행 또는 자기개발을 위하여 학습·연구 등을 하게 된 때 → 1년 이내

핵심포인트 43 휴직기간 중 봉급 감액

① 신체·정신상의 장애로 장기 요양이 필요함에 따라 휴직한 공무원에게는 다음 구분에 따라 봉급의 **일부를** 지급한다.
→ 공무상 질병 또는 부상으로 휴직한 경우에는 그 기간 중 봉급 전액을 지급한다.

휴직 기간이 1년 이하인 경우	봉급의 70퍼센트
휴직 기간이 1년 초과 2년 이하인 경우	봉급의 50퍼센트

② 외국유학 또는 1년 이상의 국외연수를 위하여 휴직한 공무원에게는 그 기간 중 봉급의 **50퍼센트를** 지급할 수 있다. 이 경우 교육공무원을 제외한 공무원에 대한 지급기간은 **2년을 초과할 수 없다.**

핵심포인트 44 경찰 근무성적평정

대상	총경 이하
시기	매년 근무성적을 평정하여야 하며, 근무성적 평정은 10월 31일을 기준으로 하고, 경력 평정은 12월 31일을 기준으로 한다. → 다만, **총경과 경정의 경력 평정은 10월 31일을 기준으로** 한다. → 근무성적 평정점 65퍼센트, 경력 평정점 35퍼센트
평정 요소	제1평정요소 (30점) — 경찰업무 발전에 대한 기여도, 포상 실적, 그 밖에 행정안전부령으로 정하는 평정 요소 제2평정요소 (20점) — 근무실적, 직무수행능력, 직무수행태도 → 수(20), 우(40), 양(30), 가(10) → 근무성적의 총평정점은 **50점 만점**으로 한다. → 총경의 근무성적은 제2평정요소로만 평정한다.
공개 여부	**비공개** → 평정대상 경찰공무원에게 통보할 수 있다.
결과	승진 등 인사관리에 **반영하여야 한다.**
예외	① 휴직·직위해제 등의 사유로 해당 연도의 평정기관에서 **6개월 이상 근무하지 아니한** 경찰공무원에 대해서는 근무성적을 평정하지 아니한다. ② 정기평정 이후에 신규채용되거나 승진임용된 경찰공무원에 대해서는 **2개월이 지난 후부터** 근무성적을 평정하여야 한다. ③ 교육훈련 외의 사유로 국가기관, 지방자치단체 또는 인사혁신처장이 지정하는 기관에 **2개월 이상 파견근무**하게 된 경찰공무원에 대해서는 파견받은 기관의 의견을 고려하여 근무성적을 평정하여야 한다.

	④ 평정대상자인 경찰공무원이 전보된 경우에는 그 경찰공무원의 근무성적 평정표를 **전보된 기관에 이관하여야 한다.**

경력평정	① 경찰공무원의 경력 평정은 제5조에 따른 승진소요 최저근무연수가 지난 총경 이하의 경찰공무원(제11조제2항 단서에 해당하는 경찰공무원은 제외한다)이 해당 계급에서 근무한 연수에 대하여 실시하며, **경력 평정 결과는 승진대상자 명부 작성에 반영한다.**
	
	  | 기본경력 | ㉠ 총경·경정·경감 : 평정기준일부터 최근 **3년간**
	㉡ 경위·경사 : 평정기준일부터 최근 **2년간**
	㉢ 경장·순경 : 평정기준일부터 최근 **1년 6개월간** |
	  | 초과경력 | ㉠ 총경 : 기본경력 전 1년간
	㉡ 경정·경감 : 기본경력 전 4년간
	㉢ 경위 : 기본경력 전 3년간
	㉣ 경사 : 기본경력 전 1년간
	㉤ 경장·순경 : 기본경력 전 6개월간 |
	
	② 경정 이하의 경찰공무원으로 신규채용할 수 있는 사람으로서「경찰공무원 임용령」제39조제1항의 응시연령에 이르지 아니한 **경감 이하** 경찰공무원에 대해서는 그가 경정으로 승진할 때까지 **근무성적 평정만으로** 승진대상자 명부를 작성할 수 있다.

핵심포인트 45 다면평가 (제22조의2(동료·민원인 등의 평가 반영))

① 임용권자나 임용제청권자(법 제7조제1항에 따른 추천이 필요한 경우에는 경찰청장을 포함한다.)는 승진심사를 거쳐 소속 경찰공무원을 승진임용하거나 승진임용을 제청할 때 승진심사대상자에 대한 **동료 평가 및 민원 평가를 실시하여 그 결과를 반영할 수 있다.**
  → 이 경우 동료 평가는 승진심사대상자의 상위·동일·하위 계급의 경찰공무원이 하고, 민원 평가는 승진심사대상자의 업무와 관련된 민원인 등이 한다.
② 제1항에 따른 평가 결과는 특별승급, 성과상여금 지급, 교육훈련, 보직 관리 등 각종 **인사관리에 반영할 수 있다.**

핵심포인트 46 국가공무원법상 직위해제 사유(능.중.기.적.비)

ⓐ 직무수행 **능력이 부족**하거나 근무성적이 극히 나쁜 자
  → 이에 따라 직위해제된 자에게 3개월의 범위에서 대기를 명한다.
ⓑ 파면·해임·강등 또는 정직에 해당하는 **징계 의결**이 요구 중인 자 **(중징계)**
ⓒ 형사 사건으로 **기소된 자**
  → 약식명령이 청구된 자는 제외한다
ⓓ 고위공무원단에 속하는 일반직공무원으로서 제70조의2제1항제2호부터 제5호까지의 사유로 **적격심사를 요구받은 자**
ⓔ 금품비위, 성범죄 등 대통령령으로 정하는 비위행위로 인하여 감사원 및 검찰·경찰 등 수사기관에서 조사나 수사 중인 자로서 **비위의 정도가 중대하고** 이로 인하여 정상적인 업무수행을 기대하기 현저히 어려운 자
  → 공무원에 대하여 ⓐ 직위해제 사유와 ⓑ, ⓒ 또는 ⓔ의 직위해제 사유가 경합할 때에는 ⓑ, ⓒ 또는 ⓔ의 직위해제 처분을 하여야 한다.

핵심포인트 47 직위해제시 봉급감액

직무수행 능력부족, 근무성적이 극히 나쁜자 사유	봉급의 80%
중징계 의결 요구중, 형사사건 기소된자 금품비위, 성범죄 등 대통령령으로 정하는 비위등 사유	봉급의 50%(3개월후 30%)
일반직 고위공무원 적격심사	봉급의 70%

→ 직위해제 기간은 **승진소요 최저근무연수에 포함하지 아니한다.**

핵심포인트 48 승진소요 최저근무연수에 산입하는 경우

㉠ **중징계**(파면·해임·강등 또는 정직에 해당하는 징계 의결이 요구 중인 자)에 따라 직위해제처분을 받은 사람에 대한 징계 의결 요구에 대하여 관할 징계위원회가 **징계하지 아니하기로 의결한 경우**와 해당 직위해제처분의 사유가 된 징계처분이 소청심사위원회의 결정 또는 법원의 판결에 따라 **무효 또는 취소로 확정된 경우**

㉡ 형사 사건으로 기소된 자(약식명령이 청구된 자는 제외한다)의 사유로 직위해제처분을 받은 사람의 처분 사유가 된 형사사건이 법원의 판결에 따라 **무죄로 확정된 경우**

㉢ **금품비위, 성범죄** 등 대통령령으로 정하는 비위행위로 인하여 감사원 및 검찰·경찰 등 수사기관에서 조사나 수사 중인 자로서 비위의 정도가 중대하고 이로 인하여 정상적인 업무수행을 기대하기 현저히 어려운 자의 사유로 직위해제처분을 받은 사람의 처분사유가 된 비위행위(이하 "비위행위"라 한다)가 1) 및 2)에 모두 해당하는 경우

1) 비위행위에 대한 징계절차와 관련하여 다음의 어느 하나에 해당하는 경우
 가) 경찰기관의 장이 「경찰공무원 징계령」 제9조에 따른 징계의결 요구를 하지 않기로 한 경우
 나) 해당 경찰공무원에 대한 징계의결 요구에 대하여 관할 징계위원회가 징계하지 않기로 의결한 경우
 다) 징계처분이 소청심사위원회의 결정이나 법원의 판결에 따라 무효 또는 취소로 확정된 경우

2) 비위행위에 대한 조사 또는 수사 결과가 다음의 어느 하나에 해당하는 경우
 가) 형사사건에 해당하지 않는 경우
 나) 사법경찰관이 불송치를 하거나 검사가 불기소를 한 경우. 다만, 「형사소송법」 제247조에 따라 공소를 제기하지 않는 경우와 불송치 또는 불기소를 했으나 해당 사건이 다시 수사 및 기소되어 법원의 판결에 따라 유죄가 확정된 경우는 제외한다.
 다) 형사사건으로 기소되거나 약식명령이 청구된 사람이 법원의 판결에 따라 무죄로 확정된 경우

핵심포인트 49 정년퇴직

㉠ 연령정년 – **원칙 60세**
경찰공무원은 그 정년이 된 날이 1월에서 6월 사이에 있으면 **6월 30일**에 당연퇴직하고, 7월에서 12월 사이에 있으면 **12월 31일**에 당연퇴직한다.

㉡ 계급정년

원칙	치안감	경무관	총경	경정
	4년	6년	11년	14년

예외	㉠ **수사, 정보, 외사, 안보수사, 자치경찰사무 등 특수 부문**에 근무하는 경찰공무원으로서 대통령령으로 정하는 바에 따라 지정을 받은 사람은 **총경 및 경정의 경우에는 4년의 범위**에서 대통령령으로 정하는 바에 따라 계급정년을 연장할 수 있다. ㉡ 경찰청장 또는 해양경찰청장은 전시·사변이나 그 밖에 이에 준하는 **비상사태에서는 2년의 범위에서** 계급정년을 연장할 수 있다. → **경무관 이상**의 경찰공무원에 대해서는 **행정안전부장관과 국무총리를 거쳐** 대통령의 승인을 받아야 한다. → **총경·경정**의 경찰공무원에 대해서는 **국무총리를 거쳐 대통령의 승인**을 받아야 한다. ㉢ 징계로 인하여 강등(경감으로 강등된 경우를 포함)된 경찰공무원의 계급정년 → 강등된 계급의 계급정년은 **강등되기 전 계급 중 가장 높은 계급**의 계급정년으로 한다. → 계급정년을 산정할 때에는 **강등되기 전 계급의 근무연수와 강등 이후의 근무연수를 합산한다.**

핵심포인트 50 직권면직 사유

징계위원회 동의 필요	㉠ 대기명령을 받은자가 그 기간 내에 **능력 또는 근무성적**의 향상을 기대하기 어렵다고 이정되는 때 → 이 사유로 면직시키는 경우는 징계위원회의 동의를 받아야 한다. ㉡ 경찰공무원으로는 부적합할 정도로 직무 수행능력이나 **성실성이 현저하게 결여**된 사람으로서 대통령령으로 정하는 사유에 해당된다고 인정될 때 　ⓐ **지능 저하 또는 판단력 부족**으로 경찰업무를 감당할 수 없는 경우 　ⓑ **책임감의 결여**로 직무수행에 성의가 없고 위험한 직무를 고의로 기피하거나 포기하는 경우 ㉢ 직무를 수행하는 데에 위험을 일으킬 우려가 있을 정도의 **성격적 또는 도덕적 결함**이 있는 사람으로서 대통령령으로 정하는 사유에 해당된다고 인정될 때 　ⓐ **인격장애**, 알콜·약물 중독 그 밖에 정신장애로 인하여 경찰업무를 감당할 수 없는 경우 　ⓑ **사행행위** 또는 재산의 낭비로 인한 채무과다 　ⓒ **부정한 이성관계** 등 도덕적 결함이 현저하여 타인이 비난을 받는 경우
징계위원회 동의 불필요 (폐.직.자)	㉠ 직제와 정원의 개폐 또는 예산의 감소등에 의하여 **폐직 또는 과원**이 되었을 때 ㉡ 휴직기간의 만료 또는 휴직사유가 소멸된 후에도 직무에 복귀하지 아니하거나 **직무를 감당할 수 없을 때** → 휴직기간 만료일이나 휴직 사유의 소멸일로 면직한다. ㉢ 당해 경과에서 직무를 수행하는데 필요한 **자격증의 효력이 상실되거나 면허가 취소**되어 담당직무를 수행할 수 없게 된 때

핵심포인트 51 경찰 공무원 의무

일반적 의무	국가공무원법	선서의무(불가피한 경우 취임후 선서가능하다.) 성실의무(기본적 의무이며, 다른 의무의 원천이다)
신분상 의무	국가공무원법	비밀엄수, 품위유지, 청렴, 집단행위금지, 영예등제한, 정치운동금지
	공직자윤리법	재산등록의무, 재산공개의무, 선물신고의무
직무상 의무	국가공무원법 (종.친.복.직.법)	종교중립, 친절공정, 복종, 직무전념(직장이탈금지, 겸직금지, 영리업무금지), 법령준수
	경찰공무원법	제복착용의무, 거짓보고 및 직무유기금지의무, 지휘권남용금지의무 → **정치관여금지의무(신분상의무)** → 무기휴대는 의무가 아니다.
	경찰공무원 복무규정	지정장소 외에서의 직무수행금지의무, 근무시간중 음주금지의무, 민사분쟁에의 부당개입금지의무

→ 경찰공무원으로서 전시·사변, 그 밖에 이에 준하는 비상사태이거나 작전 수행 중인 경우에 제24조 제2항(직무유기금지) 또는 제25조(지휘권남용 금지), 「국가공무원법」 제58조제1항(직장이탈금지)을 위반한 사람은 **3년 이상의 징역이나 금고**에 처하며,
→ 제24조제1항(거짓보고금지), 「국가공무원법」 제57조(복종의무)를 위반한 사람은 **7년 이하의 징역이나 금고**에 처한다

핵심포인트 52 경찰공무원 신분상 의무

비밀엄수 의무	㉠ 공무원은 재직 중은 물론 **퇴직 후에도** 직무상 알게 된 비밀을 엄수하여야 한다. → 비밀은 본인이 취급한 비밀뿐 아니라 직무와 관련하여 알게 된 비밀을 포함한다. → 실질적으로 보호할 가치가 있는 것만 의미한다.(판례) ㉡ 비밀엄수 위반시 2년이하 징역이나 금고 또는 5년 이하의 자격정지와 징계처분 → 퇴직후 비밀엄수의무 위반의 경우 징계처분은 불가능하다.(나머지는 가능)
청렴의무	㉠ 공무원은 **직무와 관련하여 직접적이든 간접적이든** 사례·증여 또는 향응을 주거나 받을 수 없다. ㉡ 공무원은 **직무상의 관계가 있든 없든** 그 소속 상관에게 증여하거나 소속 공무원으로부터 증여를 받아서는 아니 된다.
외국정부의 영예 등의 제한	공무원이 외국 정부로부터 영예나 증여를 받을 경우에는 **대통령의 허가**를 받아야 한다.
재산등록, 공개	재산등록 의무 : (**총경**이상 - 공윤법)(경정, 경감, 경위, 경사 - 공윤법 시행령) 재산공개 의무 : **치안감** 이상
품위 유지 의무	공무원은 **직무의 내외를 불문하고** 그 품위가 손상되는 행위를 하여서는 아니 된다.
집단행위금지	㉠ 공무원은 노동운동이나 그 밖에 공무 외의 일을 위한 집단 행위를 하여서는 아니 된다.

의무			
	→ 다만, 사실상 노무에 종사하는 공무원은 예외로 한다. ⓛ 경찰공무원의 노동3권(단결권, 단체교섭권, 단체행동권)은 인정되지 않는다. ⓒ 경찰공무원으로서 이를 위반하면 2년 이하의 징역 또는 200만원 이하의 벌금에 처한다.		
정치운동 금지, 정치관여 금지 의무		정치운동 금지의무	정치관여 금지의무
	근거	국가공무원법 제65조	경찰공무원법 제23조
	내용	1. 투표를 하거나 하지 아니하도록 권유 운동을 하는 것 2. 서명 운동을 기도·주재하거나 권유하는 것 3. 문서나 도서를 공공시설 등에 게시하거나 게시하게 하는 것 4. 기부금을 모집 또는 모집하게 하거나, 공공자금을 이용 또는 이용하게 하는 것 5. 타인에게 정당이나 그 밖의 정치단체에 가입하게 하거나 가입하지 아니하도록 권유 운동을 하는 것	1. 정당이나 정치단체의 결성 또는 가입을 지원하거나 방해하는 행위 2. 그 직위를 이용하여 특정 정당이나 특정 정치인에 대하여 지지 또는 반대 의견을 유포하거나, 그러한 여론을 조성할 목적으로 특정 정당이나 특정 정치인에 대하여 찬양하거나 비방하는 내용의 의견 또는 사실을 유포하는 행위 3. 특정 정당이나 특정 정치인을 위하여 기부금 모집을 지원하거나 방해하는 행위 또는 국가·지방자치단체 및 「공공기관의 운영에 관한 법률」에 따른 공공기관의 자금을 이용하거나 이용하게 하는 행위 4. 특정 정당이나 특정인의 선거운동을 하거나 선거 관련 대책회의에 관여하는 행위 5. 「정보통신망 이용촉진 및 정보보호 등에 관한 법률」에 따른 정보통신망을 이용한 제1호부터 제4호까지의 규정에 해당하는 행위 6. 소속 직원이나 다른 공무원에 대하여 제1호부터 제5호까지의 행위를 하도록 요구하거나 그 행위와 관련한 보상 또는 보복으로서 이익 또는 불이익을 주거나 이를 약속 또는 고지하는 행위
	벌칙	3년이하 징역과 3년이하의 자격정지 → 공소시효 : 10년	**5년이하 징역과 5년 이하의 자격정지** → 공소시효 : 10년

핵심포인트 53 경찰공무원 복무규정

지정장소 외에서의 직무수행금지 의무	경찰공무원을 지정된 근무지에서 진출·퇴각 또는 이탈하게 하여서는 아니 된다. → 경찰공무원 복무규정
근무시간 중 음주 금지 의무	경찰공무원은 근무시간 중 음주를 하여서는 안 된다.
민사분쟁에의 부당개입 금지 의무	경찰공무원은 직위 또는 직권을 이용하여 부당하게 타인의 민사분쟁에 개입해서는 안 된다.
상관에 대한 신고	경찰공무원은 신규채용·승진·전보·파견·출장·연가·교육훈련기관에의 입교 기타 신분관계 또는 근무관계 또는 근무관계의 변동이 있는 때에는 **소속상관에게 신고**를 하여야 한다.
여행제한	경찰공무원은 휴무일 또는 근무시간외에 **2시간 이내**에 직무에 복귀하기 어려운 지역으로 여행을 하고자 할 때에는 소속 경찰기관의 장에게 신고를 하여야 한다. 다만, 치안상 특별한 사정이 있어 경찰청장, 해양경찰청장 또는 경찰기관의 장이 지정하는 기간중에는 소속경찰기관의 장의 허가를 받아야 한다.

핵심포인트 54 경찰공무원 신분상 권리 (신.직.무.송)

신분보유권	형의 선고, 징계처분 또는 일정한 법정사유에 의하지 아니하고는 그 의사에 반하여 그 신분 및 직위를 상실 당하지 아니한다. → 치안총감, 치안정감, 시보임용기간중 공무원은 신분보장을 받지 못한다. (국공법 제68조 제외)
직위보유권	경찰공무원에 임용된자는 계급에 상응하는 일정한 직위를 부여받을 권리를 갖는다.
직무집행권	자기가 담당하는 직무를 수행하고 그 직무집행에 방해를 받지않을 권리가 있다. → 방해시 형법상 공무집행방해죄를 구성한다.
쟁송제기권	위법·부당하게 자신의 권리가 침해된 경우 소청심사 또는 행정소송을 제기할 권리를 갖는다. → 피고는 경찰청장으로 함이 원칙이나, 임용권이 위임된 경우는 위임받은 자가 피고가 된다.

핵심포인트 55 경찰공무원 특수한 권리 (제.무.장)

제복 착용권	• 권리이자 의무이다.
무기휴대 및 사용권	ⓐ 무기를 **휴대**(경찰공무원법 제26조 제2항) ⓑ 무기를 **사용**(**경찰관직무집행법** 제10조의4 제1항) → 무기휴대, 사용은 경찰공무원의 권리이지 의무는 아니다.
장구사용권	경찰공무원은 일정한 경우 수갑, 포승, 경찰봉, 방패 등 경찰장구를 사용할 수 있다.

핵심포인트 56 경찰공무원 재산상 권리

보수청구권	㉠ 근거 : **공무원보수규정**(대통령령) ㉡ 소멸시효 : (국가재정법상 공법상 권리) 공무원 보수의 소멸시효는 **5년**이다. → 판례는 사법상 권리로 보아 소멸시효를 **3년**으로 본다. ㉢ 압류 : 공무원 보수에 대한 압류는 **봉급액의 1/2까지**로 제한한다. ㉣ 보수청구권은 공무원 관계에 의한 공권으로 양도·포기가 금지된다. → 퇴직 후는 포기가능하다.
연금청구권	㉠ 근거 : **공무원 연금법** ㉡ 지급 : 인사혁신처장의 결정으로 **공무원연금관리공단**이 지급한다.(위탁할 수있다) ㉢ 심사청구 : 공무원재해보상연금위원회에 심사 청구를 할수 있다. → 이의신청은 결정 등이 있었던 것을 안날부터 180일, 안날부터 90일 ㉣ 소멸시효 : 급여의 사유가 발생한 날부터 **5년** ㉤ 연금은 양도, 포기, 압류, 담보의 제공이 불가능하다.
실비변상청구권	공무집행상 특별한 비용을 요할 때 따로 실비의 변상을 받을 권리이다.(국공법 48조) → 실비변상청구권은 양도, 압류, 포기가 가능하다.
보급품 청구권	경찰공무원은 제복 기타 물품의 실물대여를 받을 권리가 있다.
보상청구권	㉠ 근거 : **공무원 재해보상법** ㉡ 주관 : 공무원 재해보상제도의 운영에 관한 사항은 **인사혁신처장**이 주관한다. ㉢ 소멸시효 : 이법에 따른 급여를 받을 권리는 그 급여 사유가 발생한 날로부터 **요양급여, 간병급여, 부조급여, 재활급여는 3년간** (요.재.간.부) → 그 밖의 급여는 **5년간** 행사하지 아니하면 시효로 소멸한다.

핵심포인트 57 경찰공무원 징계 종류

경징계	견책	ⓐ 잘못을 훈계하고 해당 경찰관을 회개하게 하여 재발을 방지하고자하는 처분. ⓑ 보수는 **전액 지급** ⓒ 집행일로부터 **6개월** 동안 승진 및 호봉승급이 제한된다. → 금품·향응수수, 공금횡령·유용, 소극행정, 음주운전(측정불응 포함), 성폭력, 성희롱 및 성매매로 인한 견책은 **6개월 더한 기간**(12개월) 승진, 승급 제한 (금.공.소.음.성)
	감봉	ⓐ 1~3개월 기간 동안 보수의 1/3을 **삭감**하는 처분 ⓑ 감봉기간 종료후 **12개월** 동안 승진 및 호봉승급이 제한됨 → 금품·향응수수, 공금횡령·유용, 소극행정, 음주운전(측정불응 포함), 성폭력, 성희롱 및 성매매로 인한 감봉은 **6개월 더한 기간**(18개월) 승진, 승급 제한 ⓒ 감봉기간 만큼 승진소요 최저근무연수에서 제외되나, 경력평정기간에는 불이익이 없다.
중징계	정직	ⓐ 직무수행을 일정기간 동안 정지시키는 처분(경찰공무원의 신분은 보장) ⓑ 1~3개월간 직무정지(기간연장 불가) ⓒ 정직기간 종료 후 **18개월**동안 승진 및 호봉승급 제한 → 금품·향응수수, 공금횡령·유용, 소극행정, 음주운전(측정불응 포함), 성폭력, 성희롱 및 성매매로 인한 정직은 **6개월 더한 기간**(24개월) 승진, 승급 제한 ⓓ 보수의 **전액 삭감**
	강등	ⓐ 직급을 1계급 아래로 내림(공무원 신분은 보유) → 강등된 계급의 계급정년은 강등되기 전 계급 중 가장 높은 계급의 계급정년으로 함 ⓑ 3개월간 직무정지 ⓒ 강등기간 종료 후 **18개월**동안 승진 및 호봉승급 제한 → 금품·향응수수, 공금횡령·유용, 소극행정, 음주운전(측정불응 포함), 성폭력, 성희롱 및 성매매로 인한 정직은 **6개월 더한 기간**(24개월) 승진, 승급 제한 ⓓ 보수의 **전액 삭감**
	해임	ⓐ 경찰관의 **신분을 박탈**하고 다시 경찰관 임용이 불가 ⓑ 퇴직급여, 퇴직수당 전액지급 → 단, 금품·향응수수, 공금횡령·유용 등으로 해임된 경우 | 퇴직급여	재직기간 5년이상	1/4 감액 | |---|---|---| | | 재직기간 5년미만 | 1/8 감액 | | 퇴직수당 | 1/4 감액 | |
	파면	경찰공무원의 **신분을 박탈**하고 다시 경찰관 임용 불가 | 퇴직급여	재직기간 5년이상	1/2 감액 | |---|---|---| | | 재직기간 5년미만 | 1/4 감액 | | 퇴직수당 | 1/2 감액 | |

→ 경고, 주의는 징계가 아니다.

핵심포인트 **58** 경고·주의의 효력

① 경찰공무원등이 경고를 받은 때에는 별표1 경고 및 장려장 상벌 기준표에 따라 일정한 벌점이 부여된다.
② 경고의 벌점은 처분을 받은 해당 계급에서 **1년간 효력**을 가진다.
③ **1년 이내에 2회의 경고**를 받은 자가 같은 기간 내에 **다시 경고**에 해당하는 사유가 있는 경우에는 **징계위원회에 회부하여야 한다.** 다만, 감독책임으로 인한 경우는 제외한다.
④ 경찰기관장은 경고 또는 주의를 받은 자에 대하여 그 처분의 사유가 중하다고 판단되는 경우에는 같은 사유로 징계위원회에 회부할 수 있다.
⑤ 제4항에 따라 징계위원회에 회부되어 징계 등의 의결이 있은 때에는 해당 처분의 효력은 상실한다.

핵심포인트 **59** 징계위원회 설치

	대상	설치	구성
국무총리 중앙징계위원회	경무관 이상	국무총리	위원장 1명 포함한 **17명이상 33명이하** 공무원위원과 민간위원 → 민간위원은 위원장을 제외한 위원 수의 1/2이상
경찰공무원 중앙징계위원회	총경 경정	경찰청	위원장 1명 포함한 **11명이상 51명이하** 공무원위원과 민간위원
경찰공무원 보통징계위원회	경감 이하	경찰청, **시도경찰청**, 소속기관등(부속기관)	
	경위 이하	**경정이상**을 장으로 하는 **경찰서**, 경찰기동대 등 **총경이상을 장**으로 하는 경찰기관 및 정비창	
	경사 이하	의무경찰대 등 경찰청장이 지정하는 **경감이상의 경찰공무원을 장으로 하는 경찰기관**	

핵심포인트 60 관련사건 관할

상위 계급과 하위 계급의 경찰공무원이 관련된 징계등 사건	**상위 계급의 경찰공무원을 관할**하는 징계위원회에서 심의·의결
상급 경찰기관과 하급 경찰기관에 소속된 경찰공무원이 관련된 징계등 사건	**상급 경찰기관에 설치**된 징계위원회에서 심의·의결 → 상위 계급의 경찰공무원이 감독상 과실책임만으로 관련된 경우에는 관할 징계위원회에서 각각 심의·의결할 수 있다.
소속이 다른 2명 이상의 경찰공무원이 관련된 징계등 사건으로서 관할 징계위원회가 서로 다른 경우	**모두를 관할하는 바로 위 상급 경찰기관**에 설치된 징계위원회에서 심의·의결.

핵심포인트 61 경찰공무원 징계위원회 위원 구성과 회의

구성	위원장1명을 포함하여 **11명 이상 51명 이하**의 공무원위원과 민간위원 → 참고 : 중앙징계위원회는 위원장 1명을 포함하여 17명 이상 33명 이하의 공무원위원과 민간위원으로 구성한다. 이 경우 민간위원의 수는 위원장을 제외한 위원 수의 2분의 1 이상이어야 한다.
위원장	위원 중 **최상위 계급** 또는 이에 상응하는 직급에 있거나 최상위 계급 또는 이에 상응하는 직급에 **먼저 승진임용된 공무원**이 된다. → 위원장은 **표결권** 갖는다.
공무원 위원	징계위원회가 설치된 경찰기관의 장은 징계등 심의 대상자보다 상위 계급인 **경위 이상**의 소속 경찰공무원 또는 상위 직급에 있는 **6급 이상**의 소속 공무원 중에서 징계위원회의 공무원위원을 임명한다. → 보통징계위원회의 경우 징계등 심의 대상자보다 상위 계급인 경위 이상의 소속 경찰공무원 또는 상위 직급에 있는 6급 이상의 소속 공무원의 수가 제3항에 따른 민간위원을 제외한 위원 수에 미달되는 등의 사유로 보통징계위원회를 구성하는 것이 곤란한 경우에는 징계등 심의 대상자보다 상위 계급인 경사 이하의 소속 경찰공무원 또는 상위 직급에 있는 7급 이하의 소속 공무원 중에서 임명할 수 있으며, 이 경우에는 제4조제2항에도 불구하고 **3개월 이하의 감봉 또는 견책에 해당하는 징계등 사건만을 심의·의결**한다.
민간 위원	징계위원회가 설치된 경찰기관의 장은 **위원 수의 2분의 1 이상**을 민간위원으로 위촉한다.
위원의 임기	민간위원의 임기는 **2년**으로 하며, **한 차례만 연임**할 수 있다.

징계위원회 회의	① **위원장**과 징계위원회가 설치된 **경찰기관의 장이 회의마다 지정하는 4명 이상 6명 이하의 위원**으로 성별을 고려하여 구성
	→ 민간위원의 수는 **위원장을 포함한 위원 수의 2분의 1 이상**이어야 한다.
	② 징계사유가 다음 각 호의 어느 하나에 해당하는 징계 사건이 속한 징계위원회의 회의를 구성하는 경우에는 피해자와 같은 성별의 위원이 **위원장을 제외한 위원 수의 3분의 1 이상** 포함되어야 한다.
	
	   1. 「성폭력범죄의 처벌 등에 관한 특례법」에 따른 **성폭력범죄**
	   2. 「양성평등기본법」에 따른 **성희롱**
	
	③ 위원장은 **표결권**을 가진다.
	④ 징계등 심의 대상자의 출석을 요구할때는 징계위원회 개최일 **5일전까지** 심의 대상자에게 출석통지서 도달 하여야 한다.

핵심포인트 62 징계위원회 동의 불필요 (폐.직.자)

- 직제와 정원의 개폐 또는 예산의 감소 등에 따라 **폐직 또는 과원이 되었을 때**
- 휴직기간이 끝나거나 휴직사유가 소멸된 후에도 **직무에 복귀하지 아니하거나 직무를 감당할 수 없을 때**
- 해당 경과에서 직무를 수행하는 데 필요한 **자격증의 효력이 상실되거나 면허가 취소되어** 담당 직무를 수행할 수 없게 되었을 때

핵심포인트 63 징계 시효 기간

10년	성매매, 성폭력, 아동청소년대상 성범죄, 성희롱
5년	금전·물품·부동산·향응 그밖에 재산상이익 취득·제공, 예산·기금 등의 횡령·배임·절도·사기·유용
3년	그 밖의 징계 등 사유에 해당하는 경우

핵심포인트 64 징계 절차

징계등 의결의 요구	① **경찰기관의 장은** 소속 경찰공무원이 어느 하나에 해당할 때에는 지체 없이 관할 징계위원회를 구성하여 **징계등 의결을 요구하여야 한다.**
	  1. 「국가공무원법」 제78조제1항(명령위반, 직무상 의무 위반, 직무 태만, 체면 또는 위신을 손상하는 행위) 어느 하나에 해당하는 사유(징계 사유)가 있다고 인정할 때
	  2. 다른 징계등 의결 요구 신청을 받았을 때
	② 경찰기관의 장은 그 소속 경찰공무원에 대한 징계등 사건이 상급 경찰기관에 설치된 징계위원회의 관할에 속한 경우에는 **그 상급 경찰기관의 장에게** 징계의결서등을 첨부하여 징계등 의결의 요구를 **신청하여야 한다.**

징계등 사건의 통지	① 경찰기관의 장은 그 소속이 아닌 경찰공무원에게 징계 사유가 있다고 인정될 때에는 해당 경찰기관의 장에게 그 사실을 증명할 만한 충분한 사유를 명확히 밝혀 **통지하여야 한다.** ② 징계 사유를 통지받은 경찰기관의 장은 타당한 이유가 없으면 **통지를 받은 날부터 30일 이내에** 관할 징계위원회에 징계등 의결을 요구하거나 **그 상급 경찰기관의 장에게** 징계등 의결의 요구를 신청하여야 한다.
징계등 심의 대상자의 출석	① 징계위원회가 징계등 심의 대상자의 출석을 요구할 때에는 출석 통지서로 하되, 징계위원회 **개최일 5일 전까지** 그 징계등 심의 대상자에게 **도달되도록 해야 한다.** ② 징계위원회는 출석 통지를 하였음에도 불구하고 징계등 심의 대상자가 정당한 사유 없이 출석하지 아니하였을 때에는 그 사실을 기록에 분명히 적고 **서면심사로 징계등 의결을 할 수 있다.**

	→ 다만, 징계등 심의 대상자의 소재가 분명하지 아니할 때에는 출석 통지를 **관보에 게재**하고, 그 **게재일부터 10일**이 지나면 출석 통지가 **송달된 것으로 보며**, 징계등 의결을 할 때에는 관보 게재의 사유와 그 사실을 기록에 분명히 적어야 한다.
징계등 의결 기한	징계등 의결 요구를 받은 징계위원회는 그 **요구서를 받은 날부터 30일 이내**에 징계등에 관한 의결을 하여야 한다. → 부득이한 사유가 있을 때에는 해당 징계등 의결을 요구한 경찰기관의 장의 승인을 받아 **30일 이내의 범위에서 그 기한을 연기**할 수 있다.
심문과 진술권	① 징계위원회는 출석한 징계등 심의 대상자에게 징계 사유에 해당하는 사실에 관한 심문을 하고 심사를 위하여 필요하다고 인정될 때에는 관계인을 **출석하게 하여 심문할 수 있다.** ② 징계위원회는 징계등 심의 대상자에게 **진술할 수 있는 기회를 충분히 주어야 하며**, 징계등 심의 대상자는 의견서 또는 말로 자기에게 이익이 되는 사실을 진술하거나 증거를 제출할 수 있다. ③ 징계등 심의 대상자는 **증인의 심문을 신청할 수 있다.** 이 경우 징계위원회는 **의결로써 그 채택 여부를 결정하여야 한다.** ④ 징계등 의결을 요구한 자 또는 징계등 의결의 요구를 신청한 자는 징계위원회에 출석하여 의견을 진술하거나 서면으로 의견을 진술할 수 있다. → 중징계나 중징계 관련 징계부가금 요구사건의 경우에는 특별한 사유가 없는 한 **징계위원회에 출석하여 의견을 진술해야 한다.**
징계위원회 의결	① 징계위원회의 의결은 **위원장을 포함한 위원 과반수의 출석과 출석위원 과반수의 찬성으로 의결** → 의견이 나뉘어 출석위원 과반수의 찬성을 얻지 못한 경우에는 출석위원 과반수가 될 때까지 징계등 심의 대상자에게 **가장 불리한 의견을 제시한 위원의 수를 그 다음으로 불리한 의견을 제시한 위원의 수에 차례로 더하여** 그 의견을 합의된 의견으로 본다. ② 징계위원회의 의결 내용은 **공개하지 아니한다.** → 징계의결은 원격영상회의 방식을 활용할 수 있다. → 징계위원회 의결을 거치지 않고 행한 징계처분은 **무효이다.** ③ 징계위원회는 **원격영상회의 방식**으로 심의 의결할수 있다.
감사원의 조사와의 관계(국가공무원법 제83조)	① 감사원에서 조사 중인 사건에 대하여는 조사개시 통보를 받은 날부터 징계 의결의 요구나 그 밖의 **징계 절차를 진행하지 못한다.** ② 검찰·경찰, 그 밖의 수사기관에서 수사 중인 사건에 대하여는 수사개시 통보를 받은 날부터 징계 의결의 요구나 그 밖의 **징계 절차를 진행하지 아니할 수 있다.** ③ 감사과 검찰·경찰, 그 밖의 수사기관은 조사나 수사를 시작한 때와 이를 마친 때에는 **10일 내에 소속 기관의 장에게 그 사실을 통보**하여야 한다.

핵심포인트 65 징계권자

경무관 이상의 강등 및 정직과 경정 이상의 파면 및 해임	경찰청장의 제청으로 행정안전부장관 또는 해양수산부장관과 국무총리를 거쳐 대통령
총경 및 경정의 강등 및 정직	**경찰청장**이 한다.

핵심포인트 66 징계 집행

징계등 의결의 통지	징계위원회는 징계등 의결을 하였을 때에는 지체 없이 징계등 의결을 요구한 자에게 의결서 **정본**을 보내어 통지하여야 한다.
경징계 등의 집행	① 징계등 의결을 요구한 자는 경징계의 징계등 의결을 통지받았을 때에는 **통지받은 날부터 15일 이내에** 징계등을 집행하여야 한다. ② 징계등 의결을 요구한 자는 징계등 의결을 집행할 때에는 의결서 사본에 징계등 처분 사유 설명서를 첨부하여 징계등 처분 대상자에게 보내야 한다.
중징계 등의 처분 제청과 집행	① 징계등 의결을 요구한 자는 중징계의 징계등 의결을 통지받았을 때에는 **지체 없이** 징계등 처분 대상자의 **임용권자에게 의결서 정본을** 보내어 해당 징계등 처분을 **제청하여야 한다.** → 다만, 경무관 이상의 강등 및 정직, 경정 이상의 파면 및 해임 처분의 제청, 총경 및 경정의 강등 및 정직의 집행은 **경찰청장** 또는 해양경찰청장이 한다. ② 중징계 처분의 제청을 받은 **임용권자는 15일 이내에** 의결서 사본에 징계등 처분 사유 설명서를 첨부하여 징계등 처분 대상자에게 보내야 한다.

핵심포인트 67 정상참작 사유(징계책임을 묻지 아니할 수 있다.)

행위자의 참작사유 (비.능.매.부.원.공)	1. 과실로 인하여 발생한 의무위반행위가 다른 법령에 의해 처벌사유가 되지 않고 비난가능성이 없는 때 2. 국가 또는 공공의 이익을 증진하기 위해 성실하고 능동적으로 업무를 처리하는 과정에서 부분적인 절차상 하자 또는 비효율, 손실 등의 잘못이 발생한 때 3. 업무매뉴얼에 규정된 직무상의 절차를 충실히 이행한 때 4. 의무위반행위의 발생을 방지하기 위해 최선을 다하였으나 부득이한 사유로 결과가 발생하였을 때 5. 발생한 의무위반행위에 대하여 자진신고하거나 사후조치에 최선을 다하여 원상회복에 크게 기여한 때 6. 간첩 또는 사회이목을 집중시킨 중요사건의 범인을 검거한 공로가 있을 때
감독자에 대한 참작사유	1. 부하직원의 의무위반행위를 **사전에 발견**하여 적법 타당하게 조치한 때 2. 부하직원의 의무위반행위가 감독자 또는 행위자의 **비번일, 휴가기간, 교육기간 등에 발생**하거나, 소관업무와 직접 관련 없는 등 감독자의 실질적 감독범위를 벗어났다고 인정된 때 3. **부임기간이 1개월 미만**으로 부하직원에 대한 실질적인 감독이 곤란하다고 인정된 때 4. 교정이 불가능하다고 판단된 부하직원의 사유를 명시하여 인사상 조치(전출 등)를 상신하는 등 **성실히 관리한 이후에** 같은 부하직원이 의무위반행위를 야기하였을 때 5. 기타 부하직원에 대하여 평소 철저한 교양감독 등 감독자로서의 임무를 **성실히 수행**하였다고 인정된 때

→ 징계처분을 받은자는 **처분사유서설명서를 받은 날로부터 30일 이내** 소청심사위원회에 심사를 청구할 수 있다.

핵심포인트 68 경찰공무원 - 소청심사위원회 구성

설치	인사혁신처, 합의제 행정기관
구성	위원장 1명을 포함한 **5명이상 7명이하 상임위원** → 상임위원 수의 **2분의 1 이상인 비상임위원** → **위원장은 정무직** ※ 국회사무처, 법원행정처, 헌재사무처, 중앙선관위사무처에 각각 해당 소청심사위를 둠(위원장 1명을 포함한 위원 5명이상 7명이하의 비상임위원으로 구성)
임명	위원은 **인사혁신처장 제청**을 국무총리 거쳐 **대통령이 임명.**
자격	1. 법관·검사 또는 변호사의 직에 **5년 이상** 근무한 자 2. 대학에서 행정학·정치학 또는 법률학을 담당한 **부교수 이상의 직에 5년 이상** 근무한 자 3. **3급 이상** 공무원 또는 고위공무원단에 속하는 공무원으로 **3년 이상 근무**한 자 → 3급이상 공무원 또는 고위공무원단에 속하는 공무원으로 3년이상 근무한 자는 **상임위원으로만 임명**될수 있다.(비상임위원 아님) → 1호, 2호는 비상임위원
임기	① 상임위원의 임기는 **3년으로** 하며, **1차에 한하여 연임**할 수 있다. ② 상임위원은 다른 직무를 겸할 수 없다.(겸직금지) ③ 공무원이 아닌 위원은 「형법」이나 그 밖의 법률에 따른 벌칙을 적용할 때 공무원으로 본다.

핵심포인트 69 소청심사위원회 결정

심사 청구	ⓐ 경찰공무원은 징계처분·강임·휴직·직위해제·면직처분의 경우 → 처분사유설명서를 **교부받은 날로부터 30일** 이내 청구(변호사 대리인으로 선임가능) ⓑ 본인의사에 반하는 기타 불리한 처분을 받았을 경우 → 처분이 있는 것을 **안날로부터 30일** 이내 청구 ⓒ 이 경우 변호사를 대리인으로 선임할 수 있음	
심사	① 소청심사위원회는 소청을 접수하면 **지체 없이 심사하여야 한다.** ② 소청심사위원회가 소청 사건을 심사하기 위하여 징계 요구 기관이나 관계 기관의 소속 공무원을 증인으로 소환하면 **해당 기관의 장은 이에 따라야 한다.**	
진술권	소청사건을 심사할 때에는 소청인 또는 대리인에게 **진술 기회를 주어야 한다.** → **진술 기회를 주지 아니한 결정은 무효**로 한다.	
결정	정족수	① 재적위원 3분의 2 이상 출석과 출석위원 과반수 합의로 결정 → 의견이 나뉠 경우 출석위원 과반수에 이를 때까지 **가장 불리한 의견에 차례로 유리한 의견을 더하여** 그 중 가장 유리한 의견을 합의된 의견으로 본다. ② **파면·해임·강등 또는 정직에 해당하는 징계처분을 취소 또는 변경하려는 경우와 효력 유무 또는 존재 여부에 대한 확인을 하려는 경우**에는 재적 위원 3분의 2 이상의 출석과 출석 위원 3분의 2 이상의 합의가 있어야 한다. → 이 경우 구체적인 결정의 내용은 **출석 위원 과반수의 합의**에 따른다.
	기한	접수한 날부터 60일 이내에 결정하여야 한다. → 불가피한 경우 소청심사위원회 의결로 30일 연장할 수 있다.
	불이익 변경금지	**원징계처분보다 무거운 징계 또는 원징계부가금 부과처분보다 무거운 징계 부가금을 부과하는 결정을 하지 못한다.**
	결정의 효과	① 처분 행정청을 기속한다. ② 소청심사위원회는 직접 처분을 취소·변경하거나, 처분청에 취소·변경을 명할 수 있다. → **취소명령 또는 변경명령 결정**은 그에 따른 징계나 그 밖의 처분이 있을 때까지는 종전에 행한 징계처분등에 **영향을 미치지 아니한다.**
불복	필요적 행정심판전치주의	공무원의 신분상 불이익 처분에 대한 행정소송은 소청심사위원회의 심사, 의결을 **거치지 아니하면 제기할수 없다.**
	행정소송 제기 기한	ⓐ 소청심사위원회 결정에 불복이 있는 때 → 결정서 정본을 송달받은 날로부터 90일 이내 ⓑ 소청심사위원회가 60일이 지나도록 결정하지 않은때 → 징계처분사유설명서를 송달받은 날로부터 90일 이내
	소송 대상	원칙적으로 소송의 대상은 **원징계처분**이다. → 소청심사위원회의 결정 아님

→ 소청심사위원회 결정에 대한 재심은 불가하다.

핵심포인트 70 국가경찰위원회와 소청심사위원회 비교

	국가경찰위원회	소청심사위원회
근거	국가경찰과 자치경찰의 조직 및 운영에 관한 법률	국가공무원법
위치	**행정안전부**	**인사혁신처**
성격	심의·의결 기관	합의제 행정관청
위원 구성	위원장 1인 포함 **7인** → 위원장 및 5인은 비상임, 상임위원 1인	위원장 1인 포함 **5명 이상 7인이하**의 상임위원과 상임위원수의 1/2 이상의 비상임위원
위원 임명	**행정안전부장관 제청** → 국무총리 경유 → 대통령이 임명	**인사혁신처장의 제청** → 국무총리 경유 → 대통령이 임명
위원장	비상임 위원중 **호선**	대통령이 임명
임기	3년, **연임불가**	3년, 1차 한해 **연임가능**
의결정족수	재적과반수 출석, 출석 과반수 찬성	**재적위원 2/3이상 출석**, 출석 과반수 합의
재의 요구	행정안전부장관의 재의요구	**재심청구 불가**

핵심포인트 71 의결정족수 비교

재적 과반수찬성 (승.인.보.시)	경찰공무원승진심사위원회 경찰공무원인사위원회 보상금심사위원회 시도자치경찰위원회위원추천위
재적 3분의 2 이상 출석, 출석 과반수찬성 (이.소.정)	소청심사위원회 정규임용심사위원회
5명이상 출석, 출석 과반수찬성 (5.공.고)	경찰고충심사위원회의 공개수배심사회의

→ 소청심사위원회의 중징계 취소·변경, 무효등확인 - 재적 2/3 이상 출석, 출석 2/3 이상 찬성
→ 시도자치경찰위원회 재의결 - 재적 과반수 찬성, 출석 2/3 이상 찬성

핵심포인트 72 고충심사위원회 설치

	설치	심사 대상	결정
중앙고충심사위원회	인사혁신처 소청심사위원회	**경정 이상, 재심청구**	인사혁신처에 설치된 소청심사위원회의 상임위원과 **비상임위원 3분의 2 이상의 출석**과 출석 위원 과반수의 합의
경찰공무원 고충심사위원회	경찰대학·경찰인재개발원·중앙경찰학교·경찰수사연수원·경찰서·경찰기동대·경비함정 기타 **경감 이상**의 경찰공무원을 장으로 하는 기관중 **행정안전부장관이 지정하는 경찰기관**	경감이하	위원 5명 이상의 출석과 **출석위원 과반수**의 합의

핵심포인트 73 경찰공무원 고충심사위원회

구성	위원장 1명을 포함하여 **7명 이상 15명 이하**의 공무원위원과 민간위원으로 구성 → 민간위원의 수는 **위원장을 제외한 위원 수의 2분의 1 이상**이어야 한다.
위원장	설치기관 소속 공무원 중에서 인사 또는 감사 업무를 담당하는 **과장 또는 이에 상당하는 직위**를 가진 사람이 된다.
위원	<table><tr><td>공무원 위원</td><td>청구인보다 상위 계급 또는 이에 상당하는 소속 공무원 중에서 설치기관의 장이 임명</td></tr><tr><td>민간인 위원</td><td>㉠ 경찰공무원으로 **20년 이상** 근무하고 퇴직한 사람 ㉡ 대학에서 법학·행정학·심리학·정신건강의학 또는 경찰학을 담당하는 사람으로서 **조교수 이상**으로 재직 중인 사람 ㉢ 변호사 또는 공인노무사로 **5년 이상** 근무한 사람</td></tr></table> → 민간위원은 설치기관의 장이 위촉
임기	민간위원 임기는 **2년**, 한번 연임 가능
회의	위원장과 **위원장이 회의마다 지정하는 5명 이상 7명 이하의 위원**으로 성별을 고려하여 구성 → 민간위원이 3분의 1 이상 포함되어야 한다.
의결정족수	위원 5명이상 출석과 출석위원 과반수의 합의
심사절차	청구서를 접수한때에는 **30일 이내**에 고충심사에 대한 결정을 하여야 한다. → 부득이한 경우 고충심사위원회 의결로 30일 범위에 기한 **연기 가능**
심사일 통지	① 고충심사위원회는 **심사일 5일 전까지** 청구인 및 처분청에 심사일시 및 장소를 알려야 한다. ② 고충심사위원회는 통지를 하는 경우 청구인 및 처분청에 심사에 출석하여 의견을 진술하거나 서면으로 **의견을 제출할 기회를 주어야 한다.** ③ 고충심사위원회는 통지를 받은 청구인 및 처분청이 심사일에 특별한 이유 없이 출석하지 아니한 때에는 **진술 없이 심사·결정할 수 있다.** → 다만, 서면으로 진술할 때에는 결정서에 서면진술의 요지를 기재하여야 한다.

→ 청구기간 제한없다.

핵심포인트 74 양성평등기본법

제31조의2(성희롱 사건 발생 시 조치)
① 국가기관등의 장은 해당 기관에서 성희롱 사건이 발생한 사실을 알게 된 경우(국가기관등의 장이 해당 성희롱 사건의 행위자인 경우를 포함한다) 피해자의 명시적인 반대의견이 없으면 지체 없이 그 사실을 **여성가족부장관에게 통보하고**, 해당 사실을 **안 날부터 3개월 이내에** 제31조제1항에 따른 재발방지대책을 여성가족부장관에게 제출하여야 한다.
② 여성가족부장관은 제1항에 따라 통보받은 사건이 중대하다고 판단되거나 재발방지대책의 점검 등을 위하여 필요한 경우 해당 기관에 대한 **현장점검을 실시할 수 있으며**, 점검 결과 시정이나 보완이 필요하다고 인정하는 경우에는 국가기관등의 장에게 시정이나 보완을 요구할 수 있다.

핵심포인트 75 경찰청 성희롱·성폭력 예방 및 2차 피해 방지와 그 처리에 관한 규칙

제3조(적용범위)
① 이 규칙은 경찰청 및 그 소속기관(이하 "경찰기관"이라 한다) **소속 직원**(공무원 및 고용관계에 있는 사람을 포함한다.)과 **교육생**(경찰대학, 중앙경찰학교 교육생을 말한다.)에게 적용된다.
② 이 규칙의 **피해자 보호는** 피해자(피해를 입었다고 주장하는 사람을 포함한다)뿐 아니라 **신고자·조력자·대리인(피해자등)에게도 적용된다.**

제5조(신고센터)
① 경찰청장은 소속 구성원 및 교육생의 성희롱·성폭력 및 2차 피해 관련 상담·조사 등 처리를 위해 **경찰청 인권보호담당관실에** 경찰청 성희롱·성폭력 신고센터(이하 "신고센터"라 한다)를 둔다.

제5조의2(온라인신고센터)
경찰청장은 성희롱·성폭력 및 2차 피해 신고의 편의를 위해 **온라인신고센터를 설치·운영한다.**

제6조(상담원)
① 경찰기관의 장은 성희롱·성폭력 및 2차 피해 상담원(이하 "상담원"이라 한다)을 **2명 이상 지정하고, 남성과 여성 경찰공무원이 각 1명 이상 포함되도록 해야 한다.** 이 경우 기관 실정에 따라 행정관 또는 주무관 중 1명을 추가로 지정할 수 있다.
② 상담원은 직장 내 성희롱·성폭력 및 2차 피해 관련 상담 및 신고 접수, 조사 등 처리 절차 안내 등 업무를 수행한다.

제7조(예방교육)
① 경찰기관의 장은 제4조제2항의 예방계획에 따라 매년 초에 예방교육의 실시 시기·내용·방법 등에 관한 세부 실시계획을 수립해야 한다.
② 예방교육은 **연 1회 1시간 이상의 대면교육을 원칙으로 하되**, 특별한 사정이 있는 경우에는 **시청각 또는 사이버 교육으로 대체할 수 있다.**
10조(조사)

① 조사관은 제9조의 신청을 **접수한 날로부터 20일 이내에 조사를 완료해야 한다.** 다만, 특별한 사정이 있는 경우 신고센터장에게 보고 후 20일 범위 내에서 조사 기간을 **연장할 수 있다.**
② 조사관은 조사과정 중에 2차 피해를 접수한 경우 성희롱·성폭력과 2차 피해 조사를 병합하여 실시할 수 있다.

제11조(피해자등 보호 및 비밀유지)
① 경찰기관의 장은 조사기간 동안 피해자의 의사를 고려해 성희롱·성폭력 및 2차 피해 행위자와의 **업무·공간 분리, 휴가 부여 등 적절한 조치를 취해야 한다.**
② 경찰기관의 장은 조사 완료 후 행위자의 혐의가 인정되는 경우에는 피해자의 의사를 고려해 제1항의 조치를 해야 한다.
④ 경찰기관의 장은 특별한 사유가 없는 한 행위자가 견책 이상의 징계처분을 받은 때에는 2차 피해 방지를 위해 **징계 처분일로부터 10년 동안** 피해자와 동일한 관서에 근무하지 않도록 해야 하며, 피해자와 직무상 연관된 보직에 배치해서는 안 된다.

제13조(성희롱·성폭력 심의위원회 설치 및 구성)
① 성희롱·성폭력 및 2차 피해 사안을 심의하기 위해 **경찰청에 성희롱·성폭력 심의위원회(이하 "위원회"라 한다)**를 둔다.
② 위원회는 위원장 1명을 포함한 7명의 위원으로 구성한다. 이 경우 **외부위원은 3명 이상**이 되도록 하며, 특정 성별이 위원장을 제외하고 4명을 초과해서는 안 된다.
③ 위원장은 **경찰청 경무인사기획관**으로 한다.
④ 외부위원은 성희롱·성폭력 예방에 관한 학식과 경험이 풍부한 사람 중에서 경찰청장이 위촉한다. 이 경우 외부위원의 임기는 2년으로 하되 연임할 수 있다.

제15조(사건의 종결)
신고센터장은 성희롱·성폭력 및 2차 피해 사안에 대한 조사가 완료된 후 지체 없이 그 조사 결과를 피해자 및 행위자에게 **서면 등으로 통지하고 사건을 종결한다.**

제16조(징계)
① 경찰기관의 장은 성희롱·성폭력 및 2차 피해에 대한 조사 또는 심의 결과, 성희롱·성폭력 및 2차 피해 행위가 징계사유에 해당한다고 판단하는 경우 엄중한 징계 등 제재절차가 이루어지도록 해야 한다.
② 경찰기관의 장은 조사 중인 성희롱·성폭력 및 2차 피해 행위가 **중징계에 해당된다고 판단되는 경우에는 해당 행위자에게 의원면직을 허용해서는 안 된다.**
③ 상급자가 성희롱·성폭력 관련 사안을 인지하고도 사건을 방조·은폐·비호하거나 2차 피해에 대하여 아무런 조치를 취하지 않은 경우 **상급 경찰기관의 장 또는 소속 경찰기관의 장은** 사안의 경중을 고려하여 징계 요구를 하거나 직무 관련 범죄의 고발 등을 할 수 있다.
④ 제1항에 따라 징계 등 제재 절차를 진행하는 경우에는 **피해자에게 의견 진술 기회를 주어야 한다.**

핵심포인트 76 법규명령과 행정규칙

	법규명령	행정규칙
권력적 근거	일반권력 관계	특별행정법 관계
법적 근거	* 위임명령 : 상위 법령상 개별적·구체적 수권 **필요** * 집행명령 : 개별적·구체적 수권 불필요	법적 근거 **불필요** (구체적 수권 불필요)
법규성 여부	법규성 인정	**법규성 부정** → 예외적으로 자기구속의 법리가 적용되어 외부적 효력이 인정될수 있다.
효력(구속력)	**양면적 구속력** (대내적, 대외적 구속력)	일면적 구속력 (대내적 구속력)
위반 효과	**위법**한 작용됨	바로 위법한 작용이 되는 것은 아님 → **내부 징계사유** 됨
형식	문서에 의한 조문형식 → 대통령령, 총리령, 부령	문서형식 혹은 **구두**로도 가능 → 훈령, 고시 등
공포	공포 필요 → 공포후 20일 경과시 효력발생	**공포가 불필요** → 수 명기관에 **도달하면** 효력 발생
법치행정 적용	법률우위 적용 법률유보 적용	법률우위 적용 **법률유보 미적용**

핵심포인트 77 법규명령 - 위임명령과 집행명령

	위임명령	집행명령
목적	법률의 내용 보충	법률의 집행
범위	**위임의 범위내**에서 새로이 국민의 권리·의무에 관한 사항을 **규정할수 있음**	국민의 권리·의무에 관한 **새로운 법규사항을 규정할수 없음**
위임	법률 또는 상위명령의 **개별적, 구체적 위임 필요.**	법률 또는 상위명령의 구체적 위임을 요하지 않음

핵심포인트 78 위임명령의 한계

① 일반적·포괄적 위임 금지
㉠ 국민의 기본권을 직접적으로 **제한하거나 침해할 소지가 있는 법규**에서는 구체성·명확성의 요구가 강화되어 그 위임의 요건과 범위가 일반적인 급부행정법규의 경우보다 **더 엄격하게** 제한적으로 규정되어야 한다.
② **전면적 재위임 금지**
③ **국회 전속적 법률사항 위임금지** 예) 정부조직법

핵심포인트 79 효력시기

① 법률은 특별한 규정이 없는 한 공포한 날로부터 20일을 경과함으로써 효력을 발생한다.
② 대통령령, 총리령 및 부령은 특별한 규정이 없으면 **공포한 날부터 20일**이 경과함으로써 효력을 발생한다.
③ (법령의 시행유예기간) 국민의 **권리 제한 또는 의무 부과와 직접 관련되는 법률**, 대통령령, 총리령 및 부령은 긴급히 시행하여야 할 특별한 사유가 있는 경우를 제외하고는 공포일부터 적어도 **30일**이 경과한 날부터 시행되도록 하여야 한다.

핵심포인트 80 행정기본법 상 원칙

법치행정의 원칙 (제8조)	행정작용은 법률에 위반되어서는 아니 되며, **국민의 권리를 제한하거나 의무를 부과하는 경우**와 그 밖에 국민생활에 중요한 영향을 미치는 경우에는 법률에 근거하여야 한다.
평등의 원칙(제9조)	행정청은 합리적 이유 없이 국민을 차별하여서는 아니 된다.
비례의 원칙 (제10조)	1. 행정목적을 달성하는 데 **유효하고 적절할 것** 2. 행정목적을 달성하는 데 **필요한 최소한도**에 그칠 것 3. 행정작용으로 인한 국민의 이익 침해가 그 행정작용이 의도하는 **공익보다 크지 아니할 것**
성실의무 및 권한남용 금지의 원칙(제11조)	① 행정청은 법령등에 따른 의무를 성실히 수행하여야 한다. ② 행정청은 행정권한을 남용하거나 그 권한의 범위를 넘어서는 아니 된다.
신뢰보호의 원칙 (제12조)	① 행정청은 공익 또는 제3자의 이익을 현저히 해칠 우려가 있는 경우를 제외하고는 행정에 대한 국민의 **정당하고 합리적인 신뢰를 보호**하여야 한다.

→ 다만, 공익 또는 제3자의 이익을 현저히 해칠 우려가 있는 경우는 예외로 한다.

핵심포인트 81 선행조치 인정여부

선행조치 긍정	선행조치 부정
① 묵시적 의사표시 ② 도시계획과장 등이 행한 완충녹지지정해제 등의 약속 ③ 4년 동안 면허세를 부과할 수 있다는 사정을 알면서도 수출확대하는 공익상 필요에서 한건도 부과한 일이 없던 경우	① 단순한 과세누락 ② 상대방의 추상적 질의에 대한 일반론적 견해표명 ③ 단순한 **재량준칙 공포** ④ 문화체육관광부장관의 지방자치단체장에 대한 회신

부당결부금지의 원칙 (제13조)	행정청은 행정작용을 할 때 상대방에게 해당 행정작용과 **실질적인 관련이 없는** 의무를 부과해서는 아니 된다.

핵심포인트 82 경찰개입청구권

기속행위	인정
재량행위	원칙 : 하자 없는 재량행사를 청구할 수 있을 뿐, 특정행정 처분을 청구할수 있는 권리는 인정되지 않는다. → **예외 : 재량권의 영(0)으로 수축이론**은 재량행위도 행정개입청구권의 성립을 인정(법익침해의 중대성, 절박성, 보충성의 요건이 성립하는 경우) → 재량권이 영으로 수축되면 기속행위로 전환된다. → 개인적 공권의 확대

→ 경찰개입청구권이 발생했는데도 경찰권을 발동하지 않으면 행정소송, 국가배상 청구가능하다.
→ 무장공비 침투 사건 판례
→ 독일 **띠톱 판결**

핵심포인트 83 경찰 공공의 원칙

사생활 불가침 원칙	ⓐ 원칙 경찰권이 사회공공의 질서와 직접 관계없는 **개인의 사생활이나 행동**에 개입해서는 안된다. ⓑ 예외 개인의 사생활이라도 동시에 공공의 안녕·질서에 영향을 미치는 경우에는 개입할수 있다. 　예) 주택가에서 고성방가 단속, 주취자 보호조치 등
사주소 불가침 원칙	ⓐ 원칙 경찰은 일반사회와 **직접 접촉되지 않는 사주소 내의 활동**에 대해서는 개입해서는 안된다. 　**사주소** : 공중과 직접 접촉되지 않는 장소로서 개인 주택뿐아니라 비주거용 건축물인 공장, 사무소, 창고 등 포함 　→ 흥행장, 음식점, 여관, 역등 불특정 다수인에게 개방된 장소는 사주소에 포함되지 않는다. ⓑ 예외 사주소 내의 행위라도 그것이 직접 공공의 안녕·질서에 영향을 미쳐 그에 대한 장해가 되는 경우에는 그 한도에서 개입이 허용된다. 예) 사주소 내에서 신체 과다 노출, 음악소음으로 옆집 주민의 피해
민사관계 불간섭 원칙	ⓐ 원칙 개인의 재산권 행사, 민사상 계약, 친족권의 행사 등 **사적 관계에는 개입금지** 원칙이다. 　→ 위반사례 : 개인간 가옥임대차에 관한 분쟁에 개입하는 경우, 경찰관이 범죄행위와 관련된 가해자와 피해자 간의 합의를 종용하는 경우, 경찰관이 민사상의 채권집행에 관여하는 경우 등 ⓑ 예외 민사상 관계이지만 동시에 공중의 안전, 위생, 풍속, 교통 기타 사회공공의 안녕과 질서에 영향을 미치는 경우는 **그 한도내에서** 개입 대상이 된다. 예) 총포·도검·화약류의 단속, 미성년자에게 술이나 담배 등 판매

핵심포인트 84 경찰 책임 종류

행위책임	ⓐ 자기 또는 자기의 보호 감독하에 있는 자의 행위로 인하여 질서위반의 상태가 발생한 경우에 지는 경찰책임이다.(작위, 부작위 포함) → 친권자·사용자의 보호 감독책임, 자신이 일으킨 교통사고로 인한 부상자 구호책임 ⓑ 지배자 책임의 성격은 대위책임이 아니라 **자기책임**이다. → 보호하고 감독해야할 자가 지는 자기책임이다. 예) 친권자 책임 ⓒ 직접적인 원인을 야기 한 자에게만 행위책임이 귀속된다. → 유명연예인을 보기위해 모인 팬들이 교통질서를 혼란시킬 경우 그 팬들이 대상임
상태책임	ⓐ 물건 또는 동물의 소유자, 점유자, 관리자가 **그 지배범위 안에** 속하는 물건·동물로 인해 경찰위반상태가 발생한 경우 지게되는 책임. ⓑ 책임자 **현실적 지배권**을 가지는 자가 책임을 진다. → 물건 등에 대한 정당한 권원을 가지고 있지 않아도 책임이 발생할 수 있다.
복합책임	ⓐ 하나의 질서위반의 상태가 다수인의 행위 또는 다수인의 지배를 하는 물건의 상태에 기인하였거나, 행위책임과 상태책임의 중복에 기인한 경우의 책임이다. → 일부 또는 전체에 대해 경찰권 발동이 가능하다. ⓑ 행위책임과 상태책임이 경합하는 경우에는 일반적으로 **상태책임**이 우선한다. → 전자제품 앞 도로에 군중이 모인 경우, 군중들이 우선적 책임대상이다. ⓒ 책임자 경합 시 가장 신속하고 효과적으로 제거 할수 있는 자에게 경찰권을 발동한다.

제1편 핵심 총정리

핵심포인트 85 의무이행확보 종류

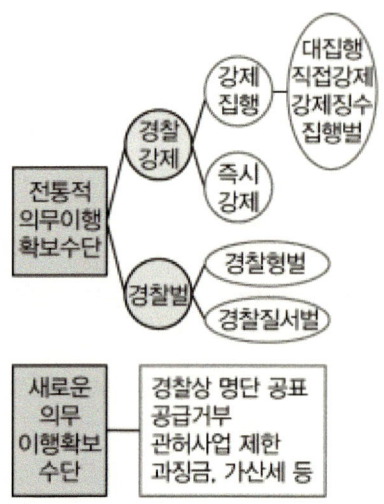

핵심포인트 86 강제집행 1 - 대집행

근거	행정대집행법
주체	의무를 부과한 경찰행정청(처분청)
요건	ⅰ) **공법상 대체적 작위의무의 불이행** ⅱ) 다른 수단으로써 그 이행을 확보하기 곤란(**보충성 원칙**) ⅲ) 그 불이행을 방치함이 심히 공익을 해할 것
절차	대집행 **계고** → 대집행영장에 대한 **통지** → 대집행 **실행** → **비용** 징수 ① 계고는 준법률행위적 행정행위이며, **1차 계고만** 행정쟁송 대상이 된다. ② 대집행의 내용과 범위는 그 처분 전후에 송달된 문서나 기타 사정을 종합하여 특정할 수 있으면 된다. ③ 대집행 계고는 **문서**로 하여야 한다.
권리 구제	① 대집행의 각 단계들은 모두 행정쟁송의 대상인 **처분이다.** ② 대집행의 각 단계 행위들은 하자 승계가 인정된다. ③ 대집행의 실행 완료된 경우 : 손해배상청구는 가능하다.(취소소송은 각하)

핵심포인트 87 직접강제

의의	의무불이행의 경우에 경찰청이 의무자의 **신체나 재산에 직접 실력을 행사**하여 그 행정상의 의무의 이행이 있었던것과 같은 상태를 실현하는 것
특징	① 일반적 규정은 없고, **개별법**에서 예외적으로 인정된다. ② 대상 : 직접강제는 **일체의 의무 불이행에 대해** 할수 있다. ③ 직접강제는 **최후수단**으로 인정되야 하며, 비례원칙등 경찰일반원칙을 준수해야 한다. ④ 권력적 사실행위로 **처분성이 인정**되고 행정쟁송을 제기할수 있다.
행정 기본법	① 직접강제는 행정대집행이나 이행강제금 부과의 방법으로는 행정상 의무 이행을 **확보할 수 없거나 그 실현이 불가능한 경우에 실시하여야 한다.** ② 직접강제를 실시하기 위하여 현장에 파견되는 집행책임자는 그가 집행책임자임을 표시하는 **증표를 보여 주어야 한다.**

핵심포인트 88 이행강제금(집행벌)

의의	비대체적 작위의무와 부작위 의무 불이행시 의무이행을 강제하기 위해 의무자에게 **심리적 압박을 가하는 수단으로써 금전적 부담**
특징	① 집행벌은 경찰벌과 **병과 될수 있다.** ② 의무이행이 있을 때 까지 **반복하여 부과**할 수 있다.

부과	① 이행강제금 부과의 근거가 되는 법률에는 이행강제금에 관한 다음 각 호의 사항을 명확하게 규정하여야 한다. 다만, 제4호 또는 제5호를 규정할 경우 입법목적이나 입법취지를 훼손할 우려가 크다고 인정되는 경우로서 대통령령으로 정하는 경우는 제외한다.
	
	  1. 부과·징수 주체
	  2. 부과 요건
	  3. 부과 금액
	  4. 부과 금액 산정기준
	  5. 연간 부과 횟수나 횟수의 상한
	
	② 행정청은 다음 각 호의 사항을 고려하여 이행강제금의 부과 금액을 **가중하거나 감경할 수 있다.**
	
	  1. 의무 불이행의 동기, 목적 및 결과
	  2. 의무 불이행의 정도 및 상습성
	  3. 그 밖에 행정목적을 달성하는 데 필요하다고 인정되는 사유
	
	③ 행정청은 이행강제금을 부과하기 전에 미리 의무자에게 **적절한 이행기간을 정하여** 그 기한까지 행정상 의무를 이행하지 아니하면 이행강제금을 부과한다는 뜻을 **문서로 계고하여야 한다.**

제1편 핵심 총정리

핵심포인트 89 강제징수

의의	**금전급부의무를 이행하지 아니하는** 경우 행정청이 의무자의 재산에 실력을 행사하여 그 행정상 의무가 이행된 것과 같은 상태를 실현하는 것
특징	① 일반법으로 **국세징수법**이 있다. ② 독촉 → 체납처분(재산**압류** → 압류재산 **매각** → **청산**) ③ 불복이 있는자는 행정쟁송을 제기할수 있다.

핵심포인트 90 경찰상 즉시강제

의의	목전의 **급박한 경찰상 장해를 제거**하기 위하여 미리 의무를 명할 시간적 여유가 없거나 그 성질상 의무를 명해서는 목적을 달성할수 없는 경우에 **직접 개인의 신체 또는 재산에 실력을** 가하여 행정상 필요한 상태를 실현하는 작용 → 의무의 존재와 불이행을 전제하지 않는다.
근거	**경찰관직무집행법**, 각종 개별법(감염병의 예방 및 관리에 관한 법률)
수단	<table><tr><td rowspan="6">대인적 즉시강제</td><td>불심검문(학설대립 : 경찰조사)</td></tr><tr><td>보호조치등</td></tr><tr><td>범죄예방·제지</td></tr><tr><td>경찰장구의 사용</td></tr><tr><td>분사기 등의 사용</td></tr><tr><td>무기의 사용</td></tr><tr><td>대물적 즉시강제</td><td>무기·위험물의 임시영치</td></tr><tr><td>대가택적 즉시강제</td><td>위험방지를 위한 가택출입·검사·수색 등</td></tr></table>
한계	① 경찰상 즉시강제의 발동에는 **엄격한 실정법적 근거**가 필요하다. ② 조리상 한계 – 비례원칙, 보충성 원칙, 소극성 원칙, 급박성 원칙 ③ 절차상 한계 – 영장주의 적용여부(통설 : **절충설**)
권리구제	① **적법한** 즉시강제로 인해 특정인에게 특별한 희생이 발생한 경우 **손실보상**을 청구할수 있다. ② 일정한 요건하에서 긴급피난은 형법상 위법성조각사유에 해당할수 있다. ③ 행정쟁송 : 즉시강제는 **권력적 사실행위**로 행정쟁송의 대상이 된다. → 대부분 단기에 종료되어 협의의 소이익이 존재하지 않는 경우가 많다. ④ 위법한 즉시강제로 인한 손해는 **국가배상** 청구가 가능하다.

핵심포인트 91 경찰형벌

의의	경찰법규 위반에 대해 **형법에 정해져 있는 벌**을 과하는 것이다. → 일반통치권에 의한 사후적 처벌이다. → 사형, 징역, 금고, 자격상실, 자격정지, 벌금, 구류, 과료, 몰수 → 징계벌과 병과 가능, 이행강제금과 병과 가능
부과	① 원칙 : **형사소송법에 의한 절차에 따라** 검사의 공소제기에 의해 형사법원이 부과한다. ② 예외 : **즉결심판절차와 통고처분절차**

	경찰형벌	경찰질서벌
의미	형법에 의한 형벌을 과하는 경찰벌	과태료 부과
형법 총칙 적용	적용 → 고의 과실 필요	적용 안됨 → 고의 과실 불요
절차	원칙 : 형사소송법 예외 : 즉결심판절차, 통고처분절차	질서위반행위규제법, 비송사건절차법

핵심포인트 92 즉결심판

대상	피고인에게 **20만원 이하의 벌금, 구류 또는 과료**에 처할 수 있음
청구	**관할경찰서장**(관할해양경찰서장)이 관할법원에 이를 청구한다.
서류,증거물 제출	경찰서장은 즉결심판의 **청구와 동시에** 즉결심판을 함에 필요한 서류 또는 증거물을 판사에게 제출하여야 한다.
개정	즉결심판절차에 의한 심리와 재판의 선고는 공개된 법정에서 행하되, 그 법정은 **경찰관서(해양경찰관서)외의 장소**에 설치되어야 한다
정식재판 청구	① 정식재판을 청구하고자 하는 피고인은 즉결심판의 선고·고지를 받은 날부터 **7일 이내**에 정식재판청구서를 경찰서장에게 제출하여야 한다. 　→ 정식재판청구서를 받은 경찰서장은 지체없이 판사에게 이를 송부하여야 한다. ② **경찰서장**은 무죄선고, 면소판결, 공소기각 선고를 한 날부터 **7일 이내**에 정식재판을 청구할 수 있다. 　→ 이 경우 경찰서장은 관할지방검찰청 또는 지청의 검사의 승인을 얻어 정식재판청구서를 판사에게 제출하여야 한다.
효력	**확정판결과 동일한 효력**
유치명령	판사는 구류의 선고를 받은 피고인이 일정한 주소가 없거나 또는 도망할 염려가 있을 때에는 **5일**을 초과하지 아니하는 기간 경찰서유치장에 유치할 것을 명령할 수 있다. → 이 기간은 선고기간을 **초과할 수 없다.**

핵심포인트 **93** 질서위반행위규제법

고의 또는 과실	고의 또는 과실이 없는 질서위반행위는 과태료를 부과하지 아니한다.
위법성의 착오	자신의 행위가 위법하지 아니한 것으로 **오인하고 행한 질서위반행위**는 그 오인에 정당한 이유가 있는 때에 한하여 과태료를 부과하지 아니한다.
책임연령	**14세가 되지 아니한 자**의 질서위반행위는 과태료를 부과하지 아니한다. → 다만, 다른 법률에 특별한 규정이 있는 경우에는 그러하지 아니하다.
심신장애	① 심신장애로 인하여 행위의 옳고 그름을 **판단할 능력이 없거나** 그 판단에 따른 **행위를 할 능력이 없는** 자의 질서위반행위는 과태료를 **부과하지 아니한다.** ② 심신장애로 인하여 **능력이 미약한** 자의 질서위반행위는 과태료를 감경한다.
다수인의 질서위반행위 가담	① 2인 이상이 질서위반행위에 가담한 때에는 **각자가 질서위반행위를 한 것으로 본다.** ② 신분에 의하여 성립하는 질서위반행위에 신분이 없는 자가 가담한 때에는 **신분이 없는 자에 대하여도** 질서위반행위가 성립한다.
수개의 질서위반행위의 처리	① 하나의 행위가 2 이상의 질서위반행위에 해당하는 경우에는 각 질서위반행위에 대하여 정한 과태료 중 **가장 중한 과태료를 부과한다.** ② 제1항의 경우를 제외하고 2 이상의 질서위반행위가 **경합하는 경우**에는 각 질서위반행위에 대하여 정한 과태료를 **각각** 부과한다.
과태료 시효	① 과태료는 행정청의 과태료 부과처분이나 법원의 과태료 재판이 **확정된 후 5년간** 징수하지 아니하거나 집행하지 아니하면 시효로 인하여 소멸한다.
사전통지 및 의견 제출 등	① 행정청이 질서위반행위에 대하여 과태료를 부과하고자 하는 때에는 미리 당사자(고용주등을 포함)에게 대통령령으로 정하는 사항을 통지하고, **10일 이상의 기간**을 정하여 의견을 제출할 기회를 주어야 한다. → 이 경우 지정된 기일까지 의견 제출이 없는 경우에는 의견이 없는 것으로 본다.
과태료 부과	행정청은 의견 제출 절차를 마친 후에 **서면(당사자가 동의하는 경우에는 전자문서)**으로 과태료를 부과하여야 한다.
신용카드 등에 의한 과태료의 납부	당사자는 과태료, 제24조에 따른 가산금, 중가산금 및 체납처분비를 대통령령으로 정하는 과태료 납부대행기관을 통하여 **신용카드, 직불카드 등(신용카드등)**으로 낼 수 있다.
자진납부자에 대한 과태료 감경	① 행정청은 당사자가 의견 제출 기한 이내에 과태료를 **자진하여 납부**하고자 하는 경우에는 대통령령으로 정하는 바에 따라 **과태료를 감경할 수 있다.** ② 당사자가 감경된 과태료를 납부한 경우에는 해당 질서위반행위에 대한 과태료 부과 및 징수절차는 **종료한다.**
이의제기	① 행정청의 과태료 부과에 불복하는 당사자는 과태료 부과 통지를 받은 날부터 **60일 이내에** 해당 행정청에 서면으로 이의제기를 할 수 있다. ② 제1항에 따른 **이의제기가 있는 경우**에는 행정청의 과태료 부과처분은 **그 효력을 상실한다.**
가산금 징수 및 체납처분 등	① 행정청은 당사자가 납부기한까지 과태료를 납부하지 아니한 때에는 납부기한을 경과한 날부터 체납된 과태료에 대하여 **100분의 3에 상당하는 가산금을 징수한다.** ② 체납된 과태료를 납부하지 아니한 때에는 납부기한이 경과한 날부터 매 1개월이 경

	과할 때마다 체납된 과태료의 **1천분의 12**에 상당하는 가산금(중가산금)을 제1항에 따른 가산금에 가산하여 징수한다. → 이 경우 중가산금을 가산하여 징수하는 기간은 **60개월을 초과하지 못한다.** ③ 행정청은 당사자가 제20조제1항에 따른 기한 이내에 이의를 제기하지 아니하고 제1항에 따른 가산금을 납부하지 아니한 때에는 **국세 또는 지방세 체납처분의 예에 따라 징수한다.**
과태료의 징수유예등 (24조의3)	① 행정청은 당사자가 다음 각 호의 어느 하나에 해당하여 과태료(체납된 과태료와 가산금, 중가산금 및 체납처분비를 포함한다. 이하 이 조에서 같다)를 납부하기가 곤란하다고 인정되면 **1년의 범위에서** 대통령령으로 정하는 바에 따라 과태료의 분할납부나 납부기일의 **연기(징수유예등)를 결정할 수 있다.** 1. 「국민기초생활 보장법」에 따른 수급권자 2. 「국민기초생활 보장법」에 따른 차상위계층 중 다음 각 목의 대상자 　가. 「의료급여법」에 따른 수급권자 　나. 「한부모가족지원법」에 따른 지원대상자 　다. 자활사업 참여자 3. 「장애인복지법」 제2조제2항에 따른 장애인 4. 본인 외에는 가족을 부양할 사람이 없는 사람 5. 불의의 재난으로 피해를 당한 사람 6. 납부의무자 또는 그 동거 가족이 질병이나 중상해로 1개월 이상의 장기 치료를 받아야 하는 경우 7. 「채무자 회생 및 파산에 관한 법률」에 따른 개인회생절차개시결정자 8. 「고용보험법」에 따른 실업급여수급자 9. 그 밖에 제1호부터 제8호까지에 준하는 것으로서 대통령령으로 정하는 부득이한 사유가 있는 경 시행령 제7조의2(과태료의 징수유예등) ① 행정청은 법 제24조의3제1항에 따라 과태료의 분할납부나 납부기일의 연기(징수유예등)를 결정하는 경우 그 기간을 그 징수유예등을 결정한 날의 다음 날부터 9개월 이내로 하여야 한다. 다만, 그 기간이 만료될 때까지 법 제24조의3제1항에 따른 징수유예등의 사유가 해소되지 아니하는 경우에는 1회에 한정하여 3개월의 범위에서 그 기간을 연장할 수 있다. ② 법 제24조의3제1항제9호에서 "대통령령으로 정하는 부득이한 사유가 있는 경우"란 다음 각 호의 어느 하나에 해당하는 경우를 말한다. 1. 도난 등으로 재산에 현저한 손실을 입은 경우 2. 사업이 중대한 위기에 처한 경우 3. 과태료를 일시에 내면 생계유지가 곤란하거나 자금사정에 현저한 어려움이 예상되는 경우
과태료 재판의 집행	과태료 재판은 **검사의 명령으로써 집행한다.** 이 경우 그 명령은 집행력 있는 집행권원과 동일한 효력이 있다.

핵심포인트 94 경찰관직무집행법 – 불심검문(제3조)

> 경직법 개정과정〉
> ① 경찰작용법의 최초는 **1894년 '행정경찰장정'**이다.
> ② 1953년 '경찰관직무집행법' 제정
> ③ 2018년 개정시 '재산상 손실 외에 생명 또는 신체상 손실에 대한 손실보상' 신설
> ④ 2020년 개정시 **경찰관의 기본적 인권보호 의무**가 규정되었다.

불심검문 대상자 정지 질문	경찰관은 어느 하나에 해당하는 사람을 정지시켜 **질문할 수 있다.** 　㉠ 수상한 행동이나 그 밖의 주위 사정을 합리적으로 판단하여 볼 때 어떠한 **죄를 범하였거나** 　㉡ 범하려 하고 있다고 **의심할 만한 상당한 이유가 있는 사람** 　㉢ **이미 행하여진 범죄나** 　㉣ 행하여지려고 하는 범죄행위에 관한 **사실을 안다고 인정되는 사람** → 질문시 진술을 거부할수 있음을 고지할 의무는 명시되있지 않다.
소지품검사	경찰관은 해당하는 사람에게 **질문을 할 때**에 그 사람이 **흉기를 가지고 있는지를 조사할 수 있다.** → 흉기외 일반소지품에 대해서는 명문규정이 없다. → 흉기조사에 대해 거부할수 있다는 명문규정은 없다.
증표제시	경찰관은 질문을 하거나 동행을 요구할 경우 자신의 신분을 표시하는 **증표를 제시하면서** 소속과 성명을 밝히고 질문이나 동행의 **목적과 이유를** 설명하여야 하며, 동행을 요구하는 경우에는 **동행 장소를 밝혀야 한다.** → 증표에 흉장은 안됨.(경찰공무원증 가능)
동행요구	경찰관은 정지시킨 장소에서 질문을 하는 것이 그 사람에게 **불리하거나 교통에 방해가 된다고 인정될 때에는** 질문을 하기 위하여 가까운 **경찰서·지구대·파출소 또는 출장소(지방해양경찰관서를 포함)**로 **동행할 것을 요구할 수 있다.** → 이 경우 동행을 요구받은 사람은 그 요구를 **거절할 수 있다.** → 형사소송법상 임의동행과는 구별됨(6시간 초과금지).
동행 이후	경찰관은 동행한 사람의 가족이나 친지 등에게 동행한 경찰관의 신분, 동행 장소, **동행 목적과 이유를 알리거나** 본인으로 하여금 즉시 연락할 수 있는 기회를 주어야 하며, **변호인의 도움을 받을 권리가 있음을 알려야 한다.** → 변호인 도움 받을 권리는 동행 후 고지사항이다. → 진술거부권 고지의무가 명시된 것은 아니다.
동행시 제한	㉠ 동행한 사람을 **6시간을** 초과하여 경찰관서에 머물게 할 수 없다. ㉡ 질문을 받거나 동행을 요구받은 사람은 **형사소송에 관한 법률에** 따르지 아니하고는 신체를 구속당하지 아니하며, 그 의사에 반하여 답변을 강요당하지 **아니한다.**

핵심포인트 **95 보호조치 등(제4조)**

대상	경찰관은 수상한 행동이나 그 밖의 주위 사정을 **합리적으로 판단해 볼 때** 다음의 어느 하나에 해당하는 것이 명백하고 응급구호가 필요하다고 믿을 만한 상당한 이유가 있는 사람(**구호대상자**)을 발견하였을 때에는 보건의료기관이나 공공구호기관에 긴급구호를 요청하거나 경찰관서에 **보호하는 등 적절한 조치를** 할 수 있다. ① **정신착란**을 일으키거나 ② **술에 취하여** 자신 또는 다른 사람의 생명·신체·**재산**에 위해를 끼칠 우려가 있는 사람 ③ **자살을 시도**하는 사람 ④ **미아, 병자, 부상자** 등으로서 적당한 보호자가 없으며 응급구호가 필요하다고 인정되는 사람.(→ 다만, **본인이 구호를 거절하는 경우는 제외한다.**) (정.술.재.자) (미.병.부)
보호 조치 내용	① 긴급구호를 요청받은 보건의료기관이나 공공구호기관은 정당한 이유 없이 **긴급구호를 거절할 수 없다.** 응급의료에 관한 법률 제6조(응급의료의 거부금지 등) ② 응급의료종사자는 업무 중에 응급의료를 요청받거나 응급환자를 발견하면 즉시 응급의료를 하여야 하며 정당한 사유 없이 이를 거부하거나 기피하지 못한다. → 응급의료 거부 또는 기피한 응급의료종사자는 **3년이하 징역 또는 3천만원** 이하의 벌금에 처한다. ② 경찰관은 구호대상자가 휴대하고 있는 **무기·흉기 등** 위험을 일으킬 수 있는 것으로 인정되는 물건을 경찰관서에 **임시로 영치하여 놓을 수 있다.** ③ 경찰관은 **지체 없이** 구호대상자의 가족, 친지 또는 그 밖의 연고자에게 그 사실을 알려야 하며, 연고자가 발견되지 아니할 때에는 구호대상자를 **적당한 공공보건의료기관이나 공공구호기관에 즉시 인계하여야 한다.** ④ 경찰관은 구호대상자를 공공보건의료기관이나 공공구호기관에 인계하였을 때에는 즉시 그 사실을 **소속 경찰서장이나** 해양경찰서장에게 **보고하여야 한다.** ⑤ 보고를 받은 **소속 경찰서장이나** 해양경찰서장은 대통령령으로 정하는 바에 따라 구호대상자를 인계한 사실을 지체 없이 해당 공공보건의료기관 또는 공공구호기관의 장 및 그 감독행정청에 **통보하여야 한다.** ⑥ 구호대상자를 경찰관서에서 **보호**하는 기간은 **24시간을 초과할 수 없고,** → 물건을 경찰관서에 **임시로 영치**하는 기간은 **10일을 초과할 수 없다.**

핵심포인트 96 위험발생의 방지 등(경찰관직무집행법 제5조)

내용	① **경찰관은** 사람의 생명 또는 신체에 위해를 끼치거나 재산에 중대한 손해를 끼칠 우려가 있는 천재, 사변, 인공구조물의 파손이나 붕괴, 교통사고, 위험물의 폭발, 위험한 동물 등의 출현, **극도의 혼잡, 그 밖의 위험한 사태**가 있을 때에는 다음 각 호의 **조치를 할 수 있다.** (경.억.조.직)
	  ㉠ 그 장소에 모인 **사람,** 사물의 **관리자,** 그 밖의 **관계인에게** 필요한 **경고**를 하는 것
	  ㉡ 매우 긴급한 경우에는 위해를 입을 우려가 있는 사람을 필요한 한도에서 **억류하거나 피난시키는 것**
	  ㉢ 그 장소에 있는 사람, 사물의 관리자, 그 밖의 관계인에게 위해를 방지하기 위하여 **필요하다고 인정되는 조치를 하게 하거나 직접 그 조치를 하는 것**
	→ 경찰관은 조치를 하였을 때에는 지체 없이 그 사실을 **소속 경찰관서의 장에게 보고하여야 한다.**
	② **경찰관서의 장은** 대간첩 작전의 수행이나 소요 사태의 진압을 위하여 필요하다고 인정되는 상당한 이유가 있을 때에는 대간첩 작전지역이나 경찰관서·무기고 등 **국가중요시설에 대한 접근 또는 통행을 제한하거나 금지할 수 있다.**

핵심포인트 97 위험방지를 위한 출입(제7조) - 정리

	요건	장소	가능시간	동의여부	효과
예방 출입	위해예방	다수인 출입장소	영업시간이나 일반인에 공개된 시간	○	상대방은 정당한 이유없이 출입을 거절하지 못함
긴급 출입	위해절박	타인의 토지, 건물 배 또는 차	제한 없음	×	거절시 → 공무집행방해죄
긴급 검색	대간첩작전 수행	다수인이 출입하는 장소	제한없음	×	

핵심포인트 98 사실의 확인 및 출석요구 등 (경직법 제8조 등)

사실의 조회	**경찰관서의 장**은 직무 수행에 필요하다고 인정되는 상당한 이유가 있을 때에는 국가기관이나 공사 단체 등에 직무 수행에 관련된 **사실을 조회할 수 있다.** → 다만, 긴급한 경우에는 소속 경찰관으로 하여금 현장에 나가 해당 기관 또는 단체의 장의 협조를 받아 그 사실을 확인하게 할 수 있다.
출석요구	경찰관은 다음 각 호의 직무를 수행하기 위하여 필요하면 관계인에게 출석하여야 하는 사유·일시 및 장소를 명확히 적은 출석 요구서를 보내 경찰관서에 **출석할 것을 요구할 수 있다.** (미.사.유.행) 1. **미아**를 인수할 보호자 확인 2. **유실물**을 인수할 권리자 확인 3. **사고**로 인한 사상자 확인 4. **행정처분**을 위한 교통사고 조사에 필요한 사실 확인

핵심포인트 99 정보의 수집등(경찰관의 정보수집 및 처리 등에 관한 규정)

정보활동의 기본원칙	경찰관은 정보활동과 관련하여 다음 각 호의 행위를 해서는 **안 된다.** 1. **정치에 관여**하기 위해 정보를 수집·작성·배포하는 행위 2. 법령의 직무 범위를 벗어나 개인의 동향 등을 파악하기 위해 **사생활에 관한 정보를 수집·작성·배포하는 행위** 3. 상대방의 **명시적 의사에 반해** 자료 제출이나 의견 표명을 강요하는 행위 4. **부당한 민원이나 청탁**을 직무 관련자에게 전달하는 행위 5. 직무상 알게 된 정보를 **누설하거나 개인의 이익을 위해 사용**하는 행위 6. 직무와 **무관한 비공식적 직함을 사용**하는 행위
정보의 수집 및 확인절차	① 경찰관은 정보를 수집하거나 정보의 수집·작성·배포에 수반되는 사실을 확인하려는 경우에는 상대방에게 자신의 **신분을 밝히고** 정보 수집 또는 사실 확인의 목적을 설명해야 한다. → 이 경우 **강제적인 방법을 사용해서는 안 된다.** ② 규정한 절차 **생략 가능한 경우** 1. 국민의 생명·신체의 안전이나 국가안보에 긴박한 위험이 발생할 우려가 있는 경우 2. 범죄의 대응을 위한 정보활동에 현저한 지장을 초래할 우려가 있는 경우
정보 수집을 위한 출입한계	경찰관은 다음 각 호의 장소에 상시적으로 출입해서는 안 되며, 정보활동을 위해 필요한 경우에 한정하여 **일시적으로만 출입해야 한다.** (민.기.정) 1. 언론·교육·종교·시민사회 단체 등 **민간단체** 2. **민간기업** 3. **정당의 사무소**

핵심포인트 **100** 경찰장비의 사용

경찰장비 종류 (구.무,분,기)	경찰장구	수갑·포승·호송용포승·경찰봉·호신용경봉·**전자충격기**·방패 및 전자방패(2승.2패.2봉.갑)
	무기	권총·소총·기관총(기관단총포함)·산탄총·유탄발사기·박격포·3인치포·함포·크레모아·수류탄·폭약류 및 **도검**
	분사기·최루탄 등	근접분사기·가스분사기·**가스발사총(고무탄 발사겸용 포함)** 및 최루탄(그 발사장치 포함)
	기타장비	가스차·살수차·특수진압차·물포·석궁·다목적발사기 및 도주차량 차단장비 (살.가.진.석.물.다.차)
	→ 경찰착용기록장치	
	② 경찰관은 직무수행 중 경찰장비를 **사용할 수 있다**. → 다만, 사람의 생명이나 신체에 위해를 끼칠 수 있는 경찰장비(**위해성 경찰장비**)를 사용할 때에는 필요한 안전교육과 안전검사를 받은 후 **사용**하여야 한다.	
위해성 장비 신규도입	**경찰청장은 위해성 경찰장비를 새로 도입**하려는 경우에는 대통령령으로 정하는 바에 따라 안전성 검사를 실시하여 그 안전성 검사의 **결과보고서를 국회 소관 상임위원회에 제출하여야 한다**. → 이 경우 안전성 검사에는 **외부 전문가를 참여시켜야 한다**. ㉠ 안전성 검사에 참여한 외부 전문가는 안전성 검사가 끝난 후 **30일 이내**에 신규 도입 장비의 안전성 여부에 대한 의견을 **경찰청장에게 제출하여야 한다.** ㉡ 경찰청장은 신규 도입 장비에 대한 안전성 검사를 실시한 후 **3개월 이내**에 안전성 검사 결과보고서를 **국회 소관 상임위원회에 제출하여야 한다.**	
사용기록의 보관 등	① **위해성 경찰장비(무기, 분사기, 최루탄등, 살수차)**를 사용하는 경우 그 현장책임자 또는 사용자는 별지 서식의 사용보고서를 작성하여 **직근상급 감독자에게 보고하고, 직근상급 감독자는 이를 3년간 보관하여야 한다**. → 가스차, 경찰장구 아님. ② 규정에 의하여 **무기 사용보고**를 받은 직근상급 감독자는 지체없이 지휘계통을 거쳐 **경찰청장에게 보고하여야 한다**.	

핵심포인트 101 위해성 경찰장비 사용기준 등에 관한 규정

전자충격기등의 사용제한	① 경찰관은 14세미만의 자 또는 임산부에 대하여 전자충격기 또는 전자방패를 사용하여서는 아니된다. → 권총 또는 소총사용제한 : 경찰관은 **총기 또는 폭발물을 가지고 대항하는 경우를 제외하고는** 14세미만의 자 또는 임산부에 대하여 권총 또는 소총을 발사하여서는 아니된다. ② 경찰관은 전극침 발사장치가 있는 전자충격기를 사용하는 경우 상대방의 **얼굴을 향하여** 전극침을 발사하여서는 아니된다.
가스발사총등의 사용제한	① 경찰관의 가스총 사용(체.도.생.신.공.항) 　㉠ 범인의 체포 또는 도주방지 　㉡ 타인 또는 경찰관의 생명·신체에 대한 방호 　㉢ 공무집행에 대한 항거의 억제를 위하여 　→ 필요한 때에는 최소한의 범위안에서 가스발사총을 사용할 수 있다. 　→ 1미터이내의 거리에서 상대방의 얼굴을 향하여 이를 발사하여서는 아니된다. ② 발사각 | 최루탄발사기 발사각 | 30도이상의 발사각 유지 | |---|---| | 가스차·살수차 또는 특수진압차의 최루탄발사대로 발사각 | 15도이상 발사각 유지 |
살수차 사용기준	① 살수차 외의 경찰장비로는 그 위험을 제거·완화시키는 것이 현저히 곤란한 경우에는 **시도경찰청장의 명령에 따라** 살수차를 배치·사용할 수 있다. | 살수거리 | 수압기준 | |---|---| | 10미터 이하 | 3바(bar) 이하 | | 10미터 초과 20미터 이하 | 5바(bar) 이하 | | 20미터 초과 25미터 이하 | 7바(bar) 이하 | | **25미터 초과** | 13바(bar) 이하 | ② 경찰관은 제2항에 따라 살수하는 것으로 제1항 각 호의 어느 하나에 해당하는 위험을 제거·완화시키는 것이 곤란하다고 판단하는 경우에는 **시도경찰청장의 명령에 따라** 필요한 최소한의 범위에서 최루액을 혼합하여 살수할 수 있다. → 이 경우 **최루액의 혼합 살수 절차 및 방법은 경찰청장이 정한다.**

핵심포인트 102 경찰장비 등 사용 요건

경찰장구	분사기 및 최루탄	무기
① 현행범이나 사형·무기 또는 **장기 3년 이상**의 징역이나 금고에 해당하는 죄를 범한 범인의 체포 또는 도주 방지 ② 자신이나 다른 사람의 **생명·신체의 방어 및 보호** ③ **공무집행에 대한 항거의 제지** (현.장.생.신.공.항)	① 범인의 체포 또는 범인의 도주 방지 ② **불법집회·시위로 인한** 자신이나 다른 사람의 생명·신체와 **재산 및 공공시설 안전에 대한 현저한 위해의 발생 억제** → 공무집행에 대한 항거 제지를 위하여 (×)	① 범인의 체포, 범인의 도주 방지 ② 자신이나 다른 사람의 생명·신체의 방어 및 보호 ③ 공무집행에 대한 항거의 제지

핵심포인트 103 무기의 사용, 기록

위해 수반 아닌 경우	㉠ 범인의 체포, ㉡ 범인의 도주 방지, ㉢ 자신이나 다른 사람의 생명·신체의 방어 및 보호, ㉣ 공무집행에 대한 항거의 제지를 위하여 필요하다고 인정되는 상당한 이유가 있을 때에는 → 그 사태를 합리적으로 판단하여 필요한 한도에서 **무기를 사용할 수 있다.**

위해 수반 경우	1. 「형법」에 규정된 정당방위와 긴급피난에 해당할 때
	2. 다음 각 목의 어느 하나에 해당하는 때에 그 행위를 방지하거나 그 행위자를 체포하기 위하여 무기를 사용하지 아니하고는 다른 수단이 없다고 인정되는 상당한 이유가 있을 때
	(사.항.체.집.3.도.3.항.대)
	
	    가. **사형**·무기 또는 장기 3년 이상의 징역이나 금고에 해당하는 죄를 범하거나 범하였다고 의심할 만한 충분한 이유가 있는 사람이 경찰관의 **직무집행에 항거하거나 도주**하려고 할 때
	    나. 체포·구속영장과 압수·수색영장을 **집행하는 과정**에서 경찰관의 직무집행에 항거하거나 도주하려고 할 때
	    다. **제3자가** 가목 또는 나목에 해당하는 사람을 **도주시키려고** 경찰관에게 **항거할 때**
	    라. 범인이나 소요를 일으킨 사람이 무기·흉기 등 위험한 물건을 지니고 경찰관으로부터 **3회 이상** 물건을 버리라는 명령이나 항복하라는 **명령을 받고도 따르지 아니하면서 계속 항거할 때**
	
	3. **대간첩 작전 수행 과정**에서 무장간첩이 항복하라는 경찰관의 명령을 받고도 따르지 아니할 때
	
	② 대간첩·대테러 작전 등 **국가안전에 관련되는 작전을 수행할 때**에는 개인화기 외에 공용화기를 사용할 수 있다.

핵심포인트 104 사용기록의 보관

① 제10조제2항에 따른 **살수차**, 제10조의3에 따른 **분사기, 최루탄** 또는 제10조의4에 따른 **무기**를 사용하는 경우 그 책임자는 사용 일시·장소·대상, 현장책임자, 종류, 수량 등을 기록하여 보관하여야 한다.

② 위해성 경찰장비(제4호 경우는 살수차만 해당)를 사용하는 경우 그 **현장책임자 또는 사용자**는 사용보고서를 작성하여 직근상급 감독자에게 보고하고, 직근상급 감독자는 이를 **3년간** 보관하여야 한다.

핵심포인트 **105** 경찰 물리력 사용의 정도

대상자 행위 (순.소.적.폭.치)		경찰관 대응 수준 (협.접.저.중.고)	
순응	대상자가 경찰관의 지시, 통제에 **따르는 상태** → 약간의 시간지체는 순응으로 봄	협조적 통제	'**순응**' **이상**의 상태인 대상자에 대해 사용할 수 있는 물리력 수준으로서, 대상자의 협조를 유도하거나 **협조에 따른 물리력** → 언어적 통제, 수갑사용 등
소극적 저항	대상자가 경찰관의 지시, 통제를 따르지 않고 **비협조적**이지만 경찰관 또는 제3자에 대해 직접적인 위해를 가하지 않는 상태 → 움직이지 않기, 몸에 힘빼기, 잡고버티기	접촉 통제	'**소극적 저항**' **이상**의 상태인 대상자에 대해 사용할 수 있는 물리력 수준으로서, 대상자 신체 접촉을 통해 경찰목적 달성을 강제하지만 신체적 부상을 야기할 가능성은 **극히 낮은 물리력** → 신체일부 잡기·밀기·잡아끌기, 비틀기
적극적 저항	대상자가 자신에 대한 경찰관의 체포·연행 등 정당한 공무집행을 방해하지만 경찰관 또는 제3자에 대해 **위해 수준이 낮은 행위만을** 하는 상태 → 도주, 밀고 잡아끔, 침을 뱉거나 밀치기	저위험 물리력	'**적극적 저항**' **이상**의 상태인 대상자에 대해 사용할 수 있는 물리력 수준으로서, 대상자가 **통증을 느낄 수 있으나** 신체적 부상을 당할 가능성은 낮은 물리력 → 목압박, 관절꺾기, 조르기, 다리걸기, 넘어뜨리기, **분사기**사용
폭력적 공격	대상자가 경찰관 또는 제3자에 대해 **신체적 위해**를 가하는 상태 → 주먹·발 사용, 강한 힘으로 밀거나 잡아당김	중위험 물리력	'**폭력적 공격**' **이상**의 상태의 대상자에 대해 사용할 수 있는 물리력 수준으로서, 대상자에게 **신체적 부상을 입힐 수 있으나** 생명·신체에 대한 중대한 위해 발생 가능성은 낮은 물리력 → 중요부위가 아닌 신체부위를 가격, 방패로 세게 밀기, **전자충격기** 사용
치명적 공격	대상자가 경찰관 또는 제3자에 대해 **사망 또는 심각한 부상을 초래할 수 있는** 행위를 하는 상태 → 총기류·흉기, 둔기 이용, 목을 세게 조르거나 무차별 폭행	고위험 물리력	'**치명적 공격**' **상태**의 대상자로 인해 경찰관 또는 제3자의 생명·신체에 급박하고 중대한 위해가 초래될 가능성이 있는 경우 최후의 수단으로 사용할 수 있는 물리력 수준으로서, **대상자의 사망 또는 심각한 부상을 초래할 수 있는 물리력** → 신체중요부위 또는 급소 가격, 목조르기, **총기류 사용**

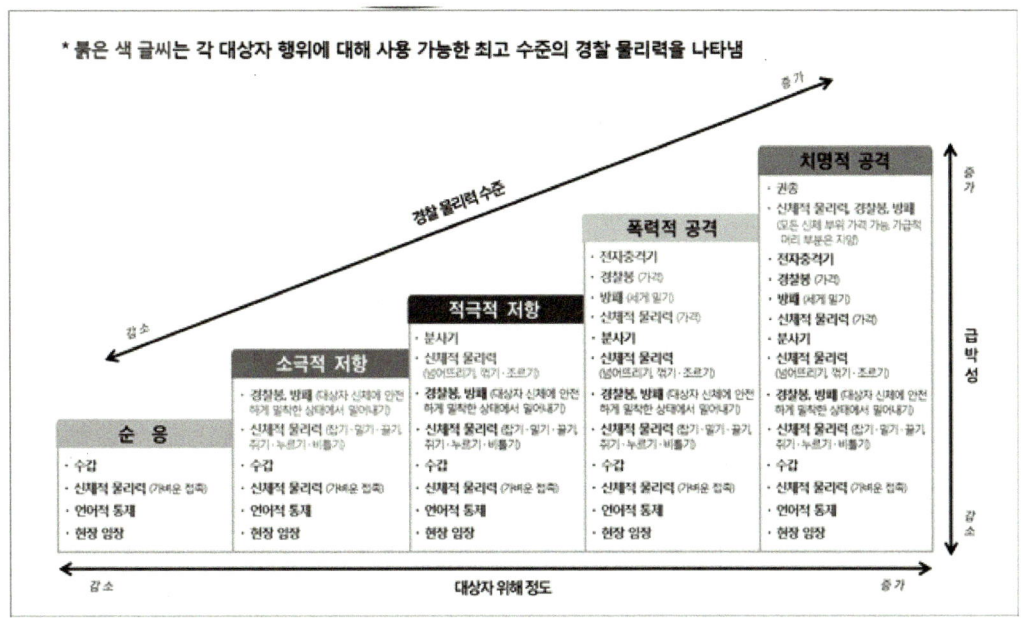

(순협.소접.적저.폭중.치고)

핵심포인트 106 경직법상 손실보상 (경직법 제11조의2) – 손실보상 시효

손실이 있음을 **안 날부터 3년**, 손실이 **발생한 날부터 5년간** 행사하지 아니하면 시효의 완성으로 소멸한다.
→ 거짓 또는 부정한 방법으로 보상금을 받은 사람에 대하여는 해당 보상금을 **환수하여야 한다.**

핵심포인트 107 경직법상 손실보상 (경직법 제11조의2) – 보상절차

손실보상의 기준 및 보상금액 등	손실을 입은 물건을 **수리할 수 있는 경우**	**수리비**에 상당하는 금액
	손실을 입은 물건을 **수리할 수 없는 경우**	손실을 입은 당시의 해당 물건의 **교환가액**
	영업자가 손실을 입은 물건의 수리나 교환으로 인하여 영업을 계속할 수 없는 경우	영업을 계속할 수 없는 기간 중 **영업상 이익**에 상당하는 금액
손실보상의 지급절차	④ 경찰청장등은 **결정일부터 10일 이내에** 청구인에게 통지하여야 한다. ⑤ 보상금은 **현금으로 지급원칙.** ⑥ 보상금은 일시불로 지급하되, 예산 부족 등의 사유로 일시금으로 지급할 수 없는 특별한 사정이 있는 경우에는 **청구인의 동의를 받아 분할하여 지급할 수 있다.**	

핵심포인트 108 경직법상 손실보상 (경직법 제11조의2) - 비교

	손실보상심의위원회	보상금심사위원회
목적	생명신체 재산상 손실에 대한 보상	단순 신고, 검가자 보상
설치	경찰청, 시·도경찰청	경찰청, 시·도경찰청, **경찰서**
구성원	- 5~7명 위원 - 위원 과반수는 경찰관이 아닌 사람 - 위원장 **호선** - 위촉위원 임기 : 2년	**위원장 1명 포함, 5명 이내** 경찰관 → 경찰청에 두는 보상금심사위원회의 위원장은 **경찰청 소속 과장급 이상**의 경찰공무원 중에서 **경찰청장이 임명**하는 사람
위원 임명	경찰청장등이 위촉하거나 임명한다. ㉠ 판사·검사 또는 변호사로 **5년 이상** 근무한 사람 ㉡ 「고등교육법」 제2조에 따른 학교에서 법학 또는 행정학을 가르치는 **부교수 이상으로 5년 이상** 재직한 사람 ㉢ 경찰 업무와 손실보상에 관하여 학식과 경험이 풍부한 사람	소속 경찰공무원 중에서 경찰청장, 시·도경찰청장 또는 경찰서장이 임명한다.
의결	재적과반수, 출석과반수	재적과반수

핵심포인트 109 범인검거 등 공로자 보상 (경직법 제11조의3)

공로자 보상금 지급 대상자 (정.증.인)	① 범인의 신원을 특정할 수 있는 **정보를 제공한 사람** ② 범죄사실을 입증하는 **증거물을 제출한 사람** ③ 그 밖에 범인 검거와 관련하여 경찰 수사 활동에 협조한 사람 중 보상금 지급 대상자에 해당한다고 법 제11조의3제2항에 따른 **보상금심사위원회가 인정하는 사람**
지급 기준 (경찰청고시)	① 보상금의 **최고액은 5억원**으로 하며, 구체적인 보상금 지급 기준은 **경찰청장**이 정하여 고시한다. | 사형, 무기징역 또는 무기금고, 장기 10년 이상의 징역 또는 금고에 해당하는 범죄	**100만원** | | 장기 10년 미만의 징역 또는 금고에 해당하는 범죄 | **50만원** | | 장기 5년 미만의 징역 또는 금고, 장기 10년 이상의 자격정지 또는 벌금형 | **30만원** | ② 동일한 사람에게 지급결정일을 기준으로 연간(1월 1일부터 12월 31일까지) **5회**를 초과하여 보상금을 지급할 수 없다. ③ 보상금 지급 심사·의결을 거쳐 지급이 이루어진 이후에는 **동일한 사건**에 대하여 보상금을 지급할 수 없다. ③ 범인검거 등 공로자가 2명 이상인 경우에는 각자의 공로, 당사자 간의 분배 합의 등을 감안해서 **배분하여 지급할 수 있다.**

제1편 핵심 총정리

핵심포인트 110 경찰조직원리

계층제 원리	㉠ 조직에서 지휘명령 등 의사소통, 특히 **상의하달**의 통로가 확보된다. ㉡ **명령의 사슬** : 명령계통을 확보하며 신중한 업무를 수행하게 한다. ㉢ 조직 내의 갈등을 **수직적·권위적**으로 조정한다.
	㉠ 조직 구성원의 귀속감과 참여감을 저해시킨다. ㉡ 조직 내 원활한 의사전달을 저해하고 조직을 **경직화**시킨다.
통솔범위 원리	㉠ 통솔범위와 계층은 **반비례** 관계이다. ㉡ **부하들의** 능력과 경험, 창의력이 높을 때 통솔범위가 **넓어진다**. → 오래된 부서일수록, 근접한 부서일수록, 단순 업무일수록 통솔범위가 **넓어진다**.
	Simon의 비판: '통솔범위에 관한 마술적인 수(magic number)는 없다.'
명령통일 원리	㉠ 조직의 명령상 혼란을 방지하고 **책임을 명확히 하여 안정화**할 수 있다. → 관리자의 공백등을 대비하여 위임이나 대리, 사전지정 등이 필요하다. ㉡ 명령통일의 원리는 계선조직에 적용되기 유용하다.
	㉠ 수직적 조정을 강조하므로 횡적인 **조정과 협조가 저해**된다. ㉡ 업무가 유동적일때, 조직 간 협력이 필요한 경우 등은 적용이 곤란하다.
분업원리	㉠ 분업화를 통해 조직의 **행정능률을 향상**시킨다. ㉡ 특정한 업무수행에 적합한 숙련된 사람을 채용하기 쉽다.
	㉠ 분화가 심할수록 부서 간 커뮤니케이션과 업무협조가 어렵다. ㉡ '**전문가적 무능**' 현상이 발생한다
조정원리	Mooney 와 Reiley는 '조직의 원리 중 조정이 제1의 원리이다.'라고 주장하였다.

핵심포인트 111 내용이론

구분	← 하급욕구			고급욕구 →	
Maslow	생리적 욕구	안전욕구	사회적 욕구	존경욕구	자아실현욕구
Alderfer	생존욕구		관계욕구		성장욕구
McGregor	X이론			Y이론	
Herzberg	위생요인(불만족요인)			동기요인(만족요인)	
Argyris	미성숙이론			성숙이론	

→ 동기요인 ; 인정, 책임감, 성장, 발전, 자아실현
→ 맥클랜드(McClelland)성취동기이론 – 권력욕구, 친교욕구, 성취욕구

핵심포인트 112 과정이론

V. Vroom의 기대이론 (VIE 이론)	동기부여는 욕구충족보다는 **유의성, 수단성, 기대감** 등에 의해 결정된다.
Porter & Lawler의 업적만족 이론	성과와 결부된 보상, 노력의 공평한 보상에 대한 기대가 생산성을 좌우한다.
Locke의 목표설정이론	**구체성**이 높고, **난이도**가 높은 목표일수록 성과높다.
Adams의 형평이론	보상에 대한 **불공평성**의 인지가 동기유발이 된다. → **과소보상**에 민감하게 반응한다.

핵심포인트 113 계급제와 직위분류제

구분	계급제(사람중심)	직위분류제(직무중심)
배경	농업사회	산업사회
분류기준	개인의 자격, 신분, 능력	직무의 종류, 곤란도, 책임도
중심기준	• **인간 중심** • 연공서열 중심 인사관리	• **직무 중심** • 실적중심 인사관리
행정가	일반행정가 양성	전문행정가 양성
인사운용·배치	**신축적, 탄력적**	경직적, 할거주의 초래
보수체계	생활급(생계유지 수준), 연공급	직무급(동일직무·동일보수의 합리적 제도)
임용	폐쇄형(내부충원형)	**개방형**(외부채용형)
신분보장	**강함**	**약함**
직업공무원제 관련	확립 용이	**확립 곤란**
사례	영국, 독일	미국, 캐나다

핵심포인트 114 경찰예산

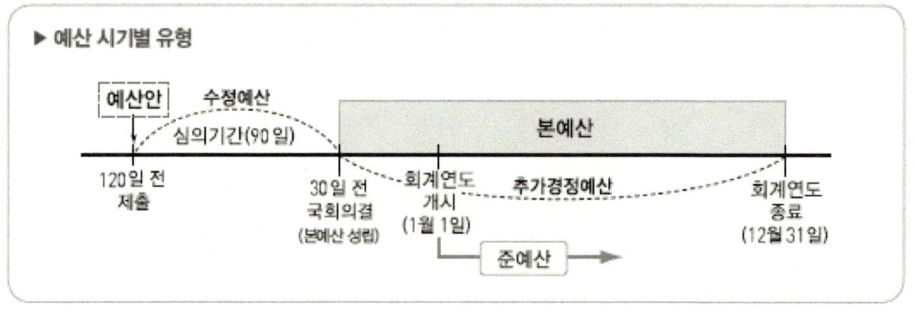

▶ 예산 시기별 유형

핵심포인트 115 예산이론 발달

특성	품목별예산 (LIBS)	성과주의예산 (PBS)	계획예산 (PPBS)	목표관리 (MBO)	영기준예산 (ZBB)
시대	1920년대	1950년대	1960년대	1973	1970년대
핵심	**통제**	**관리**	**기획**	관리	**우선순위**
주요 정보	지출대상	부처활동 (단위원가× 업무량)	목표	사업계획의 효과성	사업, 단위 조직목표
결정 방향	상향적, 분권적	상향적, 분권적	**하향적, 집권적**	상향적	**상향적, 분권적**
이론	점증주의	점증주의	합리주의	·	합리주의

→ 계획예산 : 장기적 계획과 단기적 예산을 연계한 합리주의 예산제도
→ **일몰법** : 감축관리 지향, 일정기간이 지나면 자동적으로 폐지되는 예산, **입법부 중심**
→ 자본예산제도 : 경상지출과 자본지출로 구분, 불균형 예산제도

핵심포인트 116 예산안 편성

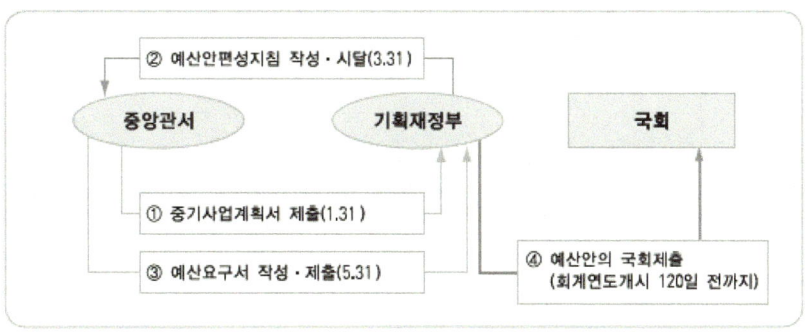

핵심포인트 117 예산 심의

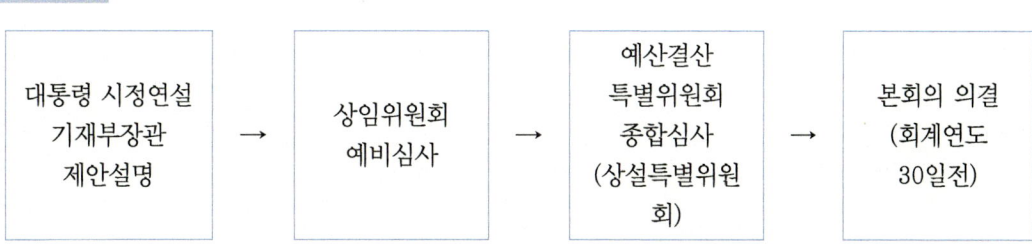

핵심포인트 **118** 예산 집행상 통제와 신축성

이용	**입법과목**(장, 관, 항) **간**에 상호융통(국회의 의결을 요함)
전용	**행정과목**(세항, 목) **간**에 상호융통
이체	예산의 책임소관 변경(국회 의결 ×)
이월	다음 연도로 넘겨서 예산을 사용(명시이월·사고이월)
계속비	수년간예산지출(5년 이내), 총액과 연부액
예비비	예산외의 지출 및 초과지출에 충당하기 위한 경비
긴급배정	회계연도 개시 전 예산배정
추가경정예산	**예산 성립 후** 추가로 편성된 예산
준예산	예산 **불성립 시** 전년도에 준하여 지출
국고채무부담행위	법률, 세출예산, 계속비 외에 정부가 채무를 부담하는 행위

핵심포인트 **119** 결산

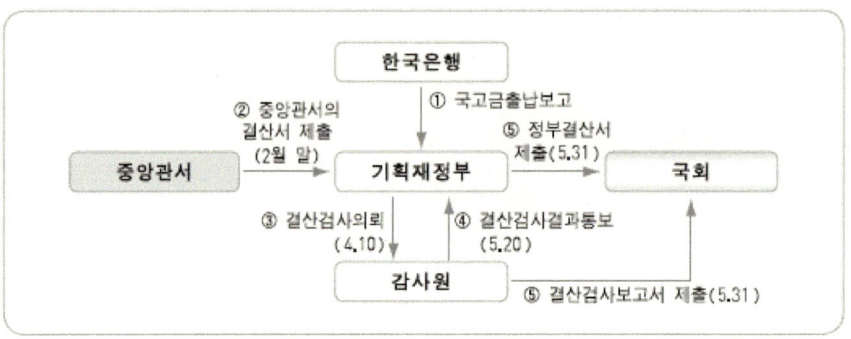

핵심포인트 120 관서운영경비

사용
범위
	① **운영비**(복리후생비·학교운영비·일반용역비 및 관리용역비는 제외한다)·**특수활동비·안보비·정보보안비 및 업무추진비** 중 기획재정부령으로 정하는 금액 이하의 경비
	→ 관서운영경비로 지급할 수 있는 경비의 최고금액은 **건당 500만원**으로 한다.
	
	예외(건당 500만원 초과사용 가능)
	  ㉠ 기업특별회계상 당해 사업에 직접 소요되는 경비
	  ㉡ **운영비 중 공과금** 및 위원회참석비
	  ㉢ 특수활동비중 **수사활동**에 소요되는 경비
	  ㉣ 안보비 중 **정보활동**에 소요되는 경비
	  ㉤ 정보보안비 중 **정보활동에** 소요되는 경비
	  ㉥ 그 밖에 기획재정부장관이 정하는 경비
	
	② 외국에 있는 채권자가 외국에서 지급받으려는 경우에 지급하는 경비(재외공관 및 외국에 설치된 국가기관에 지급하는 경비를 포함)
	③ **여비**
	④ 그 밖에 규정한 절차에 따라 지출할 경우 업무수행에 지장을 가져올 우려가 있는 경비로서 **기획재정부령**으로 정하는 경비
	→ 봉급은 관서운영경비로 지급할수 없다.

관리	① 관서운영경비는 **관서운영경비 출납공무원**이 아니면 지급할 수 없다. ② 관서운영경비출납공무원은 관서운영경비를 **금융회사등에 예치**하여 관리하여야 한다. ③ 관서운영경비출납공무원이 관서운영경비를 지급하려는 경우에는 **정부구매카드**를 사용하여야 한다.
반납	관서운영경비출납공무원은 매 회계연도의 사용잔액을 다음 회계연도 **1월 20일**까지 해당 지출관에게 **반납하여야** 한다.

핵심포인트 121 경찰장비관리규칙 – 차량관리

차량의 구분 (전.지.업.순.특)	① 차량의 **차종**은 승용·승합·화물·특수용으로 구분 → **차형**은 차종별로 대형·중형·소형·경형·다목적형으로 구분한다. ② 차량은 용도별로 **전용·지휘용·업무용·순찰용·특수용** 차량으로 구분한다.
차량소요계획의 제출	부속기관 및 시·도경찰청의 장은 다음 년도에 소속기관의 차량정수를 증감시킬 필요가 있을 때에는 **매년 3월말까지** 다음 년도 차량정수 소요계획을 **경찰청장에게 제출하여야 한다.**
차량의 교체	**부속기관 및 시·도경찰청**은 소속기관 차량 중 다음 년도 교체대상 차량을 **매년 11월 말까지** 경찰청장에게 보고하여야 한다.
교체대상차량의 불용처리	부속기관 및 시·도경찰청에 배정되는 수량의 범위 내에서 내용연수 경과 여부 등 **차량사용기간을 최우선적**으로 고려하여 선정한다. → 사용기간이 동일한 경우 주행거리와 차량의 노후상태 등을 종합적 검토 → 매각시 **공개매각** 원칙(도색 제거등 필요조치후)
차량의 책임자	차량운행시 책임자는 **1차 운전자, 2차 선임탑승자(사용자)**, 3차 경찰기관의 장으로 한다.

→ 신임운전요원은 **4주 이상 운전교육**을 실시한 후에 운행하도록 하여야 한다.

핵심포인트 122 경찰 장비관리규칙 – 무기, 탄약관리

무기고 및 탄약고 설치	① 무기는 **개인화기와 공용화기**로 구분한다. ② 탄약고는 무기고와 분리되어야 하며 가능한 본 청사와 **격리된 독립 건물**로 하여야 한다. ③ 무기고와 탄약고의 환기통 등에는 손이 들어가지 않도록 쇠창살 시설을 하고, 출입문은 2중으로 하여 각 **1개소 이상씩 자물쇠**를 설치하여야 한다. ④ 무기·탄약고 비상벨은 상황실과 숙직실 등 초동조치 가능장소와 연결하고, 외곽에는 철조망장치와 조명등 및 순찰함을 **설치하여야 한다.** ⑤ **간이무기고**는 근무자가 24시간 상주하는 지구대, 파출소, 상황실 및 112타격대등 경찰기관의 장이 필요하다고 인정하는 상당한 이유가 있는 장소에 **설치할 수 있다.** ⑥ 탄약고 내에는 **전기시설을 하여서는 아니되며**, 조명은 건전지 등으로 하고 방화시설을 완비하여야 한다. → 단, 방폭설비를 갖춘 경우 전기시설을 설치할 수 있다.
무기·탄약 보관	① 무기·탄약은 종류별, 제조년도별로 구분 관리하며, 그 품명과 수량이 표시된 현황판과 격납배치도, 무기출입 및 점검확인부를 비치하여야 한다. ② 간이무기고에 권총과 소총을 함께 보관할 경우에는 견고한 **분리보관** 장치를 하고, **소총은 별도 잠금장치를 설치하여야 한다.** ③ 무기고에는 가스발사총(분사기)을 보관할 수 있고, 최루탄은 보관함에 넣어 탄약고에 **함께 보관할 수 있으나**, 무기·탄약고에 인화물질 및 기타 장비를 보관하여서는 아니된다. ④ 간이무기고에 **탄약**을 함께 보관할 경우에는 반드시 튼튼한 상자에 넣어 **잠금장치를 하고 분리보관** 하여야 한다.
무기·탄약의 회수 및 보관	**강제회수** (즉시 회수하여야 한다.) (중.사) ① 직무상의 비위 등으로 인하여 **중징계 의결 요구**된 자 ② **사의를 표명**한 자 **임의회수** (무기 소지 적격 심의위원회의 심의를 거쳐) ① 직무상의 비위 등으로 인하여 **감찰조사의 대상**이 되거나 **경징계의결** 요구 또는 경징계 처분 중인 자 ② **형사사건의 수사 대상**이 된 자 ③ 경찰공무원 직무적성검사 결과 **고위험군**에 해당되는 자 ④ **정신건강상** 문제가 우려되어 치료가 필요한 자 ⑤ **정서적 불안 상태**로 인하여 무기 소지가 적합하지 않은 자로서 소속 부서장의 요청이 있는 자 ⑥ 그 밖에 경찰기관의 장이 무기 소지 적격 여부에 대해 심의를 요청하는 자 → 회수한 날부터 **7일 이내**에 심의위원회를 개최하여 회수의 타당성을 심의하고 계속 회수 여부를 결정한다.

	무기·탄약을 무기고에 보관. (술.상.정)	① **술자리** 또는 연회장소에 출입할 경우 ② **상사**의 사무실을 출입할 경우 ③ **기타 정황**을 판단하여 필요하다고 인정되는 경우
권총사용시 안전수칙		① 총구는 **공중 또는 지면(안전지역)**을 향한다. ② 실탄 장전시 반드시 안전장치(**방아쇠울에 설치 사용**)를 장착한다. ③ **1탄은 공포탄, 2탄 이하는 실탄**을 장전한다. → 다만, 대간첩작전, 살인 강도 등 중요범인이나 무기·흉기 등을 사용하는 범인의 체포 및 위해의 방호를 위하여 불가피한 경우에 1탄부터 실탄을 장전할 수 있다. ④ 조준시는 **대퇴부 이하**를 향한다.

→ 최루탄 발사기 – 30도 미만각도에서 방아쇠가 격발되지 않도록 한다.
→ 가스발사총(고무탄발사 포함) – **1미터** 이내 거리에서 발사해서는 안된다.

핵심포인트 123 무기 소지 적격 심의위원회

소속	각급 경찰기관의 장 소속	
구성	위원장 1명을 포함하여 총 **5명이상 7명 이내의 위원**으로 구성 → 민간위원 1명 이상이 위원으로 참여하여야 한다	
위원장	심의 대상자 소속 경찰기관의 장이 **지명**	
위원	내부위원	심의 대상자 소속 경찰기관의 장이 당해 경찰기관에 소속된 자 중 지명한 자
	민간위원	정신건강 분야에 관한 전문성을 갖춘 사람으로서 심의 대상자 소속 경찰기관의 장이 위촉하는 사람

핵심포인트 124 보안원칙(알.부.조)

알 사람만 알아야하는 원칙 (한정의 원칙)	보안 사실을 전파할 때 전파가 꼭 필요한가, 사용자가 반드시 전달 받아야하며 **필요한 것인지가 검토**되야 한다.
부분화 원칙	다량의 정보가 **일시**에 다량 유출되지 않도록 해야 한다.
보안과 효율의 조화 원칙	보안업무와 업무의 효율성이 **조화**되도록 해야 한다. → 보안업무와 업무효율은 반비례 관계다.

→ 보안 대상 - 인원, 문서 및 자재, 시설, 지역

핵심포인트 125 비밀분류 원칙(과.외.독)

과소 또는 과다분류 금지 원칙	비밀은 적절히 보호할 수 있는 **최저등급**으로 분류하되, 과도하거나 과소하게 분류해서는 아니 된다
독립분류 원칙	비밀은 그 자체의 내용과 가치의 정도에 따라 분류하여야 하며, **다른 비밀과 관련하여 분류해서는 아니 된다**
외국비밀 존중 원칙	외국 정부나 국제기구로부터 접수한 비밀은 그 **생산기관이 필요로 하는 정도로** 보호할 수 있도록 분류하여야 한다.

→ 비밀취급 인가를 받은 사람은 인가받은 비밀 및 **그 이하 등급 비밀의 분류권**을 가진다.

핵심포인트 126 비밀 구분

중요성과 가치에 따라 비밀을 작성하거나 **생산하는 자**가 분류 한다.(1.위.2.막.3.해)

I급비밀	누설될 경우 대한민국과 외교관계가 단절되고 전쟁을 일으키며, 국가의 방위계획·정보활동 및 국가방위에 반드시 필요한 과학과 기술의 개발을 **위태롭게** 하는 등의 우려가 있는 비밀
II급비밀	누설될 경우 국가안전보장에 **막대한 지장**을 끼칠 우려가 있는 비밀
III급비밀	누설될 경우 국가안전보장에 **해를 끼칠 우려**가 있는 비밀

핵심포인트 127 비밀관리기록부(보안업무규정)

① 각급기관의 장은 비밀의 작성·분류·접수·발송 및 취급 등에 필요한 모든 관리사항을 기록하기 위하여 **비밀관리기록부**를 작성하여 갖추어 두어야 한다.
　→ **Ⅰ급** 비밀관리기록부는 **따로 작성**하여 갖추어 두어야 하며, 암호자재는 **암호자재 관리기록부**로 관리한다.
② 비밀 및 암호자재 관련 자료 보관 ; 5년간

> 보관기준〉
> ① 비밀은 일반문서나 암호자재와 **혼합하여** 보관하여서는 **아니 된다**.
> ② **Ⅰ급비밀**은 반드시 **금고**에 보관하여야 하며, 다른 비밀과 **혼합하여 보관하여서는 아니 된다**.
> ③ **Ⅱ급비밀 및 Ⅲ급비밀**은 **금고 또는 이중 철제캐비닛 등 잠금장치가 있는 안전한 용기**에 보관하여야 한다.
> 　→ 보관책임자가 **Ⅱ급비밀 취급 인가를 받은 때**에는 Ⅱ급비밀과 Ⅲ급비밀을 같은 용기에 혼합하여 보관할 수 있다.
> ④ 보관용기에 넣을 수 없는 비밀은 **제한구역 또는 통제구역**에 보관하는 등 그 내용이 노출되지 아니하도록 특별한 보호대책을 마련하여야 한다.
> ⑤ 비밀의 보관용기 **외부**에는 비밀의 보관을 알리거나 나타내는 **어떠한 표시도 해서는 아니 된다**.

핵심포인트 128 비밀의 열람

① 비밀은 해당 등급의 비밀취급 인가를 받은 사람 중 그 비밀과 **업무상 직접관계**가 있는 사람만 열람할 수 있다.
　→ **Ⅰ급비밀**의 보안조치에 관해서는 **국가정보원장과 미리 협의**하여야 한다.
② 개별 비밀에 대한 열람자 범위를 파악하기 위하여 각각의 비밀문서 끝 부분에 **비밀열람기록전을 첨부한다**. 이 경우 문서 형태 외의 비밀에 대한 열람기록은 따로 비밀열람기록전(철)을 비치하고 기록·유지한다.
③ 비밀열람기록전은 그 비밀의 **생산기관이 첨부하며**, 비밀을 **파기하는** 때에는 비밀에서 **분리하여 따로 철하여 보관하여야 한다**.

핵심포인트 129 보호지역

	내 용	대 상
제한구역	비인가자가 비밀, 주요시설 및 Ⅲ급 비밀 소통용 암호자재에 접근하는 것을 방지하기 위하여 **안내를 받아 출입하여야 하는 구역**	전자교환기실 정보통신실 발간실 송신 및 중계소 정보통신관제센터 경찰청 및 지방경찰청 항공대 작전·경호·정보·보안업무 담당부서 전역 과학수사대
통제구역	보안상 매우 중요한 구역으로서 **비인가자의 출입이 금지되는 구역** (종합.무기.보안.상황.비밀.암호)	**암호**취습소 정보**보안**기록실 **무기**창·무기고 및 탄약고 **종합상황**실·치안상황실 **암호**장비관리실 정보**상황**실 **비밀**발간실 **종합**조회처리실

핵심포인트 130 공문서 종류

구분	내용
법규문서	헌법·법률·대통령령·총리령·부령·조례 및 규칙 등에 관한 문서
지시문서	훈령·지시·예규 및 일일명령 등 행정기관이 **그 하급기관 또는 소속공무원에** 대하여 일정한 사항을 지시하는 문서
공고문서	고시·공고 등 행정기관이 일정한 사항을 **일반에게 알리기** 위한 문서
비치문서	행정기관이 일정한 사항을 기록하여 행정기관 **내부에 비치하면서** 업무에 활용하는 대장, 카드 등의 문서
민원문서	**민원인이** 행정기관에 허가, 인가, 그 밖의 처분 등 특정한 행위를 요구하는 문서와 그에 대한 처리문서
일반문서	법규·지시·공고·비치·민원문서에 **속하지 아니하는 모든 문서**

핵심포인트 131 언론중재 및 피해구제 등에 관한 법률 – 정정보도

정정보도 청구 요건	① 사실적 주장에 관한 언론보도등이 **진실하지 아니함으로 인하여** 피해를 입은 자는 해당 언론보도등이 있음을 **안 날부터 3개월 이내**에 언론사등에게 그 언론보도등의 내용에 관한 정정보도를 청구할 수 있다. → 해당 언론보도등이 **있은 후 6개월이** 지났을 때에는 그러하지 아니하다. ② 청구에는 언론사등의 **고의·과실이나 위법성을 필요로 하지 아니한다.**
정정보도 청구권 행사 (정.사.위.상.공)	① 청구를 받은 언론사등의 대표자는 **3일 이내**에 그 수용 여부에 대한 통지를 청구인에게 발송하여야 한다. ② 언론사등이 청구를 수용할 때에는 지체 없이 피해자 또는 그 대리인과 정정보도의 내용·크기 등에 관하여 협의한 후, 그 **청구를 받은 날부터 7일 내**에 정정보도문을 방송하거나 게재하여야 한다. ③ 다음 각 호의 경우 정정보도 청구를 **거부할 수 있다.** 　1. 피해자가 정정보도청구권을 행사할 **정당한 이익이 없는 경우** 　2. 청구된 정정보도의 내용이 **명백히 사실과 다른 경우** 　3. 청구된 정정보도의 내용이 **명백히 위법한 내용인 경우** 　4. 정정보도의 청구가 **상업적인 광고만을 목적으로** 하는 경우 　5. 청구된 정정보도의 내용이 국가·지방자치단체 또는 공공단체의 **공개회의**와 법원의 **공개재판절차의 사실보도**에 관한 것인 경우

핵심포인트 132 언론중재위원회

구성	40명 이상 90명 이내 중재위원 → **문화체육관광부 장관**이 위촉 → 명예직
위원장 등	위원장 1명과 **2명 이내의 부위원장** 및 **2명 이내의 감사** → 각각 중재위원 중에서 **호선**
임기	위원장, 부위원, 감사 3년으로 하며, **한 차례만 연임**
의결정족수	재적위원 과반수의 출석과 출석위원 과반수의 찬성

핵심포인트 133 조정

조정신청	① 정정보도청구등과 관련하여 분쟁이 있는 경우 **피해자 또는 언론사등은 중재위원회에 조정을 신청할 수 있다.** ② 피해자는 언론보도등에 의한 피해의 배상에 대하여 언론보도가 있음을 **안 날부터 3월**, 언론보도가 **있은 후 6월** 이내에 중재위원회에 조정을 신청할 수 있다. → 이 경우 피해자는 손해배상액을 명시하여야 한다. ③ 정정보도청구등과 손해배상의 조정신청은 **서면 또는 구술이나 그 밖에 대통령령으로 정하는 바에 따라 전자문서 등**으로 하여야 한다. → 피해자가 먼저 언론사등에 정정보도청구등을 한 경우에는 피해자와 언론사등 사이에 **협의가 불성립된 날부터 14일 이내**에 하여야 한다.
조정 절차	① 조정은 신청 접수일부터 **14일 이내**에 하여야 하며, 중재부의 장은 조정신청을 접수하였을 때에는 지체 없이 조정기일을 정하여 당사자에게 출석을 요구하여야 한다. ② 출석요구를 받은 **신청인이 2회**에 걸쳐 출석하지 아니한 경우에는 조정신청을 **취하**한 것으로 보며, → 피신청 **언론사등이 2회**에 걸쳐 출석하지 아니한 경우에는 조정신청 취지에 따라 정정보도등을 **이행하기로 합의한 것으로 본다.**

핵심포인트 134 공공기관 정보공개에 관한 법률1

정보공개 청구권자	① 모든 국민은 정보의 공개를 청구할 권리를 가진다. ② 외국인도 가능. 공공기관의 정보공개에 관한 법률 시행령〉 제3조(외국인의 정보공개 청구) 법 제5조제2항에 따라 정보공개를 청구할 수 있는 **외국인**은 다음 각 호의 어느 하나에 해당하는 자로 한다. 1. 국내에 일정한 주소를 두고 거주하거나 학술·연구를 위하여 일시적으로 체류하는 사람 2. 국내에 사무소를 두고 있는 법인 또는 단체
정보공개의 청구방법	정보의 공개를 청구하는 자(청구인)는 해당 정보를 보유하거나 관리하고 있는 공공기관에 정보공개 **청구서를 제출하거나 말로써** 정보의 공개를 청구할 수 있다.
정보공개 여부의 결정	① 공공기관은 정보공개의 청구를 받으면 그 청구를 받은 날부터 **10일 이내에** 공개 여부를 결정하여야 한다. ② 공공기관은 부득이한 사유로 기간 이내에 공개 여부를 결정할 수 없을 때에는 그 기간이 끝나는 날의 **다음 날부터 기산하여 10일의 범위**에서 공개 여부 결정 기간을 **연장할 수 있다.** 이 경우 공공기관은 연장된 사실과 연장 사유를 청구인에게 지체 없이 문서로 통지하여야 한다. ③ 공공기관은 공개 청구된 공개 대상 정보의 전부 또는 일부가 제3자와 관련이 있다고 인정할 때에는 그 사실을 **제3자에게 지체 없이 통지**하여야 하며, 필요한 경우에는 그의 의견을 들을 수 있다.
정보공개 여부 결정의 통지	① 공공기관은 정보의 공개를 결정한 경우에는 공개의 일시 및 장소 등을 분명히 밝혀 청구인에게 통지하여야 한다. ② 공공기관은 청구인이 사본 또는 복제물의 교부를 원하는 경우에는 이를 교부하여야 한다 | 공개의 원칙	공공기관이 보유·관리하는 정보는 국민의 알권리 보장 등을 위하여 이 법에서 정하는 바에 따라 적극적으로 **공개하여야 한다.**
부분 공개	공개 청구한 정보가 비공개대상 부분과 공개가능한 부분이 혼합되어 있는 경우로서 공개 청구의 취지에 어긋나지 아니하는 범위에서 두 부분을 **분리할 수 있는 경우에는 비공개대상 부분을 제외하고 공개하여야 한다.**	
비용부담	① 정보의 공개 및 우송 등에 드는 비용은 실비의 범위에서 **청구인이 부담한다.** ② 공개를 청구하는 정보의 사용 목적이 **공공복리의 유지·증진**을 위하여 필요하다고 인정되는 경우에는 비용을 **감면할 수 있다.**
반복청구 등의 처리	① 청구가 다음 각 호의 어느 하나에 해당하는 경우에는 정보공개 청구 대상 정보의 성격, 종전 청구와의 내용적 유사성·관련성, 종전 청구와 동일한 답변을 할

	수밖에 없는 사정 등을 종합적으로 고려하여 해당 청구를 **종결 처리할 수 있다.** 이 경우 종결 처리 사실을 청구인에게 알려야 한다.
	1. 정보공개를 청구하여 정보공개 여부에 대한 결정의 통지를 받은 자가 정당한 사유 없이 해당 정보의 공개를 다시 청구하는 경우 2. 정보공개 청구가 제11조제5항에 따라 민원으로 처리되었으나 다시 같은 청구를 하는 경우
	② 다음 각 호의 구분에 따라 안내하고, 해당 청구를 종결 처리할 수 있다.
	1. 제7조제1항에 따른 정보 등 공개를 목적으로 작성되어 이미 정보통신망 등을 통하여 공개된 정보를 청구하는 경우 : **해당 정보의 소재를 안내** 2. 다른 법령이나 사회통념상 청구인의 여건 등에 비추어 수령할 수 없는 방법으로 정보공개 청구를 하는 경우 : **수령이 가능한 방법으로 청구하도록 안내**
제도 총괄, 평가	① **행정안전부장관은** 이 법에 따른 정보공개제도의 정책 수립 및 제도 개선 사항 등에 관한 기획·총괄 업무를 관장한다. ② 행정안전부장관은 위원회가 정보공개제도의 효율적 운영을 위하여 필요하다고 요청하면 공공기관(**국회·법원·헌법재판소 및 중앙선거관리위원회는 제외한다**)의 정보공개제도 운영실태를 평가할 수 있다.

핵심포인트 135 정보공개위원회

소속	행정안전부장관 소속으로 둔다.
구성	성별을 고려하여 **위원장과 부위원장 각 1명을 포함한 11명의 위원**으로 구성한다.
위원 위촉	**위원장을 포함한 7명은 공무원이 아닌 사람으로 위촉**하여야 한다. 1. 대통령령으로 정하는 관계 중앙행정기관의 차관급 공무원이나 고위공무원단에 속하는 일반직공무원 2. 정보공개에 관하여 학식과 경험이 풍부한 사람으로서 **행정안전부장관이 위촉**하는 사람 3. 시민단체(「비영리민간단체 지원법」 제2조에 따른 비영리민간단체를 말한다)에서 추천한 사람으로서 행정안전부장관이 위촉하는 사람
임기	위원장·부위원장 및 위원(제2항제1호의 위원은 제외한다)의 **임기는 2년으로 하며, 연임할 수 있다.**

핵심포인트 136 정보공개심의회

설치	국가기관, 지방자치단체, 「공공기관의 운영에 관한 법률」 제5조에 따른 공기업 및 준정부기관, 「지방공기업법」에 따른 지방공사 및 지방공단(국가기관등)은 제11조에 따른 **정보공개 여부 등을 심의하기 위하여** 정보공개심의회를 설치·운영한다. → 이 경우 국가기관등의 규모와 업무성격, 지리적 여건, 청구인의 편의 등을 고려하여 소속 상급기관에서 협의를 거쳐 심의회를 **통합하여 설치·운영할 수 있다.**
구성	**위원장 1명을 포함하여 5명 이상 7명 이하의 위원**으로 구성.
위원 위촉	위원은 소속 공무원, 임직원 또는 외부 전문가로 지명하거나 위촉하되, 그 중 **3분의 2**는 해당 국가기관등의 업무 또는 정보공개의 업무에 관한 지식을 가진 **외부 전문가**로 위촉하여야 한다. → **재판, 수사, 범죄예방 등 업무**를 주로 하는 국가기관은 그 국가기관의 장이 외부 전문가의 위촉 비율을 따로 정하되, **최소한 3분의 1 이상은 외부 전문가**로 위촉하여야 한다.

핵심포인트 137 개인정보보호위원회

소속	**국무총리** 소속
구성	**상임위원 2명(위원장 1명, 부위원장 1명)을 포함한 9명의 위원.** → 위원장과 부위원장은 정무직 공무원
위원	**대통령이 임명 또는 위촉한다.** → 위원장과 부위원장은 **국무총리의 제청**으로, → 그 외 위원 중 2명은 **위원장의 제청**으로, → 2명은 **대통령이 소속되거나 소속되었던 정당의 교섭단체 추천**으로, → 3명은 그 외의 교섭단체 추천으로, 1. 개인정보 보호 업무를 담당하는 **3급 이상 공무원**(고위공무원단에 속하는 공무원을 포함한다)의 직에 있거나 있었던 사람 2. 판사·검사·변호사의 직에 **10년 이상** 있거나 있었던 사람 3. 공공기관 또는 단체(개인정보처리자로 구성된 단체를 포함한다)에 **3년 이상** 임원으로 재직하였거나 이들 기관 또는 단체로부터 추천받은 사람으로서 개인정보 보호 업무를 3년 이상 담당하였던 사람 4. 개인정보 관련 분야에 전문지식이 있고 「고등교육법」 제2조제1호에 따른 학교에서 **부교수 이상으로 5년 이상** 재직하고 있거나 재직하였던 사람
임기	**3년**으로 하되, 한차례 연임할 수 있다.

핵심포인트 138 정보공개 불복

이의신청		① 청구인이 정보공개와 관련한 공공기관의 비공개 결정 또는 부분 공개 결정에 대하여 불복이 있거나 정보공개 **청구 후 20일**이 경과하도록 정보공개 결정이 없는 때에는 공공기관으로부터 정보공개 여부의 **결정 통지를 받은 날 또는 정보공개 청구 후 20일이 경과한 날부터 30일 이내**에 해당 공공기관에 **문서로 이의신청**을 할 수 있다. ② 국가기관등은 제1항에 따른 이의신청이 있는 경우에는 심의회를 개최하여야 한다. 다만, 다음 각 호의 어느 하나에 해당하는 경우에는 심의회를 개최하지 아니할 수 있으며 개최하지 아니하는 사유를 청구인에게 문서로 통지하여야 한다. 　1. 심의회의 심의를 이미 거친 사항 　2. 단순·반복적인 청구 　3. 법령에 따라 비밀로 규정된 정보에 대한 청구 ③ **공공기관**은 **이의신청을 받은 날부터 7일 이내**에 그 이의신청에 대하여 결정하고 그 결과를 청구인에게 지체 없이 **문서로 통지하여야 한다.** → 다만, 부득이한 사유로 정하여진 기간 이내에 결정할 수 없을 때에는 그 기간이 끝나는 날의 **다음 날부터 기산하여 7일의 범위에서 연장**할 수 있으며, 연장 사유를 청구인에게 통지하여야 한다.
행정심판		청구인이 정보공개와 관련한 공공기관의 결정에 대하여 불복이 있거나 정보공개 **청구 후 20일이 경과**하도록 정보공개 결정이 없는 때에는「행정심판법」에서 정하는 바에 따라 행정심판을 **청구할 수 있다.** → 청구인은 이의신청 절차를 거치지 아니하고 행정심판을 청구할수 있다.
행정소송		청구인이 정보공개와 관련한 공공기관의 결정에 대하여 불복이 있거나 정보공개 청구 후 **20일**이 경과하도록 정보공개 결정이 없는 때에는「행정소송법」에서 정하는 바에 따라 행정소송을 제기할 수 있다.
제3자 보호	제3자 통지	공개 대상 정보의 전부 또는 일부가 제3자와 관련이 있다고 인정할 때에는 그 사실을 **제3자에게 지체 없이 통지하여야 하며**, 필요한 경우에는 그의 의견을 들을 수 있다.
	비공개 요청	제3자는 그 통지를 받은 날부터 **3일 이내**에 해당 공공기관에 자신과 관련된 정보를 공개하지 아니할 것을 요청할 수 있다.
	제3자 불복	① **비공개 요청에도 공개 결정을 할 때에는** 공개 결정 이유와 공개 실시일을 지체 없이 문서로 통지하여야 하며, 제3자는 해당 공공기관에 문서로 이의신청을 하거나 행정심판 또는 행정소송을 제기할 수 있다. 이 경우 **이의신청은 통지를 받은 날부터 7일 이내**에 하여야 한다. ② 공개 결정일과 공개 실시일 사이에 최소한 30일의 간격을 두어야 한다.

핵심포인트 139 행정절차법

송달	① 정보통신망을 이용한 송달은 **송달받을 자가 동의하는 경우에만 한다.** 이 경우 송달받을 자는 송달받을 전자우편주소 등을 지정하여야 한다. ② 송달은 송달받을 자에게 **도달됨**으로써 효력발생한다. → 전자문서 송달 경우 송달받을 자가 지정한 컴퓨터 등에 **입력된때** 효력발생한다. ③ 관보/게시판등 공고의 방법으로 송달 – **공고일로부터 14일이 지난 때** 효력발생한다. → 행정효율과 협업촉진에 관한 규정 상 **공고문서는** 공고등 있은 때부터 **5일이 경과한 때** 효력발생

청문	10일전까지 당사자등에 통지
	청문 비공개
	
	1. 다른 **법령등**에서 청문을 하도록 **규정하고 있는 경우**
	2. **행정청이 필요하다고 인정**하는 경우
	3. 다음 각 목의 처분을 하는 경우
	   가. 인허가 등의 **취소**
	   나. **신분·자격의 박탈**
	   다. 법인이나 조합 등의 **설립허가의 취소**

행정상 입법예고	40일 이상(자치법규는 20일 이상) 행정상 입법예고 **예외** ① 신속한 국민의 권리 보호 또는 예측 곤란한 특별한 사정의 발생 등으로 입법이 **긴급을 요하는 경우** ② **상위 법령등의 단순한 집행**을 위한 경우 ③ 입법내용이 국민의 권리·의무 또는 **일상생활과 관련이 없는 경우** ④ **단순한 표현·자구를 변경**하는 경우 등 입법내용의 성질상 예고의 필요가 없거나 곤란하다고 판단되는 경우 ⑤ 예고함이 공공의 안전 또는 복리를 **현저히 해칠 우려**가 있는 경우

핵심포인트 140 경찰감찰규칙

감찰관의 신분보장	① 경찰기관의 장은 감찰관이 제5조에 따른 결격사유에 해당되는 것으로 밝혀졌을 경우와 다음 각 호의 어느 하나에 해당하는 경우를 제외하고는 **2년 이내에 본인의 의사에 반하여 전보하여서는 아니 된다.** 다만, 승진 등 인사관리상 필요한 경우에는 그러하지 아니하다. 1. **징계사유**가 있는 경우 2. **형사사건에 계류**된 경우 3. **질병 등으로** 감찰업무를 수행할 수 없거나 직무수행 능력이 현저히 부족하다고 판단되는 경우 4. **고압·권위적인 감찰활동**을 반복하여 물의를 야기한 경우 ② 경찰기관의 장은 **1년 이상** 성실히 근무한 감찰관에 대해서는 희망부서를 고려하여 전보한다. ③ 감찰관 보직후 **2년마다 적격심사** 실시
감찰활동의 관할	감찰관은 소속 경찰기관의 관할구역 안에서 활동하여야 한다. → **상급 경찰기관의 장의 지시가** 있는 경우에는 관할구역 밖에서도 활동할 수 있다.
특별감찰	**경찰기관의 장**은 의무위반행위가 자주 발생하거나 그 발생 가능성이 높다고 인정되는 시기, 업무분야 및 경찰관서 등에 대하여는 일정기간 동안 전반적인 조직관리 및 업무추진 실태 등을 집중 점검할 수 있다.
교류감찰	경찰기관의 장은 **상급 경찰기관의 장의 지시**에 따라 소속 감찰관으로 하여금 일정기간 동안 **다른 경찰기관 소속 직원의** 복무실태, 업무추진 실태 등을 점검하게 할 수 있다.

핵심포인트 141 감찰조사 처리

출석요구	① 감찰조사를 위해서 조사대상자의 출석을 요구할 때에는 **조사기일 3일 전까지** 출석요구서 또는 구두로 조사일시, 의무위반행위사실 요지 등을 통지하여야 한다. ② 조사대상자는 **변호인을 선임할수 있다.**(특별변호인 가능)
영상녹화	조사대상자가 영상녹화를 <u>요청하는 경우</u>에는 그 조사과정을 영상녹화하여야 한다.
심야조사의 금지	감찰관은 **심야(자정부터 오전 6시까지)에** 조사를 하여서는 아니 된다. → 수사준칙상 심야조사제한 : 오후21시~오전6시
휴식시간 부여 등	① 감찰관은 조사에 장시간이 소요되는 경우 특별한 사정이 없는 한 조사 도중에 **최소한 2시간마다 10분 이상의 휴식시간을** 부여하여 조사대상자가 피로를 회복할 수 있도록 노력하여야 한다. ② 감찰부서장은 성폭력·성희롱 피해 여성에 대하여는 **피해자의 의사에 반하지 않는 한 여성 경찰공무원이 조사하도록** 하여야 하고, 조사 과정에서 피해자의 인격이나 명예가 손상되거나 사적인 비밀이 침해되지 않도록 하여야 한다.
민원사건의 처리	접수일로부터 2개월 내에
기관통보사건의 처리	통보받은 날로부터 1개월 이내
감찰관에 대한 징계 등	감찰관의 의무위반행위에 대해서는 **가중하여 징계조치한다.**

핵심포인트 142 감사 결과의 처리 기준

징계 또는 문책 요구	국가공무원법과 그 밖의 법령에 규정된 징계 또는 문책 사유에 해당하거나 정당한 사유 없이 자체감사를 거부하거나 자료의 제출을 게을리한 경우
시정 요구	감사결과 위법 또는 부당하다고 인정되는 사실이 있어 **추징·회수·환급·추급 또는 원상복구 등**이 필요하다고 인정되는 경우
경고·주의 요구	감사결과 위법 또는 부당하다고 인정되는 사실이 있으나 그 정도가 징계 또는 **문책사유에 이르지 아니할 정도로 경미하거나**, 감사대상기관 또는 부서에 대한 제재가 필요한 경우
개선 요구	감사결과 법령상·제도상 또는 행정상 **모순이 있거나 그 밖에 개선할 사항**이 있다고 인정되는 경우
권고	감사결과 문제점이 인정되는 사실이 있어 그 대안을 제시하고 감사대상기관의 장 등으로 하여금 **개선방안을 마련하도록 할 필요**가 있는 경우
통보	감사결과 비위 사실이나 위법 또는 부당하다고 인정되는 사실이 있으나 제1호부터 제5호까지의 요구를 하기에 부적합하여 감사대상기관 또는 **부서에서 자율적으로 처리할 필요가 있다고 인정**되는 경우
변상명령	「회계관계직원 등의 책임에 관한 법률」이 정하는 바에 따라 **변상책임이 있는 경우**
고발	감사결과 범죄 혐의가 있다고 인정되는 경우
현지조치	감사결과 경미한 지적사항으로서 현지에서 즉시 시정·개선조치가 필요한 경우

핵심포인트 143 경찰 인권정책

경찰 인권정책 기본계획	경찰청장	5년마다
인권교육종합계획	경찰청장	3년마다
인권교육 시행	경찰관서 장	매년

→ 인권보호담당관은 **반기 1회 이상** 인권영향평가의 이행 여부를 점검하고, 이를 **경찰청 인권위원회에 제출**하여야 한다.

핵심포인트 144 인권침해사건의 조사·처리

조사중지	조사담당자는 인권침해 사건을 조사하는 과정에서 다음 각 호의 어느 하나에 해당하는 사유로 사건 조사를 진행할 수 없는 경우에는 **조사를 중지할 수 있다.** → 다만, 확인된 인권침해 사실에 대한 **구제 절차는 계속하여 이행할 수 있다.** 1. 진정인이나 피해자의 소재를 알 수 없는 경우 2. 사건 해결과 진상 규명에 핵심적인 중요 참고인의 소재를 알 수 없는 경우 3. 그 밖에 제1호 또는 제2호와 유사한 사정으로 더 이상 사건 조사를 진행할 수 없는 경우 4. 감사원의 조사, 경찰·검찰 등 수사기관에서 조사 또는 수사가 개시된 경우
진정의 취소	진정인은 진정을 취소하려는 경우에는 그 뜻을 분명히 밝힌 **취소장(전자우편 등 전자문서 형식의 취소장을 포함한다.)을 제출하여야 한다.** 다만, 진정인이 경찰관 등에게 구두로 진정의 취소의사를 표시하는 경우에는 직원 등이 **대신 작성하여 진정인의 서명이나 날인을 받은 취소조서를 취소장으로 갈음할 수 있으며, 전화로 진정취소 의사를 밝힌 경우에는 담당 직원의 **전화통화 보고서**를 취소장으로 갈음할 수 있다.
진정의 기각 (불.이.아)	1. 진정 내용이 **사실이 아니거나 사실 여부를 확인하는 것이 불가능한 경우** 2. 진정 내용이 **이미 피해회복이 이루어지는 등** 따로 구제조치가 필요하지 아니하다고 인정되는 경우 3. 진정 내용은 사실이나 **인권침해에 해당하지 아니하는 경우**

핵심포인트 145 경찰청 및 시·도경찰청 인권위원회

소속	경찰청, 시·도경찰청
설치근거	경찰 인권보호 규칙
성격	자문기구
구성	위원장 포함한 **7명 이상 13명 이하** → 당연직 위원은 경찰청은 **감사관**, 시·도경찰청은 **청문감사담당관** 다음 각 호에 해당하는 사람이 반드시 1명 이상 포함되어야 한다. 1. 판사·검사 또는 변호사로 **3년 이상**의 경력이 있는 사람 2. 「초·중등교육법」제2조제1호부터 제4호, 「고등교육법」제2조제1호부터 제6호까지의 규정에 따른 학교에서 교원 또는 교직원으로 **3년 이상** 근무한 경력이 있는 사람 3. 「비영리민간단체지원법」제2조제1호부터 제3호, 제5호부터 제6호까지의 규정에 따른 단체에서 **인권 분야에 3년 이상** 활동한 경력이 있거나 그러한 단체로부터 인권위원으로 위촉되기에 적합하다고 추천을 받은 사람 4. 그 밖에 사회적 약자 등 다양한 사회 구성원의 목소리를 반영할 수 있는 사람
위원장	위원회에 **호선** → 직무대행 : 위원중에서 **위촉일자가 빠른순**(위촉일자가 같으면 **연장자순**)
임명	경찰청장, 시·도경찰청장이 위촉
임기	위촉된 날로부터 **2년**(**위원장 연임**×, 위촉위원은 2번만 연임 가능)
회의	1. 정기회의 : 경찰청 **월 1회**, 지방청 **분기1회** 2. 임시회의 소집요구(위원장 필요, 경찰청장, 재적위원1/3이상)

핵심포인트 146 부패 이론

전체사회가설	사회전체의 부정부패가 경찰 부패의 원인이다. → **윌슨** : '시카고 시민이 경찰을 부패시켰다.'
미끄러지기쉬운 경사로 이론 (미.셔)	① **셔먼** 작은 호의의 수용이 미끄러지기 쉬운 경사로처럼 점차 부패로 진행하게 된다는 이론 ② 비판 : **펠드버그**(공짜 커피 한잔 자체는 부패아니다.) ※ 작은 호의 인정여부 허용론 - 펠드버그(작은호의와 뇌물은 구별함), **형성재 이론** 등 부정론 - 델라트르, 셔먼, 패트릭 머피('봉급 외 깨끗한 돈은 없다')
구조원인가설 (바.로.니)	① 구조적 혹은 **조직의 체계적 원인**이라는 가설을 통해 부정부패를 설명하는 이론 ② **바커, 로벅, 니더호퍼** ③ 경찰 조직내 '침묵의 규범'이 적용 → 부패한 조직, 선배등 에서 신임경찰이 점차 사회화되어 물들게 되는것
썩은 사과가설	부패한 경찰 **개인으로 인해** 소속된 조직 전체 까지 점차 부패하게 만든다는 가설 → 부정직하고 자질 없는 경찰관을 모집 채용단계에서 배제하는 것이 중요

핵심포인트 147 부정청탁 및 금품수수등 금지에 관한 법률

① 공직자등은 직무 관련 여부 및 기부·후원·증여 등 그 **명목에 관계없이** 동일인으로부터 **1회에 100만원 또는 매 회계연도에 300만원**을 초과하는 금품등을 받거나 요구 또는 약속해서는 아니 된다.

③ 외부강의등에 관한 사례금 또는 수수를 금지하는 금품등에 해당하지 아니한다.

> 1. 공공기관이 소속 공직자등이나 파견 공직자등에게 지급하거나 **상급 공직자등이 위로·격려·포상 등의 목적으로** 하급 공직자등에게 제공하는 금품등
> 2. 원활한 직무수행 또는 사교·의례 또는 부조의 목적으로 제공되는 음식물·경조사비·선물 등으로서 **대통령령으로 정하는 가액 범위 안의 금품등**.
>
> | 음식물 | 5만원 |
> |---|---|
> | 경조사비
(축의금, 조의금) | 5만원
→ 축의금, 조의금 대신하는 화환·조화는 10만원 |
> | 선물
(일체의 물품 및 그밖에 이에 준하는 것) | 5만원
→ 농수산물 및 농수산가공품은 15만원
→ 설날, 추석 기간중에는 30만원 |
>
> 3. **사적 거래(증여는 제외한다)**로 인한 채무의 이행 등 정당한 권원에 의하여 제공되는 금품등
> 4. 공직자등의 **친족**(「민법」 제777조에 따른 친족)이 제공하는 금품등
> 5. 공직자등과 관련된 **직원상조회·동호인회·동창회·향우회·친목회·종교단체·사회단체 등**이 정하는 기준에 따라 구성원에게 제공하는 금품등 및 그 소속 구성원 등 공직자등과 특별히 장기적·지속적인 친분관계를 맺고 있는 자가 질병·재난 등으로 어려운 처지에 있는 공직자등에게 제공하는 금품등
> 6. 공직자등의 직무와 관련된 공식적인 행사에서 주최자가 **참석자에게 통상적인 범위에서 일률적으로 제공**하는 교통, 숙박, 음식물 등의 금품등
> 7. **불특정 다수인에게 배포**하기 위한 기념품 또는 **홍보용품 등이나 경연·추첨**을 통하여 받는 보상 또는 상품 등
> 8. 그 밖에 다른 법령·기준 또는 **사회상규에 따라 허용**되는 금품등

④ 공직자등의 **배우자(법률상 배우자, 사실혼 아님)**는 공직자등의 직무와 관련하여 공직자등이 받는 것이 금지되는 금품등(수수 금지 금품등)을 받거나 요구하거나 제공받기로 약속해서는 아니 된다.

핵심포인트 148 외부강의등의 사례금 수수 제한

①

공직자등별 사례금 상한액	가. 공무원 및 공직유관단체 및 기관장과 그 임직원 : **40만원** 나. 각급 학교장과 교직원 및 학교법인 임직원, 언론사 대표자와 그 임직원 : **100만원**
적용기준	가. 제1호가목 및 나목의 상한액(40만원)은 강의 등의 경우 1시간당, 기고의 경우 1건당 **상한액으로 한다.** 나. 제1호가목에 따른 공직자등은 1시간을 초과하여 강의 등을 하는 경우에도 사례금 **총액은** 강의시간에 관계없이 1시간 상한액의 **100분의 150에 해당하는 금액을 초과하지 못한다.** 다. 제1호가목 및 나목의 상한액에는 **강의료, 원고료, 출연료 등 명목에 관계없이** 외부강의등 사례금 제공자가 외부강의등과 관련하여 공직자등에게 제공하는 **일체의 사례금을 포함한다.**

② **외부강의등을 할 때에는** 대통령령으로 정하는 바에 따라 외부강의등의 요청 명세 등을 소속기관장에게 그 외부강의등을 **마친 날부터 10일 이내에 서면으로 신고하여야 한다.**
　→ 다만, 외부강의등을 요청한 자가 **국가나 지방자치단체인 경우에는** 그러하지 아니하다.
　→ **일부 사항을 알 수 없는 경우에는** 해당사항을 **제외한 사항을 먼저 신고**한 후, 해당사항을 **안 날부터 5일 이내에** 신고를 보완하여야 한다.
③ **공직자등은 초과하는 사례금을** 받은 경우에는 대통령령으로 정하는 바에 따라 **소속기관장에게 신고하고, 제공자에게** 그 초과금액을 **지체 없이 반환하여야 한다.**
④ 상한액을 초과하여 사례금을 받은 경우, 초과사례금을 받은 사실을 **안 날부터 2일 이내에 서면으로 신고하여야 한다**
　→ 신고를 받은 소속기관의 장은 **7일 이내에 반환하여야 할 초과사례금을 산정하여** 해당 공무원에게 통지(공무원은 **지체 없이 반환**하고 소속기관의 장에게 알려야 함)

핵심포인트 149 부정청탁금지법 위반 처벌 – 3년 이하의 징역 또는 3천만원 이하의 벌금

1. 동일인으로부터 1회에 100만원 또는 매 회계연도에 300만원을 초과하는 금품등을 받거나 요구 또는 약속 금지규정을 위반한 공직자등.
2. 자신의 **배우자가** 수수 금지 금품등을 받거나 **요구하거나** 제공받기로 약속한 사실을 알고도 신고하지 아니한 공직자등(공무수행사인을 포함).
3. 수수 금지 금품등을 공직자등(공무수행사인을 포함) 또는 그 배우자에게 제공하거나 그 제공의 **약속 또는 의사표시를 한 자**
4. 「공익신고자 보호법」 제12조제1항을 위반하여 **신고자등의 인적사항이나 신고자등임을** 미루어 알 수 있는 사실을 다른 사람에게 알려주거나 공개 또는 보도한 자
5. 제18조를 위반하여 그 업무처리 과정에서 알게 된 비밀을 누설한 공직자등

핵심포인트 150 부정청탁금지법 위반 처벌 – 2년 이하의 징역 또는 2천만원 이하의 벌금

1. 부정청탁을 받고 **그에 따라 직무를 수행한 공직자등**(공무수행사인을 포함한다)
2. 신고자등에게 「공익신고자 보호법」 제2조제6호가목에 해당하는 **불이익조치를 한 자**
3. 「공익신고자 보호법」 제21조제2항에 따라 확정되거나 행정소송을 제기하여 확정된 **보호조치 결정을 이행하지 아니한 자**

핵심포인트 151 부정청탁금지법 위반 처벌 – 1년 이하의 징역 또는 1천만원 이하의 벌금

1. **신고등을** 방해하거나 신고등을 **취소하도록 강요한 자**
2. **신고자등**에게 「공익신고자 보호법」 제2조제6호나목부터 사목(불이익조치)까지의 어느 하나에 해당하는 불이익조치를 한 자

핵심포인트 152 부정청탁금지법 위반 처벌 과태료 부과

3천만원 이하 과태료	제3자를 위하여 다른 공직자등에게 **부정청탁을 한 공직자등**
2천만원 이하 과태료	제3자를 **위하여** 공직자등에게 부정청탁을 한 자
1천만원 이하 과태료	제3자를 **통하여** 공직자등에게 부정청탁을 한 자
500만원 이하	외부강의 **초과 사례금 미신고**, 미반환 공직자등

핵심포인트 153 경찰청 공무원 행동강령

공정한 직무수행을 해치는 지시에 대한 처리	① 공무원은 상급자가 자기 또는 타인의 부당한 이익을 위하여 공정한 직무수행을 **현저하게 해치는 지시**를 하였을 때 → 서식 또는 전자우편 등의 방법으로 그 사유를 상급자에게 소명하고 지시에 따르지 아니하거나, 서식 또는 전자우편 등의 방법으로 **행동강령책임관과 상담할 수 있다.** ② 지시를 이행하지 아니하였는데도 **같은 지시가 반복될 때** → 즉시 행동강령책임관과 **상담하여야 한다.** ③ 상담 요청을 받은 행동강령책임관은 지시 내용을 확인하여 지시를 취소하거나 변경할 필요가 있다고 인정되면 **소속 기관의 장에게 보고하여야 한다.** → 다만, 지시 내용을 확인하는 과정에서 부당한 지시를 한 **상급자가 스스로 그 지시를 취소하거나 변경하였을 때**에는 소속 기관의 장에게 **보고하지 아니할 수 있다.**
부당한 수시지휘에 대한 이의 제기	① 공무원은 「범죄수사규칙」 제30조에 따른 경찰관서 내 수사 지휘에 대한 이의제기와 관련하여 행동강령책임관에게 **상담을 요청할 수 있다.** ② 상담요청을 받은 행동강령책임관은 해당 지휘의 취소·변경이 필요하다고 인정되면 **소속기관장에게 보고하여야 한다.**
수사·단속업무의 공정성 강화	① 공무원은 수사·단속의 대상이 되는 업소 중 경찰청장이 지정하는 유형의 업소 관계자와 부적절한 **사적 접촉을 하여서는 아니 되며**, 공적 또는 사적으로 접촉한 경우 경찰청장이 정하는 방법에 따라 **신고하여야 한다.** ② 공무원은 수사 중인 사건의 관계자(해당 사건의 처리와 법률적·경제적 이해관계가 있는 자로서 경찰청장이 지정하는 자를 말한다)와 부적절한 사적접촉을 해서는 아니 되며, **소속 경찰관서 내에서만 접촉하여야 한다.** → 다만, 현장 조사 등 공무상 필요한 경우 외부에서 접촉할 수 있으며, 이 경우에는 수사서류 등 공문서에 **기록하여야 한다.**
정치인 등의 부당한 요구에 대한 처리	**정치인이나 정당 등으로부터** 부당한 직무수행을 강요받거나 청탁을 받은 경우에는 별지 제9호 서식 또는 전자우편 등의 방법으로 소속 기관의 장에게 보고하거나 **행동강령책임관과 상담하여야 한다.**

핵심포인트 154 공직자 이해충돌방지법

신고, 제출 의무	① **사적이해관계자 신고** 및 회피·기피 신청 (사적이해관계자의 범위) 1. 공직자 자신이나 그 가족이 단독으로 또는 합산하여 **발행주식 총수의 100분의 30 이상**을 소유하고 있는 법인 또는 단체 2. 공직자 자신이나 그 가족이 단독으로 또는 합산하여 출자지분 총수의 100분의 30 이상을 소유하고 있는 법인 또는 단체 3. 공직자 자신이나 그 가족이 단독으로 또는 합산하여 자본금 총액의 100분의 50 이상을 소유하고 있는 법인 또는 단체 ② 공공기관 직무관련 **부동산 보유·매수 신고** ③ 고위공직자 민간부문 **업무활동내역 제출**(→ 임기개시전 3년 이내) ④ **직무관련자와의 거래 신고** ⑤ **퇴직자 사적 접촉 신고**(→ 공직자 아니게 된날부터 2년이내)
신고	**안날로부터 14일 이내**에 소속기관장에게 서면(전자문서 포함) 신고하여야 한다. → 관련 제출은 30일 이내

제한 행위 (외.가.수)	① 직무관련 **외부활동 제한** ② **가족 채용 제한** ③ **수의계약 체결 제한**
금지 행위	① 공공기관 물품 등의 **사적 사용·수익 금지** ② 직무상 **비밀 등 이용 금지**(→ 퇴직 3년 경과하지 아니한 사람 포함)

핵심포인트 155 공직자이해충돌방지법상 처벌

위반행위	처벌
7년 이하 징역 또는 7천만원 이하 벌금 (병과 가능)	직무상 비밀 또는 소속기관의 **미공개 정보를 이용**, 재물 또는 재산상 이익을 취득하거나 제3자로 하여금 재물 또는 재산상 **이익을 취득하게 한 공직자**
5년 이하 징역 또는 5천만원 이하 벌금 (병과 가능)	① **공직자로부터** 직무상 비밀 또는 소속 공공기관의 미공개정보임을 알면서도 제공받거나 부정한 방법으로 취득하고 이를 이용하여 **재물 또는 재산상의 이익을 취득한 자** ② 신고자등의 인적사항이나 신고자등임을 미루어 알 수 있는 사실을 다른 사람에게 알려 주거나 **공개 또는 보도한 자**
3년 이하 징역 또는 3천만원 이하 벌금	① **신고등을 방해**하거나 신고등을 취소하도록 강요한 자 ② 신고자등에게 「공익신고자 보호법」 제2조제6호나목부터 사목까지의 어느 하나에 해당하는 **불이익조치를 한 자**

핵심포인트 156 공직자이해충돌방지법상 과태료

위반행위	과태료
① 공공기관에 **가족이 채용되도록** 지시·유도 또는 묵인을 한 공직자 ② 각 호의 어느 하나에 해당하는 자와 **수의계약을 체결**하도록 지시·유도 또는 묵인을 한 공직자 ③ 「공익신고자 보호법」 제19조제2항 및 제3항을 위반하여 자료 제출, 출석, 진술 또는 진술서 제출을 **거부한 자**	3천만원 이하 (가.수.거)
① 사적 이해관계를 **신고하지 않은** 공직자 ② 부동산 보유·매수를 **신고하지 않은** 공직자 ③ 직무관련자와의 거래를 **신고하지 않은** 공직자 ④ 직무관련 **외부활동을 한** 공직자 ⑤ 공공기관 물품을 **사적으로 사용·수익**하거나 제3자로 하여금 사용·수익하게 한 공직자 ⑥ 「공익신고자 보호법」 제20조의2의 **특별보호조치결정을** 이행하지 아니한 자	2천만원 이하 (신.사.외.특)
① 임용·임기 개시 전 **업무활동내역을 제출하지 않은** 고위 공직자 ② 직무관련자인 소속기관의 **퇴직자와의 사적 접촉을 신고하지 아니한** 공직자	1천만원 이하 (업.퇴)

핵심포인트 157 공직자 윤리법

재산등록의무자	9. **총경(자치총경을 포함한다) 이상의 경찰공무원과 소방정 이상의 소방공무원** 시행령 6. 경찰공무원 중 경정, 경감, 경위, 경사와 자치경찰공무원 중 자치경정, 자치경감, 자치경위, 자치경사 → 재산 공개 **치안감 이상의** 경찰공무원 및 특별시·광역시·특별자치시·도·특별자치도의 시·도경찰청장

등록대상재산	① 등록의무자가 등록할 재산은 다음 각 호의 어느 하나에 해당하는 사람의 재산(소유 명의와 관계없이 사실상 소유하는 재산, 비영리법인에 출연한 재산과 외국에 있는 재산을 **포함**)으로 한다.
	  1. 본인
	  2. 배우자(사실상의 혼인관계에 있는 사람을 포함한다.)
	  3. 본인의 직계존속·직계비속.
	    → 혼인한 직계비속인 여성과 외증조부모, 외조부모, 외손자녀 및 외증손자녀는 **제외**한다.
	② 등록의무자가 등록할 재산은 다음 각 호와 같다.
	  ㉠ 소유자별 합계액 **1천만원 이상**의 현금(수표포함), 예금, 주식·국채·공채·회사채 등 증권 등 채권 채무
	  ㉡ 소유자별 합계액 **500만원 이상**의 금 및 백금(금제품 및 백금제품을 포함한다)
	  ㉢ **품목당 500만원** 이상의 보석류, 골동품 및 예술품, 회원권
	  ㉣ 6.「가상자산 이용자 보호 등에 관한 법률」제2조제1호에 따른 **가상자산**

변동사항 신고	매년 1월 1일부터 12월 31일까지의 재산 변동사항을 **다음 해 2월 말일까지** 등록기관에 신고하여야 한다.
외국 정부 등으로부터 받은 선물신고	시가로 미국화폐 **100달러 이상**이거나 국내 시가로 **10만원 이상**인 선물
퇴직공작자 취업 제한	**퇴직일부터 3년간** 취업심사대상기관에 취업할 수 없다. → 관할 공직자윤리위원회로부터 취업심사대상자가 **퇴직 전 5년** 동안 소속하였던 부서 또는 기관의 업무와 취업심사대상기관 간에 밀접한 관련성이 없다는 확인을 받거나 취업승인을 받은 때에는 취업할 수 있다.

핵심포인트 158 범죄이론- 사회원인론

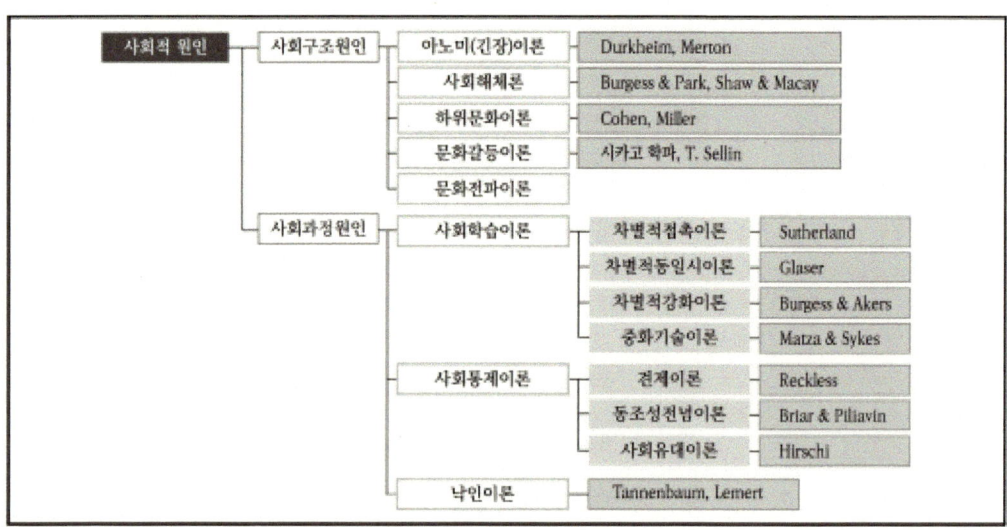

핵심포인트 159 사회적 학습이론

차별적 접촉이론	㉠ 서덜랜드(Edwin H. Sutherland) ㉡ 범죄자들은 타인들과 접촉하는 과정에서 범죄행위를 학습하기 때문에 범죄를 저지른다.
차별적 강화이론	㉠ **버제스와 에이커스**(Burgess & Akers) ㉡ 청소년의 비행행위가 처벌없거나 칭찬의 **강화작용으로** 저질러 진다.
차별적 동일화 이론(동.글)	㉠ 글레져(D.Glaser) ㉡ 청소년들의 미디어 모방과 동일시(간접접촉)
중화기술이론	㉠ 사이크스와 맛차(Sykes & Matza) ㉡ 유형 | 책임의 부정 | 범죄자는 자신을 사회상황의 희생자로 여긴다. (책임의 전가) | | 피해발생(가해)의 부정 | 어느 누구도 자기행위로 피해당하지 않았다. | | 피해자의 부정 | 침해는 피해자가 마땅히 받아야 할 피해이다. (정의로운 응징) | | 비난자에 대한 비난 | 사회통제기관이나 비난자에 대해 부패한자들로 규정한다. | | 고도의 충성심에 호소 | 주관적으로 높은 가치규범을 끌어들여 자기행동을 정당화한다. |

핵심포인트 160 사회통제이론

견제이론 (봉쇄이론) (견.레.자)	㉠ 레클레스(Reckless) ㉡ **좋은 자아관념**은 환경의 범죄적 요소에도 불구하고 비행행위에 가담하지 않도록 하는 중요한 요소이다.
동조성전념이론	㉠ **브라이어와 필리아빈**(Briar & PiliaVin) ㉡ **동조성**에 대한 강한 전념을 가진사람은 범행에 가담할 확률이 낮다.
사회유대(결속)이론 (유.쉬)	㉠ **허쉬**(Hirsch) ㉡ **사회적 유대 : 애착, 헌신, 참여, 신념**
억제이론	억제 요소 : 처벌의 **신속성**, 처벌의 **엄격성**, 처벌의 **확실성**

핵심포인트 161 일상활동 이론

코헨과 펠슨(Cohen & Felson)	범죄발생 3요소 : 잠재적 범죄자, 잠재적 피해자, 감시자의 부재
VIVA 모델(가.시.용.접)	ⓐ 대상의 가치(value) ⓑ 가시성(visibility) ⓒ 이동의 용이성(inertial) ⓓ 접근성(access)

핵심포인트 162 환경 범죄학 - 제퍼리 CPTED (감.접.영.활.유)

자연적 감시	건출물이나 시설의 설계시 **가시권**을 최대한 확보하여 외부침입에 대한감시기능을 확대해 범죄행위 발견가능성을 증대시킨다. 예) 조명 증대, 가시권확대를 위한 건물 배치 등
자연적 접근통제	일정한 지역에 접근하는 사람들을 정해진 곳으로 유도하거나 외부인의 **출입통제**를 통해 접근에 대한 심리적 부담을 증대 시킨다. 예) 차단기, 방범창, 통행로 설계, 출입구 최소화 등
영역성 강화	사적 공간에 대한 **경계를 표시**하여 외부인들에게 침입이 불법이란 점을 인식시켜 범죄를 예방하는 것이다. 예) 울타리(펜스) 설치, 사적공간과 공적공간 구분 등
활동성의 활성화	주민들 상호 교환과 유대감 증진을 위한 **공공장소를 설치**하고 이용하도록 하여 '**거리의 눈**'효과를 증대시켜 범죄를 예방한다. 예) 공원·놀이터 설치, 체육시설 이용증대, 벤치의 위치와 활용성 높은 설계 등
유지관리	최초 설계된 대로 기능이 지속적으로 **유지될수 있게 관리**한다. 예) 파손시 즉시수리, 청결유지 등

→ 뉴먼 : 방어공간이론(영역성, 자연적 감시, 이미지, 안전지대)

핵심포인트 163 112종합상황실 운영

신고 분류	① 112신고는 현장출동이 필요한 **지역의 관할과 관계없이** 신고를 받은 112종합상황실에서 접수한다. 접수자 대응코드 분류 	code 0	code 1 신고 중 이동성 범죄, 강력범죄 현행범인 등 실시간 전파가 필요한 경우	
		code 1	생명·신체에 대한 위험 발생이 **임박, 진행 중, 직후**인 경우 또는 현행범인인 경우	
		code 2	생명·신체에 대한 **잠재적 위험이 있는 경우** 또는 **범죄예방** 등을 위해 필요한 경우	
		code 3	즉각적인 현장조치는 불필요하나 **수사, 전문상담 등이 필요**한 경우	
		code 4	긴급성이 없는 민원·상담 신고	
	② 접수자는 불완전 신고로 인해 정확한 신고내용을 파악하기 힘든 경우라도 신속한 처리를 위해 우선 **임의의 코드로 분류하여 하달 할 수 있다.**			
지령	① 112요원은 접수한 신고 내용이 **code 0 신고부터 code 3 신고**의 유형에 해당하는 경우에는 **1개 이상의 출동요소**에 출동장소, 신고내용, 신고유형 등을 고지하고 처리하도록 지령해야 한다. ② 112요원은 접수한 신고의 내용이 **code 4 신고**의 유형에 해당하는 경우에는 출동요소에 **지령하지 않고 자체 종결하거나**, 소관기관이나 담당 부서에 신고내용을 통보하여 처리하도록 조치해야 한다.			
현장출동	1. code 0 신고, code 1 신고 : code 2 신고, code 3 신고의 처리 및 다른 업무에 우선하여 최우선 출동 2. code 2 신고 : code 0 신고, code 1 신고의 처리 및 다른 중요한 업무에 **지장을 초래하지 않는 범위 내**에서 출동 3. code 3 신고 : **당일 근무시간 내**에 출동			
자료보존	112신고 접수처리 입력자료		1년간 보존	
	112신고 접수 및 무선지령내용 녹음자료		24시간 녹음하고 **3개월간** 보존	
	그 밖에 문서 및 일지		「공공기관의 기록물 관리에 관한 법률」에서 정하는 바에 따라 보존	

핵심포인트 164 지역경찰관서, 근무

지역경찰관서장의 직무 → 지구대장, 파출소장	순찰팀장의 직무
1. 관내 치안상황의 **분석 및 대책 수립** 2. 지역경찰관서의 시설·예산·장비의 **관리** 3. 소속 지역경찰의 근무와 관련된 **제반사항에 대한 지휘 및 감독** 4. 경찰 중요 시책의 **홍보 및 협력치안 활동**	1. 근무교대시 주요 취급사항 및 장비 등 **인수인계 확인** 2. 관리팀원 및 순찰팀원에 대한 일일근무지정 및 지휘·감독 3. 관내 중요 사건 발생시 현장 지휘 4. 지역경찰관서장 부재시 업무 대행 5. **순찰팀원의 업무역량 향상을 위한 교육**

→ **순찰팀의 수**는 시·도경찰청장이 결정하고, 관리팀 및 **순찰팀의 인원**은 경찰서장이 결정한다.

핵심포인트 165 지역경찰 근무 종류(행.상.순.경.대.기)

행정근무	1. 문서의 접수 및 처리 2. 시설·장비의 관리 및 **예산의 집행** 3. 각종 현황, 통계, 자료, 부책 **관리** 4. 기타 행정업무 및 지역경찰관서장이 지시한 업무
상황근무	1. **시설** 및 장비의 작동여부 확인 2. **방문민원** 및 각종 신고사건의 접수 및 처리 3. **요보호자** 또는 피의자에 대한 보호·감시 4. **중요 사건·사고** 발생시 보고 및 전파 5. 기타 필요한 **문서의 작성**
순찰근무	112 순찰근무 및 야간 순찰근무는 **반드시 2인 이상** 합동으로 지정하여야 한다. 1. 주민여론 및 범죄첩보 수집 2. **각종 사건사고 발생시 초동조치 및 보고, 전파** 3. 범죄 예방 및 위험발생 방지 활동 4. 범법자의 단속 및 검거 5. 경찰방문 및 방범진단 6. **통행인 및 차량에 대한 검문검색 등**

경계근무	① 경계근무는 반드시 **2인 이상** 합동으로 지정하여야 한다.
	② 경계근무를 지정받은 지역경찰은 지정된 장소에서 다음 각 호의 업무를 수행한다.
	  1. 범법자등을 단속, 검거하기 위한 통행인 및 차량, 선박 등에 대한 검문검색 및 후속조치
	  2. 비상 및 작전사태 등 발생시 **차량, 선박 등의 통행 통제**

대기근무	1. 대기근무의 장소는 지역경찰관서 및 치안센터 내로 한다.
	  → 단, 식사시간을 대기 근무로 지정한 경우에는 식사 장소를 대기 근무 장소로 **지정할 수 있다.**
	  → 지역경찰관리자는 신고출동태세 유지 등을 위해 필요한 경우에는 휴게 및 식사시간도 대기 근무로 지정할 수 있다.
	2. 대기근무를 지정받은 지역경찰은 지정된 장소에서 휴식을 취하되, 무전기를 청취하며 **10분 이내** 출동이 가능한 상태를 유지하여야 한다.

기타근무	치안상황에 효과적으로 대응하기 위하여 지역경찰 관리자가 지정하는 근무

핵심포인트 166 경비업 종류 (기.특.신.호.호.시)

기계경비업무	경비대상시설에 설치한 기기에 의하여 감지·송신된 정보를 그 **경비대상시설외의 장소에 설치한 관제시설**의 기기로 수신하여 도난·화재 등 위험발생을 방지하는 업무
특수경비업무	**공항(항공기를 포함)** 등 대통령령이 정하는 **국가중요시설**의 경비 및 도난·화재 그 밖의 위험발생을 방지하는 업무
신변보호업무	사람의 생명이나 신체에 대한 위해의 발생을 방지하고 그 신변을 보호하는 업무
호송경비업무	운반중에 있는 현금·유가증권·귀금속·상품 그 밖의 물건에 대하여 도난·화재 등 위험발생을 방지하는 업무
시설경비업무	경비를 필요로 하는 시설 및 장소(대상시설)에서의 도난·화재 그 밖의 혼잡 등으로 인한 위험발생을 방지하는 업무
혼잡교통유도 경비업무	도로에 접속한 공사현장 및 사람과 차량의 통행에 위험이 있는 장소 또는 도로를 점유하는 행사장 등에서 교통사고나 그 밖의 혼잡 등으로 인한 위험발생을 방지하는 업무

핵심포인트 167 경비업 허가

① 경비업은 **법인**이 아니면 이를 영위할 수 없다.
② 경비업을 영위하고자 하는 **법인**은 도급받아 행하고자 하는 경비업무를 특정하여 **그 법인의 주사무소의 소재지를 관할하는 시·도경찰청장의 허가**를 받아야 한다.
  → 도급받아 행하고자 하는 경비업무를 변경하는 경우에도 또한 같다.
③ 허가 요건

  1. 대통령령으로 정하는 **1억원** 이상의 자본금의 보유
  2. 다음 각 목의 경비인력 요건
     가. 시설경비업무 : 경비원 **10명** 이상 및 경비지도사 1명 이상
     나. 시설경비업무 <u>외의</u> **경비업무** : 대통령령으로 정하는 경비 인력
  3. 제2호의 경비인력을 교육할 수 있는 교육장을 포함하여 대통령령으로 정하는 시설과 장비의 보유
  4. 그 밖에 경비업무 수행을 위하여 대통령령으로 정하는 사항

  → 특수경비업은 **3억이상** 자본금을 보유해야 한다.
④ 경비업 허가의 유효기간 : 허가받은 날로부터 5년으로 한다.

핵심포인트 168 집단민원현장

가. 「노동조합 및 노동관계조정법」에 따라 노동관계 당사자가 노동쟁의 조정신청을 한 사업장 또는 **쟁의행위가 발생한 사업장**
나. 「도시 및 주거환경정비법」에 따른 정비사업과 관련하여 이해대립이 있어 다툼이 있는 장소
다. **특정 시설물의 설치와 관련하여** 민원이 있는 장소
라. 주주총회와 관련하여 이해대립이 있어 다툼이 있는 장소
마. 건물·토지 등 부동산 및 동산에 대한 소유권·운영권·관리권·점유권 등 법적 권리에 대한 **이해대립이 있어 다툼이 있는 장소**
바. **100명** 이상의 사람이 모이는 국제·문화)·예술·체육 행사장
사. 「행정대집행법」에 따라 대집행을 하는 장소

핵심포인트 169 생활안전교통국 업무분장

1. **자치경찰제도 관련** 기획 및 조정
2. 자치경찰제도 관련 법령 사무 총괄
3. 자치경찰제도 관련 예산의 편성·조정 및 결산에 관한 사항
4. 자치경찰제도 관련 특별시·광역시·특별자치시·도·특별자치도 및 시·도자치경찰위원회와의 협력에 관한 사항
5. 소년비행 방지에 관한 업무
6. 소년 대상 범죄의 예방에 관한 업무
7. 아동학대의 예방 및 피해자 보호에 관한 업무
8. 가출인 및 「실종아동등의 보호 및 지원에 관한 법률」 제2조제2호에 따른 실종아동등과 관련된 업무
9. 실종아동등 찾기를 위한 신고체계 운영
10. 여성 대상 범죄와 관련된 주요 정책의 총괄 수립·조정
11. 여성 대상 범죄 유관기관과의 협력 업무
12. 성폭력 및 가정폭력 예방 및 피해자 보호에 관한 업무
13. 스토킹·성매매 예방 및 피해자 보호에 관한 업무
14. 경찰 수사 과정에서의 범죄피해자 보호 및 지원에 관한 업무
15. 도로교통에 관련되는 종합기획 및 심사분석
16. 도로교통에 관련되는 법령의 정비 및 행정제도의 연구
17. 교통경찰공무원에 대한 교육 및 지도
18. 교통안전시설의 관리
19. 자동차운전면허의 관리
20. 도로교통사고의 예방을 위한 홍보·지도 및 단속
21. 고속도로순찰대의 운영 및 지도

범죄예방 대응국	1. **범죄예방**에 관한 기획·조정·연구 등 예방적 경찰활동 총괄 3. **경비업**에 관한 연구·지도 4. 풍속 및 성매매**(아동·청소년 대상 성매매는 제외)** 사범에 대한 지도·단속 5. 총포·도검·화약류 등의 지도·단속 6. **즉결심판청구업무의 지도** 7. 각종 안전사고의 예방에 관한 사항 8. **지구대·파출소 운영체계의 기획 및 관리** 11. 112신고제도의 기획·운영 및 112치안종합상황실의 운영 총괄
형사국	1. 강력범죄, 폭력범죄 및 **교통사고·교통범죄에 관한 수사 지휘·감독** 2. 마약류 범죄 및 조직범죄에 관한 수사 지휘·감독 3. 성폭력범죄, 아동·청소년 대상 성매매, **가정폭력, 아동학대, 학교폭력 및 실종사건**에 관한 수사 지휘·감독 및 **아동·청소년 대상 성매매 단속**

핵심포인트 170 풍속영업의 종류(숙.이.목.노.비.무.게.단.유)

① 게임산업진흥에 관한 법률」에 따른 **게임제공업 및 복합유통게임제공업**
② 영화 및 비디오물의 진흥에 관한 법률」에 따른 **비디오물감상실업**
③ 음악산업진흥에 관한 법률」에 따른 **노래연습장업**
④ 공중위생관리법」에 따른 **숙박업, 목욕장업, 이용업** 중 대통령령으로 정하는 것
⑤ 식품위생법」에 따른 식품접객업 중 대통령령으로 정하는 것 – **단란주점업, 유흥주점업**
⑥ 체육시설의 설치·이용에 관한 법률」에 따른 **무도학원업 및 무도장업**
⑦ 그 밖에 **선량한 풍속을 해치거나 청소년**의 건전한 성장을 저해할 우려가 있는 영업으로 대통령령으로 정하는 것 – 키스방·유리방·성인PC방·휴게텔·인형체험방 등

→ 음악산업진흥에 관한 법률상 청소년 : 18세 미만

핵심포인트 171 풍속영업자 및 종사자의 금지사항(성.음.문.사)

1. 「성매매알선 등 행위의 처벌에 관한 법률」 제2조제1항제2호에 따른 **성매매알선등행위**
   → 위반시 3년이하 징역 또는 3천만원 이하 벌금
2. **음란행위**를 하게 하거나 이를 알선 또는 제공하는 행위
   → 위반시 3년이하 징역 또는 2천만원 이하 벌금
3. **음란한 문서·도화·영화·음반·비디오물**, 그 밖의 음란한 물건에 대한 다음 각 목의 행위

   > 가. 반포·판매·대여하거나 이를 하게 하는 행위
   > 나. 관람·열람하게 하는 행위
   > 다. 반포·판매·대여·관람·열람의 목적으로 진열하거나 보관하는 행위

   → 위반시 3년이하 징역 또는 2천만원 이하 벌금
4. 도박이나 그 밖의 **사행행위**를 하게 하는 행위
   → 2.3.4 위반시 3년이하 징역 또는 **2천만원** 이하 벌금

핵심포인트 172 총포 도검 화약류 등의 안전관리에 관한 법률

총포	권총, 소총, 기관총, 포, 엽총, 금속성 탄알이나 가스 등을 쏠 수 있는 장약총포, **공기총(가스를 이용하는 것을 포함)** 및 총포신·기관부 등 그 부품으로서 대통령령으로 정하는 것을 말한다.
도검	칼날의 길이가 **15센티미터 이상**인 칼·검·창·치도·비수 등으로서 성질상 흉기로 쓰이는 것과 칼날의 길이가 **15센티미터 미만**이라 할지라도 흉기로 사용될 위험성이 뚜렷한 것 중에서 대통령령으로 정하는 것 → 재크나이프는 칼날길이 6센티미터 이상의 것
화약류	화약, 폭약 및 화공품(화약 및 폭약을 써서 만든 공작물)을 말한다.
분사기 (총.만.막.기)	총포형 분사기, 막대형 분사기, 만년필형 분사기, 기타 휴대형 분사기 → 살균·살충용 및 산업용 분사기를 제외한다.
전자충격기 (총.막.기)	총포형 전자충격기, 막대형 전자충격기, 기타 휴대형 전자충격기 → 산업용 및 의료용 전자충격기를 제외한다.
석궁	종류 : 일반형 석궁, 도르래형 석궁, 권총형 석궁

핵심포인트 173 총포 도검 화약류 등의 허가권자

	경찰청장	시·도경찰청장	경찰서장
제조업 수출입	총포, 화약류	도검, 분사기, 전자충격기, 석궁	
소지와 사용		총포	총(엽총, 가스발사총, 공기총 등 그 부품) 도검, 화약류, 분사기 전자충격기, 석궁
판매업		○	

① 총포 소지 허가 : 3년마다 갱신
② 총포 등 취급금지 : 18세 미만, 소지금지 : 20세 미만

핵심포인트 174 경범죄 처벌법상 범칙자(상.구.피.18)

범칙자 제외 (해당하지 않는 사람)	1. 범칙행위를 **상습**적으로 하는 사람 2. 죄를 지은 동기나 수단 및 결과를 헤아려볼 때 **구류처분**을 하는 것이 적절하다고 인정되는 사람 3. **피해자가 있는** 행위를 한 사람 4. **18세 미만**인 사람

핵심포인트 175 경범죄 처벌법상 벌금, 구류 또는 과료 처벌

10만원 이하	40개 항목 → 흉기 은닉휴대, 폭행등 예비, 관명사칭, 광고물 무단부착, 노상방뇨, 의식방해, 음주소란 등, 인근소란 등, 거짓 인적사항 사용, 과다노출, 무임승차·무전취식, 지속적 괴롭힘 등
20만원 이하 (출.거.업.암)	**출판물의 부당게재등, 거짓 광고, 업무방해, 암표매매**
60만원 이하 (관.거)	① (**관공서에서의 주취소란**) 술에 취한 채로 관공서에서 몹시 거친 말과 행동으로 주정하거나 시끄럽게 한 사람 ② (**거짓신고**) 있지 아니한 범죄나 재해 사실을 공무원에게 거짓으로 신고한 사람 ③ 주거가 일정한 경우라도 현행범체포 가능하다.(형소법제214조 적용 안함) → 범칙행위가 아니므로 통고처분 불가능하다.

핵심포인트 176 경범죄 처벌법상 통고처분 예외 (주.거.어)

1. 통고처분서 받기를 **거부한 사람**
2. **주거 또는 신원이 확실하지 아니한 사람**
3. 그 밖에 통고처분을 하기가 **매우 어려운 사람**

핵심포인트 177 통고처분 불이행등 처리

① 경찰서장, 해양경찰서장 및 제주특별자치도지사는 지체 없이 **즉결심판을 청구하여야 한다.**
  → 다만, 즉결심판이 청구되기 전까지 통고받은 범칙금에 그 금액의 100분의 50을 더한 금액을 납부한 사람에 대하여는 즉결심판청구를 하지 않는다.

② 범칙금 납부
  통고처분서를 받은 날부터 10일 이내에 범칙금을 납부하여야 한다.
  → 다만, **천재지변**이나 그 밖의 부득이한 사유로 말미암아 그 기간 내에 범칙금을 납부할 수 없을 때에는 그 부득이한 사유가 없어지게 된 날부터 **5일 이내에** 납부하여야 한다.

③ 1차 납부기간에 범칙금을 납부하지 아니한 사람은 **납부기간의 마지막 날의 다음 날부터 20일 이내에** 통고받은 범칙금에 그 금액의 100분의 20을 더한 금액을 납부하여야 한다. (신용카드, 직불카드 가능)
  → 분할납부 안됨.

핵심포인트 178 실종아동 등의 보호 및 지원에 관한 법률

아동등 (18.정.치)	㉠ **실종 당시 18세 미만인 아동** ㉡ 「장애인복지법」 제2조의 장애인 중 **지적장애인, 자폐성장애인 또는 정신장애인** ㉢ 「치매관리법」 제2조제2호의 **치매환자**
실종아동등	약취·유인 또는 유기되거나 사고를 당하거나 가출하거나 길을 잃는 등의 사유로 인하여 **보호자로부터 이탈된 아동등**을 말한다.
장기실종아 동등	보호자로부터 **신고를 접수한 지 48시간이 경과한 후에도** 발견되지 않은 찾는실종아동등
가출인	신고 당시 보호자로부터 이탈된 18세 이상의 사람
발견지	실종아동등 또는 가출인을 발견하여 **보호 중인 장소**를 말한다. → 발견한 장소와 보호 중인 장소가 서로 다른 경우에는 보호 중인 장소를 말한다.

→ 실종아동의 날 : 5월25일(1주간 실종아동주간으로 한다.)

핵심포인트 **179 실종아동 등의 보호 및 지원에 관한 법률 – 수색 또는 수사 실시**

① **경찰관서의 장은** 실종아동등의 발생 신고를 접수하면 **지체 없이 수색 또는 수사의 실시 여부를** 결정하여야 한다.
② 경찰관서의 장은 실종아동등에 대하여 현장 탐문 및 수색 후 그 결과를 즉시 **보호자에게 통보하여야 한다.**
  → 이후에는 실종아동등 프로파일링시스템에 **등록한 날로부터 1개월까지는 15일에 1회**, 1개월이 경과한 후부터는 **분기별 1회** 보호자에게 추적 진행사항을 통보한다.
③ 경찰관서의 장은 실종아동등(**범죄로 인한 경우를 제외한다.**)의 조속한 발견을 위하여 필요한 때에는 위치정보사업자에게 실종아동등의 **개인위치정보의제공을 요청할수 있다.**
  → 요청을 받은 자는 그 실종아동등의 동의 없이 개인위치정보등을 수집할 수 있으며, 실종아동등의 동의가 없음을 이유로 경찰관서의 장의 요청을 거부하여서는 아니 된다.
  → 개인위치정보등을 목적 외의 용도로 이용한 자는 **5년 이하의 징역 또는 5천만원 이하의 벌금**에 처한다.

핵심포인트 **180 실종아동등 프로파일링 시스템(경찰관서 내에서만)**

입력 대상 (가.보.실)	① **실종아동등** ② **가출인** ③ 보호시설 입소자 중 보호자가 확인되지 않는 사람(**보호시설 무연고자**)
입력 제외 대상	① 채무관계 해결, 형사사건 당사자 소재 확인 등 실종아동등 및 **가출인 발견 외 다른 목적으로 신고된 사람** ② 수사기관으로부터 **지명수배 또는 지명통보된 사람** ③ **허위로 신고된 사람** ④ **보호자가 가출 시 동행한 아동등** ⑤ 그 밖에 신고 내용을 종합하였을 때 명백히 제1항에 따른 입력 대상이 아니라고 판단되는 사람

핵심포인트 **181 실종아동등 프로파일링시스템에 등록보존기간**

① 발견된 18세 미만 아동 및 가출인 : **수배 해제 후로부터 5년간 보관**
② 발견된 지적·자폐성·정신장애인 등 및 치매환자 : 수배 해제 후로부터 **10년간 보관**
③ 미발견자 : **소재 발견 시까지 보관**
④ 보호시설 무연고자 : **본인 요청 시**

실종아동등 및 가출인 업무처리 규칙

[시행 2024. 9. 27.]

제4조(실종아동찾기센터) ① 실종아동등의 조속한 발견 등 관련 업무를 효율적으로 수행하기 위해 경찰청에 실종아동찾기센터를 설치한다.
② 실종아동찾기센터는 다음 각 호의 업무를 수행한다.
1. 전국에서 발생하는 실종아동등의 신고접수·등록·조회 및 등록해제 등 실종아동등 발견·보호·지원을 위한 업무
2. 실종·가출 신고용 특수번호 "182"의 운영
3. 제25조 제1항에 따른 실종·유괴경보 문자메시지의 송출과 관련된 업무
4. 그 밖의 실종아동등과 관련하여 경찰청장이 지시하는 사항

제6조(정보시스템의 운영) ① 경찰청 생활안전국장은 법 제8조의2제1항에 따른 정보시스템으로 실종아동등 프로파일링시스템 및 실종아동찾기센터 홈페이지(이하 "인터넷 안전드림"이라 한다)를 운영한다.
② 실종아동등 프로파일링시스템은 경찰관서 내에서만 사용할 수 있도록 제한하고, 인터넷 안전드림은 누구든 사용할 수 있도록 공개 하는 등 분리하여 운영한다. 다만, 자료의 전송 등을 위해 필요한 경우 상호 연계할 수 있다.

제10조(신고 접수) ① 실종아동등 신고는 관할에 관계 없이 실종아동찾기센터, 각 시·도경찰청 및 경찰서에서 전화, 서면, 구술 등의 방법으로 접수하며, 신고를 접수한 경찰관은 범죄와의 관련 여부 등을 확인해야 한다.
② 경찰청 실종아동찾기센터는 실종아동등에 대한 신고를 접수하거나, 신고 접수에 대한 보고를 받은 때에는 즉시 실종아동등 프로파일링시스템에 입력, 관할 경찰관서를 지정하는 등 필요한 조치를 하여야 한다. 이 경우 관할 경찰관서는 발생지 관할 경찰관서 등 실종아동등을 신속히 발견할 수 있는 관서로 지정해야 한다.

제11조(신고에 대한 조치 등)
⑤ 경찰관서의 장은 실종아동등에 대하여 제18조의 현장 탐문 및 수색 후 그 결과를 즉시 보호자에게 통보하여야 한다. 이후에는 실종아동등 프로파일링시스템에 등록한 날로부터 1개월까지는 15일에 1회, 1개월이 경과한 후부터는 분기별 1회 보호자에게 추적 진행사항을 통보한다.

제12조(출생 신고 지연 아동의 확인) 경찰관서의 장은 법 제6조제4항에 따라 지방자치단체의 장으로부터 출생 후 6개월이 경과한 아동의 신상카드 사본을 제출받은 경우에는 지체 없이 정보시스템에서 관리하는 자료와의 비교·검색 등을 통해 해당 아동이 실종아동인지를 확인하여 그 결과를 지방자치단체의 장에게 통보하여야 한다.

제3장 가출인

제15조(신고 접수) ① 가출인 신고는 관할에 관계없이 접수하여야 하며, 신고를 접수한 경찰관은 범죄와 관련 여부를 확인하여야 한다.

② 경찰서장은 가출인에 대한 신고를 접수한 때에는 정보시스템의 자료 조회, 신고자의 진술을 청취하는 방법 등으로 가출인을 발견하기 위한 조치를 하여야 하며, 가출인을 발견하지 못한 경우에는 즉시 실종아동등 프로파일링시스템에 가출인에 대한 사항을 입력한다.

③ 경찰서장은 접수한 가출인 신고가 다른 관할인 경우 제2항의 조치 후 지체 없이 가출인의 발생지를 관할하는 경찰서장에게 이첩하여야 한다.

제16조(신고에 대한 조치 등) ① 가출인 사건을 관할하는 경찰서장은 정보시스템 자료의 조회, 다른 자료와의 대조, 주변인물과의 연락 등 가출인을 발견하기 위해 지속적으로 추적하고, 실종아동등 프로파일링시스템에 등록한 날로부터 반기별 1회 보호자에게 귀가 여부를 확인한다.

② 경찰서장은 가출인을 발견한 때에는 등록을 해제하고, 해당 가출인을 발견한 경찰서와 관할하는 경찰서가 다른 경우에는 발견 사실을 관할 경찰서장에게 지체 없이 알려야 한다.

제5장 초동조치 및 추적·수사

제18조(현장 탐문 및 수색) ① 찾는실종아동등 및 가출인발생신고를 접수 또는 이첩 받은 발생지 관할 경찰서장은 즉시 현장출동 경찰관을 지정하여 탐문·수색하도록 하여야 한다. 다만, 경찰관서장이 판단하여 수색의 실익이 없거나 현저히 곤란한 경우에는 탐문·수색을 생략하거나 중단할 수 있다.

제19조(추적 및 수사)

제20조(실종수사 조정위원회) ① 경찰서장은 실종아동등 및 가출인의 수색·추적 중 인지된 국가경찰 수사 범죄의 업무를 조정하기 위하여 실종수사 조정위원회를 구성하여 운영할 수 있다. 1. 위원회는 위원장을 경찰서장으로 하고, 위원은 여성청소년과장(미직제시 생활안전과장), 형사과장(미직제시 수사과장) 등 과장 3인 이상으로 구성한다.

2. 위원회는 경찰서 여성청소년과장이 회부한 국가경찰 수사 범죄 의심 사건의 범죄관련성 여부 판단 및 담당부서를 결정한다.

② 위원회는 경찰서 여성청소년과장의 안건 회부 후 24시간 내에 서면으로 결정하여야 한다.

제7장 실종·유괴경보의 발령

제23조(실종·유괴경보 체계의 구축·운영 등) ① 경찰청장은 법 제9조의2제1항에 따라 실종·유괴경보 정책 수립 및 제도 개선 등에 관한 사항을 총괄하며 다음 각 호의 업무를 수행한다.

1. 실종·유괴경보와 관련하여 협약을 체결한 기관·단체(이하 "협약기관"이라 한다)와의 협조체계 구축·운영
2. 실종·유괴경보 발령시스템 구축 및 유지 관리

3. 행정안전부, 영 제4조의5제2항에 따른 주요 전기통신사업자(이하 "주요 전기통신사업자"라 한다) 등 관계기관과의 협력
4. 실종·유괴경보 발령 기준 및 표준문안·도안 개선
5. 실종·유괴경보 운영실태 파악 및 통계 관리
6. 관련 매뉴얼 및 교육자료 제작
7. 그 밖에 실종·유괴경보 정책 수립 및 제도 개선 등과 관련된 제반사항

② 시·도경찰청장은 실종·유괴경보와 관련하여 다음 각 호의 업무를 수행한다.
1. 협약기관과의 협조체계 구축·운영
2. 실종·유괴경보의 발령 및 해제
3. 타 시·도경찰청장의 발령 요청 등에 대한 협조
4. 소속 경찰관에 대한 교육
5. 그 밖에 실종·유괴경보 발령 및 해제와 관련된 제반사항

③ 경찰서장은 다음 각 호의 업무를 수행한다.
1. 협약기관과의 협조체계 구축·운영
2. 실종·유괴경보의 발령 요청
3. 소속 경찰관에 대한 교육

④ 시·도경찰청장과 경찰서장은 실종·유괴경보와 관련한 업무를 수행하기 위하여 다음 각 호의 구분에 따라 운영책임자를 둔다.

> 1. 실종경보 운영책임자
>   가. 시·도경찰청 : 여성청소년과장(미직제시 생활안전교통과장)
>   나. 경찰서 : 여성청소년과장(미직제시 생활안전과장 또는 생활안전교통과장)
> 2. 유괴경보 운영책임자
>   가. 시·도경찰청 : 형사과장(미직제시 수사과장)
>   나. 경찰서 : 형사과장(미직제시 수사과장)

제25조(실종·유괴경보 문자메시지 송출) ① 경찰청장은 법 제9조의2제2항제1호에 따라 주요 전기통신사업자에게 실종·유괴경보 문자메시지의 송출을 요청하기 위한 시스템을 직접 구축·운영하거나 행정안전부장관과 사전 협의하여 「재난 및 안전관리 기본법」 제38조의2제1항과 「재난문자방송 기준 및 운영규정」 제4조제1항에 따라 구축된 재난문자방송 송출시스템을 이용할 수 있다.

② 시·도경찰청장은 제24조제1항에 따른 실종·유괴경보를 발령함에 있어 실종·유괴경보 문자메시지의 송출이 필요하다고 판단되는 경우 별표2의 송출 기준에 따라 별표3의 송출 문안을 정하여 실종아동찾기센터로 송출을 의뢰할 수 있다. 다만, 유괴경보 문자메시지의 송출을 의뢰하는 경우에는 국가수사본부장의 사전 승인을 받아야 한다.

핵심포인트 182 청소년보호법상 청소년 금지업소

청소년 출입·고용 금지업소 (게.사.유.노.비.무.전.성.장)	청소년 고용 금지업소
① **일반게임제공업**, 복합유통게임제공업 ② **사행행위영업** ③ **단란주점영업, 유흥주점영업** ④ **노래연습장업**(단, 청소년실에 한정하여 출입허용) ⑤ **무도학원업**, 무도장업 ⑥ **비디오물감상실업**, 제한관람가비디오물소극장업, 복합영상물제공업 ⑦ **전화방**, 화상전화방(전기통신설비를 갖추고 불특정한 사람들 사이의 음성대화 또는 화상대화를 매개하는 것을 주된 목적으로 하는 영업) ⑧ 한국마사회법에 따른 **장외발매소** ⑨ 경륜·경정법에 따른 **장외매장** ⑩ **성적 서비스** 제공영업 (청소년보호위원회 결정/여성가족부장관 고시 → 성기구취급업소, 키스방, 대딸방, 유리방, 성인PC방, 휴게텔, 인형체험방 등) ⑪ 청소년유해매체물 및 청소년유해약물 등을 제작·생산·유통하는 영업 등 청소년의 출입과 고용이 청소년에게 유해하다고 인정되는 영업으로서 대통령령으로 정하는 기준에 따라 청소년보호 위원회가 결정하고 여성가족부장관이 고시한 것	① **청소년게임제공업**, 인터넷컴퓨터게임시설제공업(PC방) ② – 숙박업(관광진흥법상 휴양 콘도미니엄업, 농어촌정비법 또는 국제회의산업 육성에 관한 법률을 적용받는 숙박업은 제외) – 목욕장업 중 안마실을 설치하거나 개별실로 구획하여 하는 영업 – 이용업(취업이 금지되지 아니한 남자 청소년을 고용하는 경우는 제외) ③ – 호프·소주방·카페(일반음식점영업 중 주로 주류의 조리·판매를 목적으로 하는 형태의 영업) – 티켓다방(휴게음식점영업으로서 종업원에게 영업장을 벗어나 차 종류 등을 배달·판매하게 하면서 소요시간에 따라 대가를 받게 하는 형태의 영업) ④ **비디오물소극장업** ⑤ 회비등 받거나 유료 **만화대여업** ⑥ 유해화학물질영업 ⑦ 청소년보호위원회가 결정하고 여성가족부장관이 고시한 것

핵심포인트 183 청소년 보호법상 청소년 유해행위 처벌

청소년유해행위	처벌
① 영리를 목적으로 청소년으로 하여금 신체적인 접촉 또는 은밀한 부분의 노출 등 **성적 접대행위**를 하게 하거나 이러한 행위를 알선·매개하는 행위	1년 이상 10년 이하의 징역
② 영리를 목적으로 청소년으로 하여금 손님과 함께 술을 마시거나 노래 또는 춤 등으로 손님의 **유흥을 돋우는 접객행위**를 하게 하거나 이러한 행위를 알선·매개하는 행위 ③ 영리나 흥행을 목적으로 청소년에게 **음란한 행위**를 하게 하는 행위	10년 이하의 징역 (접.음)
④ 영리나 흥행을 목적으로 청소년의 **장애나 기형** 등의 모습을 일반인들에게 관람시키는 행위 ⑤ 청소년에게 **구걸**을 시키거나 청소년을 이용하여 구걸하는 행위 ⑥ 청소년을 **학대**하는 행위	5년 이하의 징역 (기.구.학)
⑦ 영리를 목적으로 청소년으로 하여금 거리에서 **손님을 유인**하는 행위를 하게 하는 행위 ⑧ 청소년을 남녀 **혼숙하게 하는 등 풍기를 문란**하게 하는 영업행위를 하거나 이를 목적으로 장소를 제공하는 행위 ⑨ 주로 차 종류를 조리·판매하는 업소에서 청소년으로 하여금 영업장을 벗어나 **차 종류를 배달**하는 행위를 하게 하거나 이를 조장하거나 묵인하는 행위	3년 이하의 징역 또는 3천만원 이하의 벌금 (유.풍.배)

핵심포인트 184 아동·청소년의 성보호에 관한 법률 – 아동청소년 대상 성범죄 유형 및 처벌

아동·청소년에 대한 강간·강제추행 등 (유사강간 포함)	무기 또는 5년이상의 징역 → 미수범 처벌
장애인인 아동·청소년에 대한 간음 등	3년이상 유기징역
13세이상 16세미만 아동·청소년에 대한 간음 등	**궁박한 상태를 이용하여** 해당 아동·청소년을 간음하거나 해당 아동·청소년으로 하여금 다른 사람을 간음하게 하는 경우에는 **3년 이상의 유기징역**
강간 등 상해·치상	무기 또는 7년이상 징역
강간 등 살인·치사	사형 또는 무기징역 → 강간 등 살인죄는 공소시효 적용안함.
아동·청소년성착취물 제작·배포 등	**무기 또는 5년 이상의 징역** → 제작. 수입 또는 수출한자 미수범 처벌
아동·청소년 매매행위	무기 또는 5년 이상의 징역 → 미수범 처벌
아동·청소년의 성을 사는 행위	1년 이상 10년 이하의 징역 또는 2천만원 이상 5천만원 이하의 벌금
아동·청소년의 성을 사기위해 유인, 권유	3년 이하의 징역 또는 3천만원 이하의 벌금
아동·청소년에 대한 강요행위	5년이상 유기징역 → 상대방이 되도록 유인·권유한자 : 7년이하 징역 또는 5천만원 이하 벌금 → 미수범 처벌
알선영업행위 등	7년이상 유기징역
아동·청소년에 대한 성착취 목적 대화 등	3년 이하의 징역 또는 3천만원 이하의 벌금

핵심포인트 185 아동·청소년의 성보호에 관한 법률 – 미수범 처벌

미수범 처벌	① 아동·청소년에 대한 **강간·강제추행** 등(제7조) (강.제.강.매) ② 아동·청소년 성착취물 **제작·수입·수출**(제11조) ③ 아동·청소년 **매매행위**(12조) ④ 아동·청소년 대한 **강요행위**등(13조)
	⑤ **폭행이나 협박**으로 아동·청소년으로 하여금 아동·청소년의 성을 사는 행위의 상대방이 되게 한 자 ⑥ **선불금, 그 밖의 채무**를 이용하는 등의 방법으로 아동·청소년을 **곤경에 빠뜨리거나 위계 또는 위력**으로 아동·청소년으로 하여금 아동·청소년의 성을 사는 행위의 상대방이 되게 미수범 처벌이 한 자 ⑦ **업무·고용**이나 그 밖의 관계로 자신의 **보호 또는 감독을 받는 것을 이용**하여 아동·청소년으로 하여금 아동·청소년의 성을 사는 행위의 상대방이 되게 한 자 ⑧ **영업**으로 아동·청소년을 아동·청소년의 성을 사는 행위의 상대방이 되도록 **유인·권유한 자**

핵심포인트 186 아동·청소년의 성보호에 관한 법률 – 특례규정

공소시효 기산에 관한 특례	① 아동·청소년대상 성범죄의 공소시효는 「형사소송법」 제252조제1항에도 불구하고 해당 성범죄로 피해를 당한 아동·청소년이 **성년에 달한 날부터 진행**한다. ② 아동·청소년에 대한 강간·강제추행 등의 죄는 디엔에이(DNA)증거 등 그 죄를 증명할 수 있는 과학적인 증거가 있는 때에는 **공소시효가 10년 연장된다.** ③ **13세 미만의 사람** 및 신체적인 또는 정신적인 **장애가 있는** 아동·청소년에 대하여 다음 각 호의 죄를 범한 경우에는 제1항과 제2항에도 불구하고 「형사소송법」 제249조부터 제253조까지 및 「군사법원법」 제291조부터 제295조까지에 규정된 **공소시효를 적용하지 아니한다.** ④ 「형법」 제301조의2(강간등 살인·치사)의 죄(강간등 살인에는 공소시효를 적용하지 아니한다.
가중처벌	① **16세 미만**의 아동·청소년 및 장애 아동·청소년을 대상으로 아동청소년 성을 사는 행위등의 죄를 범한 경우에는 그 죄에 정한 **형의 2분의 1까지 가중처벌**한다. ② 각 호의 기관·시설 또는 단체의 장과 그 종사자가(**신고의무자의 성범죄**) 자기의 보호·감독 또는 진료를 받는 아동·청소년을 대상으로 성범죄를 범한 경우에는 그 죄에 정한 **형의 2분의 1까지 가중처벌**한다.

핵심포인트 187 아동·청소년대상 디지털 성범죄의 수사특례

아동·청소년 대상 디지털 성범죄의 신분비공개 수사	① (신분비공개수사)할 수 있다.
	  1. 제11조(아동·청소년성착취물의 제작·배포 등) 및 제15조의2의(아동·청소년에 대한 성착취 목적 대화 등) 죄
	  2. 아동·청소년에 대한 「성폭력범죄의 처벌 등에 관한 특례법」 제14조제2항(카메라 등을 이용한 촬영) 및 제3항(영리목적으로 신체촬영물 반포등)의 죄
	
	〈신분비공개수사의 방법〉
	  ① 신분 비공개는 경찰관임을 **밝히지 않거나 부인**(법 제25조의2제2항제1호에 이르지 않는 행위로서 **경찰관 외의 신분을 고지하는 방식을 포함한다**)하는 방법으로 한다.
	  ② 신분비공개수사 접근은 대화의 구성원으로서 **관찰하는 등 대화에 참여하거나** 아동·청소년성착취물, 「성폭력범죄의 처벌 등에 관한 특례법」 제14조제2항의 **촬영물 또는 복제물**(복제물의 복제물을 포함한다)을 구입하거나 무상으로 제공받는 등의 **방법으로 한다.**
	
	② 사법경찰관리가 **신분비공개수사**를 진행하고자 할 때에는 사전에 **상급 경찰관서 수사부서의 장의 승인**을 받아야 한다.
	  → 이 경우 그 수사기간은 **3개월을 초과할 수 없다.**

신분위장수사	① **신분위장수사**를 할 수 있다.
	  1. 신분을 위장하기 위한 문서, 도화 및 전자기록 등의 작성, 변경 또는 행사
	  2. 위장 신분을 사용한 계약·거래
	  3. 아동·청소년성착취물 또는 「성폭력범죄의 처벌 등에 관한 특례법」 제14조제2항의 촬영물 또는 복제물(복제물의 복제물을 포함한다)의 소지, 판매 또는 광고
	
	② 신분위장수사를 하려는 경우에는 **검사에게 신분위장수사에 대한 허가를 신청**하고, 검사는 법원에 그 허가를 청구한다.
	③ 신분위장수사의 기간은 **3개월을 초과할 수 없으며**, 그 수사기간 중 수사의 목적이 달성되었을 경우에는 즉시 **종료하여야 한다.**
	④ **신분위장수사의 총 기간은 1년을 초과할 수 없다.**

아동·청소년 대상 디지털 성범죄에 대한 긴급 신분위장 수사	① 사법경찰관리는 **긴급**을 요하는 때에는 법원의 허가 없이 신분위장수사를 할 수 있다. ② 사법경찰관리는 신분위장수사 개시 후 지체 없이 검사에게 허가를 **신청**하여야 하고, 사법경찰관리는 **48시간 이내**에 법원의 허가를 받지 못한 때에는 즉시 신분위장수사를 **중지하여야 한다.**
국가경찰위원회와 국회의 통제	① 「국가경찰과 자치경찰의 조직 및 운영에 관한 법률」 제16조제1항에 따른 **국가수사본부장**은 신분비공개수사가 종료된 즉시 대통령령으로 정하는 바에 따라 같은 법 제7조제1항에 따른 **국가경찰위원회에 수사 관련 자료를 보고하여야 한다.** ② 국가수사본부장은 대통령령으로 정하는 바에 따라 **국회 소관 상임위원회**에 신분비공개수사 관련 자료를 **반기별로 보고하여야 한다.**

핵심포인트 188 아동학대범죄의 처벌 등에 관한 특례법 – 응급조치 (제.보.의.격)

1. 아동학대범죄 행위의 **제지**
2. 아동학대행위자를 피해아동등으로부터 **격리**
3. 피해아동등을 아동학대 관련 **보호시설로 인도**(피해아동등 의사 존중)
4. 긴급치료가 필요한 피해아동을 **의료기관으로 인도**

→ 응급조치는 **72시간**을 넘을 수 없다.
→ 본문의 기간에 공휴일이나 토요일이 포함되는 경우로서 피해아동등의 보호를 위하여 필요하다고 인정되는 경우에는 **48시간**의 범위에서 그 기간을 **연장할 수 있다.**

핵심포인트 189 아동학대범죄의 처벌 등에 관한 특례법 – 긴급임시조치 (격.전.100)

1. 피해아동등 또는 가정구성원의 주거로부터 **퇴거 등 격리**
2. 피해아동등 또는 가정구성원의 주거, 학교 또는 보호시설 등에서 **100미터 이내의 접근 금지**
3. 피해아동등 또는 가정구성원에 대한 「전기통신기본법」 제2조제1호의 **전기통신을 이용한 접근 금지**

② 긴급임시조치한 경우 지체 없이 **검사에게** 임시조치 청구를 **신청**하여야 한다.
③ 응급조치, 긴급임시조치 후 임시조치 청구
  → **검사는** 임시조치를 청구하는 때에는 응급조치가 있었던 때부터 **72시간 이내**에, 긴급임시조치가 있었던 때부터 **48시간 이내**에 하여야 한다.
④ 사법경찰관은 검사가 임시조치를 청구하지 아니하거나 법원이 임시조치의 결정을 하지 아니한 때에는 즉시 그 **긴급임시조치를 취소하여야 한다.**

핵심포인트 190 아동학대범죄의 처벌 등에 관한 특례법 – 임시조치 (격.전.100.요.유.상.제)

1. 피해아동등 또는 가정구성원의 주거로부터 **퇴거 등 격리** 2. 피해아동등 또는 가정구성원의 주거, 학교 또는 보호시설 등에서 **100미터 이내의 접근 금지** 3. 피해아동등 또는 가정구성원에 대한 「전기통신기본법」 제2조제1호의 **전기통신을 이용한 접근 금지**	**두 차례만** 연장 가능.
4. 친권 또는 후견인 권한 행사의 **제한 또는 정지** 5. 아동보호전문기관 등에의 **상담 및 교육 위탁** 6. 의료기관이나 그 밖의 **요양시설에의 위탁** 7. 경찰관서의 **유치장 또는 구치소에의 유치**	**한 차례만** 기간의 범위에서 연장할 수 있다

① 판사는 임시조치가 청구된 때로부터 **24시간 이내**에 임시조치 여부를 결정하여야 한다.
② 임시조치 기간은 **2개월을 초과할 수 없다.**

핵심포인트 191 가정폭력범죄의 처벌 등에 관한 특례법

가정구성원	① 배우자(사실상 혼인관계에 있는 사람을 포함) 또는 배우자였던 사람 ② 자기 또는 배우자와 **직계존비속관계(사실상의 양친자관계를 포함)**에 있거나 있었던 사람 ③ 계부모와 자녀의 관계 또는 적모와 서자의 관계에 **있거나 있었던 사람** ④ **동거하는 친족**
가정폭력 범죄	폭행, 체포, 감금, 모욕, 유기(영아유기), 명예훼손, 학대, 아동혹사, 공갈, 주거신체수색, 강요, 협박, 상해, 강간, 강제추행, 준강간, 준강제추행, **강간등상해·치상, 강간등살인·치사**, 미성년자에 대한 간음, 미성년자의제강간, **재물손괴·특수손괴, 주거침입·퇴거불응**, 카메라등이용촬영(성폭력처벌법), 불안감유발(정보통신망법) 〈가정폭력범죄 아닌 범죄〉 **살인·강도·절도**, 사기·횡령·배임, 약취·유인, 업무방해, 공무집행방해, 인질강요, **중손괴**, 상해치사·폭행치사상·유기치사상·체포감금치사상

핵심포인트 192 가정폭력범죄의 처벌 등에 관한 특례법 – 응급조치 (분.수.상.의.임.신)

1. 폭력행위의 제지, 가정폭력행위자·피해자의 **분리**
  1의2. 「형사소송법」 제212조에 따른 현행범인의 체포 등 **범죄수사**
2. 피해자를 가정폭력 관련 **상담소 또는 보호시설로 인도**(피해자가 동의한 경우만 해당한다)
3. 긴급치료가 필요한 피해자를 **의료기관으로 인도**
4. 폭력행위 재발 시 제8조에 따라 **임시조치를 신청할 수 있음을 통보**
5. 제55조의2에 따른 피해자보호명령 또는 **신변안전조치를 청구할 수 있음을 고지**

핵심포인트 193 가정폭력범죄의 처벌 등에 관한 특례법 – 임시조치(판사) (격.전.100.요.유.상)

1. 피해자 또는 가정구성원의 주거 또는 점유하는 방실로부터의 **퇴거 등 격리** 2. 피해자 또는 가정구성원이나 그 주거·직장 등에서 **100미터 이내의 접근 금지** 3. 피해자 또는 가정구성원에 대한 「전기통신기본법」 제2조제1호의 **전기통신을 이용한 접근 금지**	기간은 **2개월** 초과할수 없다. (**두** 차례 연장 가능)
4. 의료기관이나 그 밖의 **요양소에의 위탁** 5. 국가경찰관서의 **유치장 또는 구치소에의 유치** 6. 상담소등에의 **상담위탁**	기간은 **1개월** 초과할수 없다. (**한** 차례만 연장 가능)

→ 임시조치 불이행시 **1년이하 징역** 또는 **1천만원이하 벌금** 또는 구류

핵심포인트 194 가정폭력범죄의 처벌 등에 관한 특례법 – 긴급임시조치 (격.전.100)

> 1. 피해자 또는 가정구성원의 주거 또는 점유하는 방실로부터의 **퇴거 등 격리**
> 2. 피해자 또는 가정구성원이나 그 주거·직장 등에서 **100미터 이내의 접근 금지**
> 3. 피해자 또는 가정구성원에 대한 「전기통신기본법」 제2조제1호의 **전기통신을 이용한 접근 금지**

① **사법경찰관이** 긴급임시조치를 한 때에는 지체 없이 **검사에게** 임시조치를 신청하고, 신청받은 검사는 **법원에 임시조치를 청구**하여야 한다.
  → 이 경우 임시조치의 청구는 **긴급임시조치를 한 때부터 48시간 이내에 청구**하여야 하며, 긴급임시조치결정서를 첨부하여야 한다.
② 임시조치를 청구하지 아니하거나 법원이 임시조치의 결정을 하지 아니한 때에는 **즉시 긴급임시조치를 취소하여야 한다.**
③ 긴급임시조치 불이행시 **300만원이하 과태료** 부과한다.

핵심포인트 195 검사와 사법경찰관의 상호협력과 일반적 수사준칙에 관한 규정

제59조(보완수사요구의 대상과 범위)
  ① 검사는 사법경찰관으로부터 송치받은 사건에 대해 보완수사가 필요하다고 인정하는 경우에는 직접 보완수사를 하거나 법 제197조의2제1항제1호에 따라 사법경찰관에게 보완수사를 요구할 수 있다. 다만, 송치사건의 공소제기 여부 결정에 필요한 경우로서 다음 각 호의 어느 하나에 해당하는 경우에는 특별히 사법경찰관에게 보완수사를 요구할 필요가 있다고 인정되는 경우를 제외하고는 검사가 직접 보완수사를 하는 것을 원칙으로 한다.

> 1. 사건을 수리한 날(이미 보완수사요구가 있었던 사건의 경우 보완수사 이행 결과를 통보받은 날을 말한다)부터 **1개월이 경과한 경우**
> 2. 사건이 송치된 이후 검사가 해당 피의자 및 피의사실에 대해 상당한 정도의 보완수사를 한 경우
> 3. 법 제197조의3제5항(시정조치요구 등), 제197조의4제1항(수사경합) 또는 제198조의2제2항(검사의 체포구속장소감찰)에 따라 사법경찰관으로부터 사건을 송치받은 경우
> 4. 제7조 또는 제8조에 따라 검사와 사법경찰관이 사건 송치 전에 수사할 사항, 증거수집의 대상 및 법령의 적용 등에 대해 협의를 마치고 송치한 경우

제60조(보완수사요구의 방법과 절차)
  ① 검사는 법 제197조의2제1항에 따라 보완수사를 요구할 때에는 그 이유와 내용 등을 구체적으로 적은 서면과 관계 서류 및 증거물을 사법경찰관에게 함께 송부해야 한다. 다만, 보완수사 대상의 성질, 사안의 긴급성 등을 고려하여 관계 서류와 증거물을 송부할 필요가 없거나 송부하는 것이 적절하지 않다고 판단하는 경우에는 해당 관계 서류와 증거물을 송부하지 않을 수 있다.

② 보완수사를 요구받은 사법경찰관은 제1항 단서에 따라 송부받지 못한 관계 서류와 증거물이 보완수사를 위해 필요하다고 판단하면 해당 서류와 증거물을 대출하거나 그 전부 또는 일부를 등사할 수 있다.
③ 사법경찰관은 법 제197조의2제1항에 따른 보완수사요구가 접수된 날부터 3개월 이내에 보완수사를 마쳐야 한다.
④ 사법경찰관은 법 제197조의2제2항에 따라 보완수사를 이행한 경우에는 그 이행 결과를 검사에게 서면으로 통보해야 하며, 제1항 본문에 따라 관계 서류와 증거물을 송부받은 경우에는 그 서류와 증거물을 함께 반환해야 한다. 다만, 관계 서류와 증거물을 반환할 필요가 없는 경우에는 보완수사의 이행 결과만을 검사에게 통보할 수 있다.

제63조(재수사요청의 절차 등)
① 검사는 법 제245조의8에 따라 사법경찰관에게 재수사를 요청하려는 경우에는 법 제245조의5제2호에 따라 관계 서류와 증거물을 송부받은 날부터 90일 이내에 해야 한다. 다만, 다음 각 호의 어느 하나에 해당하는 경우에는 관계 서류와 증거물을 송부받은 날부터 90일이 지난 후에도 재수사를 요청할 수 있다.

> 1. 불송치 결정에 영향을 줄 수 있는 명백히 새로운 증거 또는 사실이 발견된 경우
> 2. 증거 등의 허위, 위조 또는 변조를 인정할 만한 상당한 정황이 있는 경우

② 검사는 제1항에 따라 재수사를 요청할 때에는 그 내용과 이유를 구체적으로 적은 서면으로 해야 한다. 이 경우 법 제245조의5제2호에 따라 송부받은 관계 서류와 증거물을 사법경찰관에게 반환해야 한다.
④ 사법경찰관은 법 제245조의8제1항에 따른 재수사의 요청이 접수된 날부터 3개월 이내에 재수사를 마쳐야 한다.

제64조(재수사 결과의 처리)
① 사법경찰관은 법 제245조의8제2항에 따라 재수사를 한 경우 다음 각 호의 구분에 따라 처리한다.

> 1. 범죄의 혐의가 있다고 인정되는 경우 : 법 제245조의5제1호에 따라 검사에게 사건을 송치하고 관계 서류와 증거물을 송부
> 2. 기존의 불송치 결정을 유지하는 경우 : 재수사 결과서에 그 내용과 이유를 구체적으로 적어 검사에게 통보

② 검사는 사법경찰관이 제1항제2호에 따라 재수사 결과를 통보한 사건에 대해서 다시 재수사를 요청하거나 송치 요구를 할 수 없다. 다만, 검사는 사법경찰관이 사건을 송치하지 않은 위법 또는 부당이 시정되지 않아 사건을 송치받아 수사할 필요가 있는 다음 각 호의 경우에는 법 제

<u>197조의3에 따라 사건송치를 요구할 수 있다.</u>

1. 관련 법령 또는 법리에 위반된 경우
2. 범죄 혐의의 유무를 명확히 하기 위해 재수사를 요청한 사항에 관하여 그 이행이 이루어지지 않은 경우. 다만, 불송치 결정의 유지에 영향을 미치지 않음이 명백한 경우는 제외한다.
3. 송부받은 관계 서류 및 증거물과 재수사 결과만으로도 범죄의 혐의가 명백히 인정되는 경우
4. 공소시효 또는 형사소추의 요건을 판단하는 데 오류가 있는 경우

③ 검사는 제2항 각 호 외의 부분 단서에 따른 사건송치 요구 여부를 판단하기 위해 필요한 경우에는 사법경찰관에게 관계 서류와 증거물의 송부를 요청할 수 있다. 이 경우 요청을 받은 사법경찰관은 이에 협력해야 한다.

④ 검사는 재수사 결과를 통보받은 날(제3항에 따라 관계 서류와 증거물의 송부를 요청한 경우에는 관계 서류와 증거물을 송부받은 날을 말한다)부터 **30일** 이내에 제2항 각 호 외의 부분 단서에 따른 사건송치 요구를 해야 하고, 그 기간 내에 사건송치 요구를 하지 않을 경우에는 송부받은 관계 서류와 증거물을 사법경찰관에게 반환해야 한다.

수사첩보 수집 및 처리 규칙

[시행 2021. 9. 16.]

제2조(정의) 이 규칙에서 사용하는 용어의 정의는 다음과 같다.
1. 「수사첩보」라 함은 수사와 관련된 각종 보고자료로서 범죄첩보와 정책첩보를 말한다.
2. 「범죄첩보」라 함은 대상자, 혐의 내용, 증거자료 등이 특정된 입건 전 조사(이하 "조사"라 한다) 단서 자료와 범죄 관련 동향을 말하며, 전자를 범죄사건첩보, 후자를 범죄동향첩보라고 한다.
3. 「기획첩보」라 함은 일정기간 집중적으로 수집이 필요한 범죄첩보를 말한다.
4. 「정책첩보」라 함은 수사제도 및 형사정책 개선, 범죄예방 및 검거대책에 관한 자료를 말한다.
5. 「수사첩보분석시스템」이란 수사첩보의 수집, 작성, 평가, 배당 등 전 과정을 전산화한 다음 각 목의 시스템으로서 경찰청 범죄정보과(사이버수사기획과)에서 운영하는 것을 말한다.
    가. 수사국 범죄첩보분석시스템(Criminal Intelligence Analysis System)」
    나. 사이버수사국 사이버첩보관리시스템(Cyber Intelligence Management System)

제6조(제출방법)
① 경찰공무원은 수집한 수사첩보를 보고할 경우 수사첩보분석시스템을 통하여 작성 및 제출하여야 한다.

제7조(평가 및 기록관리 책임자)
① 평가 및 기록관리 책임자(이하 "평가 책임자"라 한다)는 다음과 같다.
1. 경찰청은 범죄정보(사이버수사기획)과장
2. 시·도경찰청 및 경찰서는 수사(사이버수사)과장, 형사과가 분리된 경우 형사과장
③ 평가 책임자는 제출된 수사첩보의 정확한 평가를 위하여 제출자에게 사실 확인을 요구할 수 있다.
④ 평가 책임자는 제출된 수사첩보의 내용이 부실하여 보충할 필요성이 있는 경우 제출자에게 보완을 요구할 수 있다.
⑤ 평가 책임자는 제출된 수사첩보를 비공개하여야 한다. 다만 범죄예방 및 검거 등 수사목적상 수사첩보 내용을 공유할 필요가 있다고 인정할 경우 수사첩보분석시스템상에서 공유하게 할 수 있다.

제8조(수사첩보 처리)
① 경찰공무원이 입수한 모든 수사첩보는 수사첩보분석시스템을 통하여 처리되어야 한다.
② 각급 경찰관서장(경찰청의 경우 국가수사본부장을 말한다)은 입수된 수사첩보를 신속하게 처리하도록 한다.

제9조(이송)

① 수집된 수사첩보는 수집관서에서 처리하는 것을 원칙으로 한다. 다만, 평가 책임자는 수사첩보에 대해 범죄지, 피조사자의 주소·거소 또는 현재지 중 어느 1개의 관할권도 없는 경우 이송할 수 있다.

② 전항과 같이 이송을 하는 수사첩보의 평가 및 처리는 이송 받은 관서의 평가 책임자가 담당한다.

제11조(평가) ① 범죄첩보의 평가결과 및 그 기준은 다음 각 호와 같다.

특보	가. 전국단위 기획수사에 활용될 수 있는 첩보 나. 2개 이상의 시·도경찰청과 연관된 중요 사건 첩보 등 경찰청에서 처리해야 할 첩보
중보	2개 이상 경찰서와 연관된 중요 사건 첩보 등 시·도경찰청 단위에서 처리해야 할 첩보
통보	경찰서 단위에서 조사할 가치가 있는 첩보
기록	조사할 정도는 아니나 추후 활용할 가치가 있는 첩보
참고	단순히 수사업무에 참고가 될 뿐 사용가치가 적은 첩보

제11조의2(수사첩보의 보존 및 폐기)

① 수사첩보 및 수사첩보 전산관리대장의 보존기간은 다음 각 호와 같다. 이 경우 보존기간의 기산일은 다음 해 1월 1일로 한다.

1. 수사첩보 : 2년
2. 수사첩보 전산관리대장 : 10년

② 보존기간이 경과한 수사첩보 및 수사첩보 전산관리대장은 매년 초 일괄 폐기하고, 로그기록을 보존하여야 한다.

제12조(포상) ① 수사첩보에 의해 사건해결 또는 중요범인을 검거하였을 경우 수사첩보 제출자를 사건을 해결한 자 또는 검거자와 동등하게 특별승진 또는 포상할 수 있다.

② 일정기간 동안 개인별로 수사첩보 성적을 평가하여 포상 및 특별승진 등 기준으로 사용할 수 있다.

③ 제출한 수사첩보에 의해 수사시책 개선발전에 기여한 자는 별도 포상한다.

④ 범죄정보과에서는 범죄첩보 마일리지 제도를 통해 별도 포상을 실시할 수 있다.

핵심포인트 196 수사실행 - 범죄 첩보 특징

시한성	범죄첩보는 **시간이 경과함에 따라** 그 가치가 감소한다.
가치변화성	범죄 첩보는 **수사기관의 필요성에 따라** 가치가 달라진다.
결합성	사건 첩보가 **다른 사건첩보와 결합**하여 범죄첩보가 된다.
결과지향성	범죄 첩보는 수사에 착수하여 사건으로서 **현출되는 결과**가 있어야 한다.
혼합성	범죄첩보는 그 속에 범죄의 **원인과 결과**를 내포하고 있다.

핵심포인트 197 사건 송치, 수사 종결 - 수법수사

	피해통보표	수법원지
작성시기	발생 시	검거 시
작성대상	미 검거 + 신원불상 → 범죄신고를 받았거나 또는 인지하였을 때에는 지체없이 전산입력하여야 한다.	구속피의자 + 재범우려 불구속피의자 ※ 구속 - 전산입력하여야 한다. ※ 불구속(재범우려) - 전산입력할 수 있다.
폐기사유	① 검거시 ② 사망시 ③ 입력 후 10년 경과시	① 사망시 ② 2건 이상 **중복**될 때 1건을 제외한 자료 ③ 80세 이상이 되었을 때
기타	① 피해통보표는 동일 수법범죄의 발생여부, 검거피의자의 여죄와 중요장물의 수배, 통보, 조회 등 수사자료로 활용한다. (**필적조회**× → **필적조회는 입력사항**×) ※ 피해통보표에 전산입력한 피해품은 장물수배로 본다. ② 수법원지의 범행사실을 단순히 요약하여 입력하지 말고 범행수법이나 범행수단, 목적물의 처분지 등이 부각되도록 자세히 입력한다.	

핵심포인트 198 변사자 검시

1. 검사와 사법경찰관의 상호협력과 일반적 수사준칙에 관한 규정

   > 제17조(변사자의 검시 등)
   > ① 사법경찰관은 변사자 또는 변사한 것으로 의심되는 사체가 있으면 변사사건 발생사실을 **검사에게 통보해야 한다.**
   > ③ 사법경찰관은 법 제222조제1항 및 제3항에 따라 검시를 했을 경우에는 검시조서를, 검증영장이나 같은 조 제2항 및 제3항에 따라 검증을 했을 경우에는 **검증조서를 각각 작성하여 검사에게 송부해야 한다.**

2. 경찰수사규칙

   > 제27조(변사자의 검시·검증)
   > ① 사법경찰관은 법 제222조제1항 및 제3항에 따라 검시를 하는 경우에는 **의사를 참여**시켜야 하며, 그 의사로 하여금 **검안서**를 작성하게 해야 한다. 이 경우 사법경찰관은 **검시 조사관을 참여시킬 수 있다.**

   > 제30조(검시와 참여자)
   > 사법경찰관리는 검시에 특별한 지장이 없다고 인정하면 변사자의 가족·친족, 이웃사람·친구, 시·군·구·읍·면·동의 공무원이나 그 밖에 필요하다고 인정하는 사람을 검시에 **참여시켜야 한다.**

제31조(사체의 인도)
① 사법경찰관은 변사자에 대한 검시 또는 검증이 종료된 때에는 사체를 소지품 등과 함께 신속히 **유족 등에게 인도**한다. 다만, 사체를 인수할 사람이 없거나 변사자의 **신원이 판명되지 않은 경우에는** 사체가 현존하는 지역의 특별자치시장·특별자치도지사·시장·군수 또는 자치구의 구청장에게 **인도해야 한다.**
② 제1항 본문에서 검시 또는 검증이 종료된 때는 다음 각 호의 구분에 따른 때를 말한다.

검시가 종료된 때	가. 수사준칙 제17조제2항에 따라 검사가 사법경찰관에게 검시조서를 송부한 때 나. 수사준칙 제17조제3항에 따라 사법경찰관이 검사에게 검시조서를 송부한 이후 검사가 의견을 제시한 때
검증이 종료된 때	부검이 종료된 때

3. 범죄수사규칙

제56조(변사사건 발생보고)
경찰관은 변사자 또는 변사로 의심되는 시체를 발견하거나 시체가 있다는 신고를 받았을 때에는 즉시 **소속 경찰관서장에게 보고하여야 한다.**

제57조(변사자의 검시)
① 「경찰수사규칙」 제27조제1항에 따라 검시에 참여한 **검시조사관**은 별지 제15호서식의 변사자조사결과보고서를 작성하여야 한다.
② 경찰관은 「형사소송법」 제222조제1항 및 제3항에 따라 검시를 한 때에는 의사의 검안서, 촬영한 사진 등을 검시조서에 첨부하여야 하며, 변사자의 가족, 친족, 이웃사람, 관계자 등의 진술조서를 작성한 때에는 그 조서도 첨부하여야 한다.
③ 경찰관은 검시를 한 경우에 범죄로 인한 사망이라 인식한 때에는 **신속하게 수사**를 개시하고 **소속 경찰관서장에게 보고하여야 한다.**

제59조(시체의 인도)
① 「경찰수사규칙」 제31조제1항에 따라 시체를 인도하였을 때에는 인수자에게 별지 제16호서식의 검시필증을 교부해야 한다.
② 변사체는 후일을 위하여 **매장함을 원칙**으로 한다.

제1편 핵심 총정리

핵심포인트 199 체포·구속(제200조의2, 3, 제201조)

구분	체포			구속
	영장에 의한 체포	긴급체포	현행범인체포	
요건	① 혐의의 상당성 ② 체포 불응 ③ 체포의 필요성 ④ 경미범죄의 제한	① 혐의의 상당성 ② 체포의 긴급성 ③ 범죄의 중대성 ④ 체포의 필요성	① (준)현행범인 ② 범인의 명백성 ③ 행위의 가벌성 ④ 체포의 필요성 ⑤ 경미범죄의 제한(주거부정)	① 혐의의 상당성 ② 구속사유 ③ 경미범죄의 제한(주거부정)
절차	체포영장 제시	긴급체포서 작성 긴급체포 승인 요청	현행범인체포서 작성	구속영장의 제시
재체포, 재구속	가능	영장없이 불가		다른 중요한 증거를 발견한 경우만
기간	체포한 때부터 48시간이내	지체없이 (체포한 때부터 48시간내)	체포한 때부터 48시간이내	경찰 10일 검찰 10일 (판사 허가 받아 10일 연장가능)

핵심포인트 200 디지털 증거의 처리 등에 관한 규칙

제5조(디지털 증거 처리의 원칙)
① 디지털 증거는 수집 시부터 수사 종결 시까지 변경 또는 훼손되지 않아야 하며, 정보저장매체등에 저장된 전자정보와 **동일성이 유지되어야 한다.**
② 디지털 증거 처리의 각 단계에서 업무처리자 변동 등의 이력이 관리되어야 한다.

제12조(압수·수색·검증영장의 신청)
① 경찰관은 압수·수색·검증영장을 신청하는 때에는 **전자정보와 정보저장매체등을 구분**하여 판단하여야 한다.

제14조(전자정보 압수·수색·검증의 집행)
① 경찰관은 압수·수색·검증 현장에서 전자정보를 압수하는 경우에는 범죄 혐의사실과 관련된 전자정보에 한하여 문서로 출력하거나 휴대한 정보저장매체에 해당 전자정보만을 복제하는 방식(이하 "**선별압수**"라 한다)으로 하여야 한다. 이 경우 해시값 확인 등 디지털 증거의 동일성, 무결성을 담보할 수 있는 적절한 방법과 조치를 취하여야 한다.

제15조(복제본의 획득·반출)
① 경찰관은 다음 각 호의 사유로 인해 압수·수색·검증 현장에서 제14조제1항 전단에 따라 선별압수하는 방법이 불가능하거나 압수의 목적을 달성하기에 현저히 곤란한 경우에는 **복제본을 획득하여 외부로 반출한 후 전자정보의 압수·수색·검증을 진행할 수 있다.**

> 1. 피압수자 등이 협조하지 않거나, 협조를 기대할 수 없는 경우
> 2. 혐의사실과 관련될 개연성이 있는 전자정보가 삭제·폐기된 정황이 발견되는 경우
> 3. 출력·복제에 의한 집행이 피압수자 등의 영업활동이나 사생활의 평온을 침해한다는 이유로 피압수자 등이 요청하는 경우
> 4. 그 밖에 위 각 호에 준하는 경우

제16조(정보저장매체등 원본 반출)
① 경찰관은 압수·수색·검증현장에서 다음 각 호의 사유로 인해 제15조제1항에 따라 복제본을 획득·반출하는 방법이 불가능하거나 압수의 목적을 달성하기에 현저히 곤란한 경우에는 정보저장매체등 **원본을 외부로 반출한 후 전자정보의 압수·수색·검증을 진행할 수 있다.**

> 1. 영장 집행현장에서 하드카피·이미징 등 복제본 획득이 물리적·기술적으로 불가능하거나 극히 곤란한 경우
> 2. 하드카피·이미징에 의한 집행이 피압수자 등의 영업활동이나 사생활의 평온을 침해한다는 이유로 피압수자 등이 요청하는 경우
> 3. 그 밖에 위 각 호에 준하는 경우

제17조(현장 외 압수 시 참여 보장절차)

① 경찰관은 제15조 또는 제16조에 따라 복제본 또는 정보저장매체등 원본을 반출하여 **현장 이외의 장소에서** 전자정보의 압수·수색·검증을 계속하는 경우(**현장 외 압수**) **피압수자 등에게 현장 외 압수 일시와 장소를 통지하여야 한다.** 다만, 제15조제2항 또는 제16조제2항에 따라 참여할 수 있음을 고지받은 자가 참여하지 아니한다는 의사를 명시한 때 또는 참여가 불가능하거나 급속을 요하는 때에는 예외로 한다.

③ 제1항 전단에 따른 통지를 받은 피압수자 등은 <u>현장 외 압수 일시의 변경을 요청할 수 있다.</u>

제20조(별건 혐의와 관련된 전자정보의 압수)

경찰관은 제14조부터 제17조, 제19조까지의 규정에 따라 혐의사실과 관련된 전자정보를 탐색하는 과정에서 별도의 범죄 혐의(이하 "별건 혐의"라 한다)를 발견한 경우 별건 혐의와 관련된 추가 탐색을 중단하여야 한다. 다만, 별건 혐의에 대해 별도 수사가 필요한 경우에는 압수·수색·검증영장을 별도로 신청·집행하여야 한다.

제21조(정보저장매체 자체의 압수·수색·검증 종료 후 전자정보 압수)

경찰관은 저장된 전자정보와의 관련성 없이 범행의 도구로 사용 또는 제공된 정보저장매체 자체를 압수한 이후에 전자정보에 대한 압수·수색·검증이 필요한 경우 <u>해당 전자정보에 대해 압수·수색·검증영장을 별도로 신청·집행하여야 한다.</u>

제22조(임의제출)

① 전자정보의 소유자, 소지자 또는 보관자가 임의로 제출한 전자정보의 압수에 관하여는 제13조부터 제20조까지의 규정을 준용한다. 다만, 별지 제1호서식의 전자정보확인서는 별지 제2호서식의 전자정보확인서(간이)로 대체할 수 있다.

③ 경찰관은 정보저장매체등을 임의로 제출 받아 압수하는 경우에는 <u>피압수자의 자필서명으로 그 임의제출 의사를 확인하고, 제출된 전자정보가 증거로 사용될 수 있음을 설명하고 제출받아야 한다.</u>

핵심포인트 201 시체 현상 - 초기현상

체온냉각	㉠ 체온은 항문에 검온기를 삽입하여 곧창자 내 온도를 측정한다. ㉡ **남자가** 여자보다, **마른사람이** 비만사람보다, **소아·노인이** 젊은 사람보다 체온하강이 **빠르다.** ㉢ 환경 : **습도가 낮을수록, 통풍이 좋을수록** 체온하강이 빠르다. ㉣ 사후 **10시간 이내에는 시간당 1도씩**, 그 후에는 05~0.25도씩 하강한다.
시체건조	피부에 대한 수분보충이 정지되어 건조화 된다. 사망 후 피부 표피에 노출이 되어 있는 부분은 건조화가 빠르게 진행한다.
각막의 혼탁	사후 **12시간 전후에** 흐려지며, 24시간이상 되면 현저히 흐려지고, 48시간 이상 이면 불투명해진다.
시체얼룩	㉠ 적혈구의 자체중량에 의한 혈액침전현상으로 중력현상과 관련해 **시체의 아래부위에** 피부가 암갈색으로 변한다. → 주위온도가 높을수록, 급사나 질식사의 경우 빠르게 형성된다. ㉡ 사후 30분~1시간 경과 후부터 발생, 사후 2~3시간 후에는 현저해진다. 이동성(사후 4~5시간), 침윤성(사후 10시간 이후)
시체굳음	㉠ Nysten 법칙 : 턱 → 어깨 → 팔, 다리 → 손가락, 발가락 순 ㉡ **사후 2~3 시간** 경과후부터 시작하여, 약 **12시간** 후면 전신이 굳는다.
피부색	선홍색 : **익사,** 일산화탄소 중독사, 저체온사, **청산가리(사인화칼륨) 중독사** 암갈색 : **염소산칼륨** 중독사, 아질산소다 중독사 녹갈색 : **황화수소가스** 중독사

핵심포인트 202 시체 후기현상 (미.시.부.자.백)

미라화	고온, 건조한 곳에서 시체의 **건조가 부패, 분해보다 빠를 때** 생기는 현상이다.
시체밀랍	화학적 분해에 의해 **고체형태의 지방산 또는 그 화합물로 변화**한 상태이다. → **수분이 많은 곳**에서 형성된다.
부패	**부패균**에 의해 일어나는 **질소화합물의 분해**이다. → 부패의 3조건 : 공기유통, 온도(20~23도), 습도(60~65%)일 때 잘 진행된다.
자가용해	사후 미생물 활동관여 없이도으로 **체내에 있는 각종 분해효소**가 작용한다.
백골화	부패가 진행되어 **뼈만 남아 있는** 상태이다. → 소아 시체는 사후 4~5년, 성인시체는 사후 7~10년 후

핵심포인트 **203 통신수사(통신비밀보호법)**

	통신제한조치	통신사실확인자료	통신자료
근거	통신비밀보호법	통신비밀보호법	전기통신사업법
성격	강제수사	강제수사	임의수사
대상	① 280개 대상범죄 ② **통화내용** : 우편물의 검열과 전기통신의 감청(송수신방해 포함)	① 모든 범죄 ② **통화내역** ③ 통신일시, 시간, 상대방 가입자번호, 사용도수, 로그기록자료, 접속지 추적자료, 접속 위치추적자료	① 모든 범죄 ② **이용자 인적사항** (성명, 주민번호, 전화번호, 주소, 아이디, 가입일/해지일) ③ 특정시간, 특정(유동)IP 사용자 정보
절차	① 법원의 허가 ② 사후통지의무		① 경찰서장 명의 협조공문 ② 사후통지의무 ×

핵심포인트 **204 통신제한 조치**

범죄수사를 위한 통신제한 조치	① **사법경찰관**은 요건이 구비된 경우에는 검사에 대하여 **각 피의자별 또는 각 피내사자별**로 통신제한조치에 대한 **허가를 신청**하고, **검사는** 법원에 대하여 그 허가를 **청구**할 수 있다. ② 통신제한조치의 기간은 **2개월을 초과하지 못하고**, 그 기간 중 통신제한조치의 목적이 달성되었을 경우에는 즉시 종료하여야 한다. → 허가요건이 존속하는 경우에는 소명자료를 첨부하여 **2개월의 범위**에서 통신제한조치기간의 **연장을 청구할 수 있다.** ③ 검사 또는 사법경찰관이 통신제한조치의 연장을 청구하는 경우에 통신제한조치의 **총 연장기간은 1년을 초과할 수 없다.** → **안보범죄** 관련의 경우에는 통신제한조치의 총 연장기간이 **3년을 초과할 수 없다.**
국가안보를 위한 통신제한 조치	① 주체 : **정보수사기관장** ② 허가 | 일방 또는 쌍방당사자가 내국인인 때 | **고등법원 수석판사의 허가** | |---|---| | 외국의 기관·단체와 외국인등 | **서면으로 대통령의 승인** | ③ 통신제한조치의 기간은 **4월을 초과하지 못하고**, 그 기간중 통신제한조치의 목적이 달성되었을 경우에는 즉시 종료하여야 한다. → 요건이 존속하는 경우에는 소명자료를 첨부하여 **고등법원 수석판사**

	의 허가 또는 대통령의 승인을 얻어 4월의 범위 이내에서 통신제한조치의 기간을 연장할 수 있다.
긴급통신 제한조치	① 검사, 사법경찰관 또는 정보수사기관의 장은 국가안보를 위협하는 음모행위, 직접적인 사망이나 심각한 상해의 위험을 야기할 수 있는 범죄 또는 조직범죄등 중대한 범죄의 계획이나 실행 등 긴박한 상황에 있고 규정에 의한 절차를 거칠 수 없는 긴급한 사유가 있는 때에는 **법원의 허가 없이 통신제한조치를 할 수 있다.** ③ 사법경찰관이 긴급통신제한조치를 할 경우에는 **미리 검사의 지휘**를 받아야 한다. → 다만, 특히 급속을 요하여 미리 지휘를 받을 수 없는 사유가 있는 경우에는 긴급통신제한조치의 **집행착수후 지체없이 검사의 승인**을 얻어야 한다. ④ 검사, 사법경찰관 또는 정보수사기관의 장은 긴급통신제한조치의 집행에 착수한 때부터 **36시간 이내에 법원의 허가**를 받지 못한 경우에는 해당 조치를 **즉시 중지**하고 해당 조치로 취득한 자료를 폐기하여야 한다. ⑥ 정보수사기관의 장은 통신제한조치의 집행에 착수한 후 지체 없이 **대통령의 승인**을 얻어야 한다. ⑦ 정보수사기관의 장은 통신제한조치의 집행에 착수한 때부터 **36시간 이내**에 대통령의 승인을 얻지 못한 경우에는 해당 조치를 즉시 중지하고 해당 조치로 취득한 자료를 **폐기하여야 한다.**

핵심포인트 205 통신제한조치로 취득한 자료의 사용제한 (수.예.징.해.다)

1. 통신제한조치의 목적이 된 제5조제1항에 규정된 범죄나 이와 관련되는 범죄를 **수사·소추**하거나 그 **범죄를 예방**하기 위하여 사용하는 경우
2. 제1호의 범죄로 인한 **징계절차에 사용**하는 경우
3. 통신의 당사자가 제기하는 **손해배상소송**에서 사용하는 경우
4. 기타 **다른 법률의 규정**에 의하여 사용하는 경우

핵심포인트 206 범죄수사를 위한 통신사실 확인자료제공의 절차

① 검사 또는 사법경찰관은 **수사 또는 형의 집행을 위하여** 필요한 경우 전기통신사업법에 의한 전기통신사업자에게 통신사실 확인자료의 열람이나 제출(**통신사실 확인자료제공**)을 요청할 수 있다.

② 검사 또는 사법경찰관은 제1항에도 불구하고 수사를 위하여 통신사실확인자료 중 **다음 각 호의 어느 하나에 해당하는 자료가** 필요한 경우에는 **다른 방법으로는 범죄의 실행을 저지하기 어렵거나 범인의 발견·확보 또는 증거의 수집·보전이 어려운 경우에만** 전기통신사업자에게 해당 자료의 열람이나 제출을 요청할 수 있다.

> 1. 제2조제11호바목·사목 중 **실시간 추적자료**
>
>> 바. 정보통신망에 접속된 정보통신기기의 위치를 확인할 수 있는 **발신기지국의 위치추적자료**
>> 사. 컴퓨터통신 또는 인터넷의 사용자가 정보통신망에 접속하기 위하여 사용하는 정보통신기기의 위치를 확인할 수 있는 **접속지의 추적자료**
>
> 2. **특정한 기지국에 대한 통신사실확인자료**

③ 제1항 및 제2항에 따라 통신사실 확인자료제공을 요청하는 경우에는 **요청사유, 해당 가입자와의 연관성 및 필요한 자료의 범위를 기록한 서면으로** 관할 지방법원(군사법원을 포함한다.) 또는 지원의 **허가를 받아야 한다.**
다만, 관할 지방법원 또는 지원의 허가를 받을 수 없는 긴급한 사유가 있는 때에는 통신사실 확인자료제공을 **요청한 후 지체 없이 그 허가를 받아 전기통신사업자에게 송부하여야** 한다.

④ 제3항 단서에 따라 긴급한 사유로 통신사실확인자료를 제공받았으나 지방법원 또는 지원의 **허가를 받지 못한 경우에는** 지체 없이 제공받은 **통신사실확인자료를 폐기하여야 한다.**

⑦ 전기통신사업자는 검사, 사법경찰관 또는 정보수사기관의 장에게 통신사실 확인자료를 제공한 때에는 자료제공현황 등을 **연 2회 과학기술정보통신부장관에게 보고**하고, 해당 통신사실 확인자료 제공사실등 필요한 사항을 기재한 대장과 통신사실 확인자료제공요청서등 관련자료를 통신사실확인자료를 제공한 날부터 **7년간 비치하여야 한다.**

핵심포인트 207 통신비밀보호법

제9조(통신제한조치의 집행)
② 통신제한조치의 집행을 위탁하거나 집행에 관한 협조를 요청하는 자는 통신기관등에 통신제한조치허가서또는 긴급감청서등의 표지의 사본을 교부하여야 하며, 이를 위탁받거나 이에 관한 협조요청을 받은 자는 통신제한조치허가서 또는 긴급감청서등의 표지 사본을 대통령령이 정하는 기간동안 보존하여야 한다.

① 제12조·제13조 및 제16조에 따라 체신관서등에 제출하는 통신제한조치허가서 또는 긴급감청서등의 표지 사본에는 통신제한조치의 종류·대상·범위·기간·집행장소 및 방법 등을 표시하여야 한다.
② 통신제한조치허가서 또는 긴급감청서등의 표지 사본의 보존기간 및 법 제9조제3항에 따른 대장의 비치기간은 3년으로 한다.
→ 「보안업무규정」에 따라 비밀로 분류된 경우에는 그 보존 또는 비치기간은 그 비밀의 보호기간으로 한다.

제9조의2(통신제한조치의 집행에 관한 통지)
① 검사는 통신제한조치를 집행한 사건에 관하여 공소를 제기하거나, 공소의 제기 또는 입건을 하지 아니하는 처분(기소중지결정, 참고인중지결정을 제외한다)을 한 때에는 그 처분을 한 날부터 30일 이내에 우편물 검열의 경우에는 그 대상자에게, 감청의 경우에는 그 대상이 된 전기통신의 가입자에게 통신제한조치를 집행한 사실과 집행기관 및 그 기간 등을 서면으로 통지하여야 한다.

② 사법경찰관은 통신제한조치를 집행한 사건에 관하여 검사로부터 공소를 제기하거나 제기하지 아니하는 처분(기소중지 또는 참고인중지 결정은 제외한다)의 통보를 받거나 검찰송치를 하지 아니하는 처분(수사중지 결정은 제외한다) 또는 내사사건에 관하여 입건하지 아니하는 처분을 한 때에는 그 날부터 30일 이내에 우편물 검열의 경우에는 그 대상자에게, 감청의 경우에는 그 대상이 된 전기통신의 가입자에게 통신제한조치를 집행한 사실과 집행기관 및 그 기간 등을 서면으로 통지하여야 한다.

④ 다음 각호에 해당하는 사유가 있는 때에는 그 사유가 해소될 때까지 통지를 유예할 수 있다.

1. 통신제한조치를 통지할 경우 국가의 안전보장·공공의 안녕질서를 위태롭게 할 현저한 우려가 있는 때
2. 통신제한조치를 통지할 경우 사람의 생명·신체에 중대한 위험을 초래할 염려가 현저한 때

⑤ 검사 또는 사법경찰관은 제4항에 따라 통지를 유예하려는 경우에는 소명자료를 첨부하여 미리 관할지방검찰청검사장의 승인을 받아야 한다.
⑥ 검사, 사법경찰관 또는 정보수사기관의 장은 제4항 각호의 사유가 해소된 때에는 그 사유가

해소된 날부터 30일 이내에 제1항 내지 제3항의 규정에 의한 통지를 하여야 한다.

제13조의3(범죄수사를 위한 통신사실 확인자료제공의 통지)
① 통신사실 확인자료제공을 받은 사실과 제공요청기관 및 그 기간 등을 통신사실 확인자료제공의 대상이 된 당사자에게 서면으로 통지하여야 한다.

> 1. 공소를 제기하거나, 공소제기·검찰송치를 하지 아니하는 처분(기소중지·참고인중지 또는 수사중지 결정은 제외한다) 또는 입건을 하지 아니하는 처분을 한 경우: <u>그 처분을 한 날부터 30일 이내.</u> 다만, 다음 각 목의 어느 하나에 해당하는 경우 그 통보를 받은 날부터 30일 이내
>
> 2. 기소중지·참고인중지 또는 수사중지 결정을 한 경우: <u>그 결정을 한 날부터 1년(제6조제8항 각 호의 어느 하나에 해당하는 범죄인 경우에는 3년)이 경과한 때부터 30일 이내.</u> 다만, 다음 각 목의 어느 하나에 해당하는 경우 그 통보를 받은 날로부터 1년(제6조제8항 각 호의 어느 하나에 해당하는 범죄인 경우에는 3년)이 경과한 때부터 30일 이내
>
> 3. <u>수사가 진행 중인 경우</u> : 통신사실 확인자료제공을 받은 날부터 <u>1년(제6조제8항 각 호의 어느 하나에 해당하는 범죄인 경우에는 3년)이 경과한 때부터 30일 이내</u>

② 제1항제2호 및 제3호에도 불구하고 다음 각 호의 어느 하나에 해당하는 사유가 있는 경우에는 그 사유가 해소될 때까지 같은 항에 따른 통지를 유예할 수 있다.

> 1. 국가의 안전보장, 공공의 안녕질서를 위태롭게 할 우려가 있는 경우
> 2. 피해자 또는 그 밖의 사건관계인의 생명이나 신체의 안전을 위협할 우려가 있는 경우
> 3. 증거인멸, 도주, 증인 위협 등 공정한 사법절차의 진행을 방해할 우려가 있는 경우
> 4. 피의자, 피해자 또는 그 밖의 사건관계인의 명예나 사생활을 침해할 우려가 있는 경우

④ 검사 또는 사법경찰관은 제2항 각 호의 사유가 해소된 때에는 그 날부터 <u>30일 이내</u>에 제1항에 따른 통지를 하여야 한다.

핵심포인트 208 경찰수사사건등의 공보에 관한 규칙

1. 수사사건등의 **공개금지 원칙**
2. 예외적인 공개

> 1. 범죄유형과 수법을 국민들에게 알려 유사한 범죄의 **재발을 방지할 필요가 있는 경우**
> 2. 신속한 범인의 검거 등 인적·물적 증거의 확보를 위하여 국민들에게 정보를 제공받는 등 범죄수사규칙 제101조부터 제103조에 따라 **협조를 구할 필요가 있는 경우 (공개수배)**
> 3. 공공의 안전에 대한 급박한 위험이나 범죄로 인한 피해의 급속한 확산을 방지하기 위하여 **대응조치 등을** 국민들에게 즉시 알려야 할 필요가 있는 경우
> 4. 오보 또는 추측성 보도로 인하여 사건관계인의 인권이 침해되거나 수사에 관한 사무에 종사하는 경찰공무원(수사업무 종사자)의 업무에 지장을 초래할 것이 명백하여 **신속·정확하게 사실관계를 바로 잡을 필요가 있는 경우**

3. 익명 사용의 원칙
 사건관계인을 지칭할 때에는 'A○○', 'B주식회사'와 같은 방식으로 표기하며, 실명을 추단할 수 있는 표현을 함께 사용해서는 안 된다.

4. 예외적인 공개의 범위

> 1. 제5조제1항제1호, 제3호에 해당하는 경우
> 가. 이미 발생하였거나 발생이 예상되는 범죄의 유형과 수법, 사건내용이나 혐의사실 또는 위험이나 범죄피해의 내용
> 나. 공공의 안전에 대한 급박한 위험이나 범죄피해의 급속한 확산을 방지하기 위한 대응조치의 내용(압수·수색, 체포·구속, 위험물의 폐기 등을 포함한다)
> 2. 제5조제1항제2호의 공개수배에 해당하는 경우
> 가. 피의자의 실명, 얼굴, 나이, 직업, 신체의 특징 등 신상에 관한 정보
> 나. 신속한 범인의 검거 또는 중요한 증거 발견을 위하여 공개가 필요한 범위 내의 혐의사실, 범행수단, 증거물
> 3. 제5조제1항제4호에 해당하는 경우 오보 또는 추측성 보도의 내용에 대응하여 그 진위 여부를 밝히는 데 필요한 범위 내의 혐의사실, 수사경위·상황 등 사실관계

5. 공보의 방식
① 수사사건등에 대한 공보는 **서면으로 하여야 한다.**
② 공보책임자는 다음 각 호의 어느 하나의 사유에 해당하는 경우에는 **브리핑 또는 인터뷰 방식으로** 수사사건등을 공보할 수 있다.

핵심포인트 209 특정중대범죄 피의자 등 신상정보 공개에 관한 법률

피의자의 신상정보 공개(제4조)
① 검사와 사법경찰관은 다음 각 호의 요건을 모두 갖춘 특정중대범죄사건의 피의자의 얼굴, 성명 및 나이(신상정보)를 공개할 수 있다. (잔.충.공)
→ 다만, 피의자가 **미성년자인 경우에는 공개하지 아니한다.**

1. 범행수단이 **잔인하고 중대한 피해가** 발생하였을 것(제2조제3호부터 제6호까지의 죄에 한정한다)

   3. 「형법」 제119조(폭발물 사용)의 죄
   4. 「형법」 제164조(현주건조물 등 방화)제2항의 죄
   5. 「형법」 제2편제25장 상해와 폭행의 죄 중 제258조(중상해, 존속중상해), 제258조의2(특수상해), 제259조(상해치사) 및 제262조(폭행치사상)의 죄. 다만, 제262조(폭행치사상)의 죄의 경우 중상해 또는 사망에 이른 경우에 한정한다.
   6. 「특정강력범죄의 처벌에 관한 특례법」 제2조의 특정강력범죄

2. 피의자가 그 죄를 범하였다고 믿을 만한 **충분한 증거가 있을 것**
3. 국민의 알권리 보장, 피의자의 재범 방지 및 범죄예방 등 **오로지 공공의 이익을 위하여 필요할 것**

④ 공개하는 피의자의 얼굴은 특별한 사정이 없으면 **공개 결정일 전후 30일 이내의 모습으로 한다.** 이 경우 검사와 사법경찰관은 다른 법령에 따라 적법하게 수집·보관하고 있는 사진, 영상물 등이 있는 때에는 이를 활용하여 공개할 수 있다.
⑤ 검사와 사법경찰관은 피의자의 얼굴을 공개하기 위하여 필요한 경우 피의자를 식별할 수 있도록 피의자의 얼굴을 촬영할 수 있다. 이 경우 **피의자는 이에 따라야 한다.**
⑥ 검사와 사법경찰관은 피의자의 신상정보 공개를 결정하기 전에 **피의자에게 의견을 진술할 기회를 주어야 한다.** 다만, 신상정보공개심의위원회에서 피의자의 의견을 청취한 경우에는 이를 **생략할 수 있다.**
⑦ 검사와 사법경찰관은 피의자에게 신상정보 공개를 통지한 날부터 **5일 이상의 유예기간**을 두고 신상정보를 공개하여야 한다. 다만, 피의자가 신상정보 공개 결정에 대하여 서면으로 이의 없음을 표시한 때에는 유예기간을 두지 아니할 수 있다.
⑧ 검사와 사법경찰관은 정보통신망을 이용하여 **그 신상정보를 30일간 공개한다.**

핵심포인트 210 범죄수법공조자료관리규칙

제3조 수법원지 전산입력

① **경찰서장**은 다음 각 호에 해당하는 피의자를 **검거하였거나 인도받아 조사하여 구속 송치할 때**에는 제2조제3호의 "수법·수배·피해통보 전산자료 입력코드번호부"에 규정된 내용에 따라 경찰시스템을 활용하여 **수법원지를 전산입력하여 경찰청장에게 전산송부하여야 한다.** 다만 불구속 피의자도 재범의 우려가 있다고 인정되는 자에 대하여는 **전산입력 할 수 있다.**

> 1. 강도 2. 절도 3. 사기 4. 위조·변조(통화, 유가증권, 우편, 인지, 문서, 인장)
> 5. 약취·유인 6. 공갈 7. 방화 8. 강간 9. 제1호 내지 제8호중 특별법에 위반하는 죄
> 10. 장물

② 제1항의 피의자가 여죄가 있고 그것이 범죄수법 소분류가 각각 상이한 유형의 수법일 때에는 **그 수법마다 수법원지를 전산입력하여야 한다.**
③ 수법원지는 해당 범인을 **수사하거나 조사 송치하는 경찰공무원이 직접 전산입력하여야 한다.**
④ 사건 담당과장은 사건송치기록 검토 후 수법원지 입력누락 여부 및 입력된 수법원지 내용의 오류나 입력사항 누락 여부를 검토하여 수정하고 경찰시스템에서 승인하여야 한다.

제7조 피해통보표의 전산입력

① 경찰서장은 제3조제1항 각 호에 해당하는 범죄의 **신고를 받았거나 또는 인지하였을 때**에는 지체없이 제2조제3호의 "수법·수배·피해통보 전산자료 입력코드번호부"에 수록된 내용에 따라 경찰시스템을 활용하여 피해통보표를 전산입력하여 경찰청장에게 전산송부하여야 한다.
   → 다만 당해 **범죄의 피의자가 즉시 검거되었거나 피의자의 성명·생년월일·소재 등 정확한 신원이 판명된 경우에는 그러하지 아니한다.**
② 피해통보표는 반드시 **당해 사건을 담당하는 수사경찰관이 전산입력하여야 한다.**

→ 피해통보표에 전산입력한 피해품은 **장물수배로 본다.**

제12조(수법원지 및 피해통보표의 삭제)

① **수법원지**가 다음 각 호에 해당할 때에는 전산자료를 **삭제하여야 한다.** (사.80.중)

> 1. 피작성자가 **사망**하였을 때
> 2. 피작성자가 **80세 이상**이 되었을 때
> 3. 작성자의 수법분류번호가 동일한 원지가 **2건 이상 중복될 때 1건을 제외한 자료**

② **피해통보표가** 다음 각 호에 해당할 때에는 전산자료를 삭제하여야 한다. (검.사.10)

> 1. 피의자가 **검거**되었을 때
> 2. 피의자가 **사망**하였을 때
> 3. 피해통보표 전산입력 후 **10년이 경과**하였을 때

핵심포인트 211 유류품 수사

동일성	① 유류품과 범행과의 관계(**유류품이 범행에 사용된 것인가**) ② 물건의 존재의 경과가 명확할 것, 물건의 특징이 합치될 것, 유류상황과 진술이 합치될 것, 흉기등의 경우 상해부위와 합치될 것
관련성	① 유류품과 범인과의 관계(**유류품이 범인의 물건이 확실한가**) ② 범인이 유류품 및 그의 일부라고 인정할 만한 것과 동종의 물건을 소유하거나 휴대하고 있었을 것, 유류품에 존재하는 사용버릇을 가지고 있는 인물일 것
기회성	① 유류품과 범행현장과의 관계(**범인이 현장에 유류할 기회가 있었는가**) ② 범인이 현장에 갈 수 있었을 것, 유류의 기회가 있었을 것, 범인이 범행시각에 근접하여 현장이나 그 부근에 있었을 것
완전성	① 유류품과 범행시의 관계(유류품이 **범행시와 동일한 상태로 보전되어 있는가**) ② 유류품이 범행시와 같은 성질을 가지고 있을 것, 인수관계의 경과에 대하여 명확히 할 것

핵심포인트 212 장물수배서

특별 중요 장물수배서	수사본부를 설치하고 수사하고 있는 사건에 관하여 발하는 경우의 장물수배서	홍색
중요 장물수배서	수사본부를 설치하고 수사하고 있는 **사건 이외의 중요한 사건**에 관하여 발하는 경우의 장물수배서	청색
보통 장물수배서	그 밖의 사건에 관하여 발하는 경우의 장물수배서	백색

핵심포인트 213 지명수배자 소재 발견시 조치

경찰수사규칙 제46조(지명수배자 발견 시 조치)
① 사법경찰관리는 제45조제1항에 따라 지명수배된 사람(지명수배자)을 발견한 때에는 **체포영장 또는 구속영장을 제시**하고, 수사준칙 제32조제1항에 따라 **권리 등을 고지한 후** 체포 또는 구속하며 별지 제36호서식의 권리 고지 확인서를 받아야 한다.
다만, 체포영장 또는 구속영장을 소지하지 않은 경우 긴급하게 필요하면 지명수배자에게 영장이 발부되었음을 고지한 후 체포 또는 구속할 수 있으며 **사후에 지체 없이 그 영장을 제시해야** 한다.

범죄수사규칙 제98조(지명수배된 사람 발견 시 조치)
① 경찰관은 「경찰수사규칙」 제46조제1항에 따라 지명수배자를 체포 또는 구속하고, **지명수배한 경찰관서(수배관서)에 인계하여야 한다.**
② **도서지역에서 지명수배자가 발견된 경우**에는 지명수배자 등이 발견된 관할 경찰관서(이하 "발견관서"라 한다)의 경찰관은 지명수배자의 소재를 계속 확인하고, **수배관서와 협조하여 검거 시기를 정함으로써** 검거 후 구속영장청구시한(체포한 때부터 48시간)이 경과되지 않도록 하여야 한다.

④ 검거된 지명수배자를 **인수한 수배관서의 경찰관은 24시간 내에** 「형사소송법」제200조의6 또는 제209조에서 준용하는 법 제87조 및 「수사준칙」 제33조제1항에 따라 체포 또는 구속의 **통지를 하여야 한다.**
다만, 지명수배자를 **수배관서가 위치하는 특별시, 광역시, 도 이외의 지역에서 지명수배자를 검거한 경우에는** 지명수배자를 검거한 경찰관서(검거관서)에서 통지를 하여야 한다.

핵심포인트 214 지명수배자 인계순위 (3.공.중.동.인)

1. **공소시효 만료 3개월 이내**이거나 **공범**에 대한 수사 또는 재판이 진행 중인 수배관서
2. 법정형이 **중한 죄명으로** 지명수배한 수배관서
3. 검거관서와 **동일한 지방검찰청 또는 지청의 관할구역**에 있는 수배관서
4. 검거관서와 거리 또는 교통상 **가장 인접한 수배관서**

핵심포인트 215 중요지명피의자 종합 공개 수배 (범죄수사규칙제101조)

① 시·도경찰청장은 지명수배·지명통보 한 후, **6월 경과하여도 검거하지 못한 자들 중** 중요지명피의자를 **매년 5월과 11월 연 2회** 선정하여 국가수사본부장에게 종합공개수배 대상자 **보고하여야 한다.**
② **국가수사본부장은** 공개수배위원회 개최하여 대상자를 선정하고 **매년 6월과 12월** 중요지명피의자 종합 공개수배 전단을 작성하여 게시하는 방법으로 **공개수배한다.**

핵심포인트 216 지명통보

경찰수사규칙 제47조(지명통보)
1. 법정형이 장기 3년 미만의 징역 또는 금고, 벌금에 해당하는 죄를 범했다고 의심할 만한 상당한 이유가 있고, 출석요구에 응하지 않은 사람
2. 법정형이 장기 3년 이상의 징역이나 금고에 해당하는 죄를 범했다고 의심되더라도 사안이 경미하고, 출석요구에 응하지 않은 사람

제48조(지명통보자 발견 시 조치)
사법경찰관리는 제47조에 따라 지명통보된 사람을 발견한 때에는 지명통보자에게 지명통보된 사실, 범죄사실의 요지 및 지명통보한 경찰관서를 고지하고, 발견된 날부터 1개월 이내에 통보관서에 출석해야 한다는 내용과 정당한 사유 없이 출석하지 않을 경우 지명수배되어 체포될 수 있다는 내용을 통지해야 한다.

범죄수사규칙 제106조(지명통보된 사람 발견 시 조치)
① 경찰관은 지명통보된 사람을 발견한 때에는 「경찰수사규칙」 제48조에 따라 지명통보자에게 지명통보된 사실 등을 고지한 뒤 별지 제38호서식의 지명통보사실 통지서를 교부하고, 별지 제39호서식의 지명통보자 소재발견 보고서를 작성한 후 「경찰수사규칙」 제96조에 따라 사건이송서와 함께 통보관서에 인계하여야 한다.
다만, 지명통보된 사실 등을 고지받은 지명통보자가 지명통보사실통지서를 교부받기 거부하는 경우에는 그 취지를 지명통보자 소재발견 보고서에 기재하여야 한다.

제107조(지명통보자에 대한 특칙)
행정기관 고발사건 중 법정형이 2년 이하의 징역에 해당하는 범죄로 수사중지된 자를 발견한 발견관서의 경찰관은 통보관서로부터 수사중지결정서를 팩스 등의 방법으로 송부받아 피의자를 조사한 후 조사서류만 통보관서로 보낼 수 있다.
다만, 피의자가 상습적인 법규위반자 또는 전과자이거나 위반사실을 부인하는 경우에는 그러하지 아니 하다.

핵심포인트 217 심야조사 제한

검사와 사법경찰관의 상호협력과 일반적 수사준칙에 관한 규정 제21조(심야조사 제한)
① 검사 또는 사법경찰관은 조사, 신문, 면담 등 그 명칭을 불문하고 피의자나 사건관계인에 대해 **오후 9시부터 오전 6시까지 사이에 조사(심야조사)를 해서는 안 된다.** 다만, 이미 작성된 조서의 열람을 위한 절차는 자정 이전까지 진행할 수 있다.

제22조(장시간 조사 제한)
① 검사 또는 사법경찰관은 조사, 신문, 면담 등 그 명칭을 불문하고 피의자나 사건관계인을 조사하는 경우에는 대기시간, 휴식시간, 식사시간 등 모든 시간을 합산한 조사시간(**총조사시간**)이 **12시간을 초과하지 않도록 해야 한다.** 다만, 다음 각 호의 어느 하나에 해당하는 경우에는 예외로 한다.

1. 피의자나 사건관계인의 서면 요청에 따라 조서를 열람하는 경우
2. 제21조제2항 각 호의 어느 하나에 해당하는 경우

② 검사 또는 사법경찰관은 특별한 사정이 없으면 총조사시간 중 식사시간, 휴식시간 및 조서의 열람시간 등을 제외한 **실제 조사시간이 8시간을 초과하지 않도록 해야 한다.**
③ 검사 또는 사법경찰관은 피의자나 사건관계인에 대한 **조사를 마친 때부터 8시간이 지나기 전에는 다시 조사할 수 없다.**

핵심포인트 218 REID 기법단계 (대.화.부.반.우.양.세.서)

1단계 직접적 대면 (direct and positive confrontation)	수사관이 용의자가 범인이라는 심증을 갖고 있음을 명확하게 알려준다
2단계 신문 화제의 전개 (theme development)	용의자에게 범행에 대한 합리화·정당화 사유를 제공하여 비난가능성을 줄여주는 화제를 언급한다.
3단계 부인(否認) 다루기 (handling denials)	용의자가 수사관의 신문화제 전개를 방해하는 혐의를 부인하는 진술을 하지 못하게 억지한다.
4단계 반대논리 격파 (overcoming objections)	수사관이 주도하는 신문의 화제를 흐리는 용의자의 진술을 압도한다.
5단계 4단계 반대논리 격파 (overcoming objections)	4단계가 효과적이라면 피의자가 수사관을 회피하기 쉬우므로 시선을 맞추고 화제를 계속 반복하는 동시에 피의자의 긍정적 측면을 부각한다.
6단계 우울한 기분 달래주기 (handling the suspect's passive mood)	사실대로 말할 것을 촉구하며 동정과 이해를 표시한다.
7단계 양자택일적 질문하기 (presenting an alternative question)	어느 것을 선택해도 혐의가 인정되는 2가지 선택의 질문을 던진다.
8단계 세부사항 질문 (having the suspect relate details of the offense)	용의자가 수사관의 질문에 선택적으로 답하는 단계를 지나 적극적으로 범행에 대하여 진술하도록 한다.
9단계 구두 자백의 서면화	피의자가 진술로 자백한 내용을 서면으로 확보한다

핵심포인트 219 피의자 유치

유치절차	입감·출감은 유치인보호 주무자가 발부하는 피의자입(출)감지휘서에 의하여야 하며 동시에 3명이상을 입감시킬 때에는 경위이상 경찰관이 입회하여 순차적으로 입감시켜야 한다.
분리유치 (19.신.형)	① 형사범과 구류처분자 ② 19세 이상과 19세 미만 ③ 신체장애인 및 사건관련의 공범자 등은 유치실이 허용하는 범위 내에서 분리하여 유치하여야 하며, 신체장애인에 대하여는 신체장애를 고려한 처우를 하여야 한다.

핵심포인트 220 신체검사

신체, 의류, 휴대품(신체 등)의 검사는 **동성의 유치인보호관이 실시**하여야 한다.
→ 다만, 여성유치인보호관이 없을 경우에는 미리 지정하여 신체 등의 **검사방법을 교양 받은 여성 경찰관**으로 하여금 **대신하게 할 수 있다.**

외표검사	죄질이 경미하고 동작과 언행에 특이사항이 없으며 위험물 등을 은닉하고 있지 않다고 판단되는 유치인에 대하여는 신체 등의 **외부를 눈으로 확인**하고 손으로 가볍게 두드려 만져 검사한다.
간이검사	일반적으로 유치인에 대하여는 탈의막 안에서 **속옷은 벗지 않고 신체검사의를 착용**(유치인 의사에 따름)하도록 한 상태에서 위험물 등의 은닉여부를 검사한다.
정밀검사	살인, 강도, 절도, 강간, 방화, 마약류, 조직폭력 등 죄질이 중하거나 근무자 및 다른 유치인에 대한 위해 또는 자해할 우려가 있다고 판단되는 유치인에 대하여는 탈의막 안에서 **속옷을 벗고 신체검사의로 갈아입도록 한 후** 정밀하게 위험물 등의 은닉여부를 검사하여야 한다.

핵심포인트 221 호송출발 전 조치

호송관 수	① 호송관서의 장은 호송수단과 피호송자의 죄질·형량·범죄경력·성격·체력·사회적 지위·인원, 호송거리, 도로사정, 기상 등을 고려하여 **2인 이상**의 호송관을 지정하여야 한다. ② 호송관서의 장은 호송관이 **5인 이상**이 되는 호송일 때에는 **경위 이상** 계급의 1인을 지휘감독관으로 지정해야 한다.
피호송자의 신체검사	① 호송관은 반드시 호송주무관의 지휘에 따라 **포박하기 전**에 피호송자에 대하여 안전호송에 필요한 신체검색을 실시하여야 한다. ② 여자인 피호송자의 신체검색은 여자경찰관이 행하거나 성년의 여자를 참여시켜야 한다.
피호송자에 대한 수갑 등의 사용	① 호송관은 호송주무관의 허가를 받아 필요한 한도에서 호송대상자에 대하여 **수갑 또는 수갑·포승을 사용**할 수 있다. 다만, **구류선고 및 감치명령을 받은 자와 미성년자, 고령자, 장애인, 임산부 및 환자** 중 주거와 신분이 확실하고 도주의 우려가 없는 자에 대하여는 수갑 또는 수갑·포승을 채우지 아니한다. (구.미.고.감.환.장.임) ② 호송관은 수갑 또는 수갑·포승을 사용하는 피호송자가 2인 이상일 때에는 호송수단에 따라 **2인내지 5인을 1조**로 하여 **상호 연결시켜 포승**으로 포박한다. ⑤ 호송주무관은 호송관이 한 포박의 적정여부를 **확인하여야 한다.**
호송시간	호송은 **일출 전 또는 일몰 후에 할 수 없다.** → 기차, 선박 및 차량을 이용하는 때 또는 특별한 사유가 있는 때에는 그러하지 아니한다.

핵심포인트 222 호송 중 준수 사항

영치금품의 처리	1. 금전, 유가증권은 호송관서에서 인수관서에 **직접 송부한다.** 　→ 다만 소액의 금전, 유가증권 또는 당일로 호송을 마칠 수 있을 때에는 **호송관에게 탁송할 수 있다.** 2. 피호송자가 호송도중에 필요한 식량, 의류, 침구의 구입비용을 자비로 부담할 수 있는 때에는 그 청구가 있으며 필요한 금액을 **호송관에게 탁송**하여야 한다. 3. 물품은 **호송관에게 탁송**한다. 　→ 다만, 위험한 물품 또는 호송관이 휴대하기에 부적당한 물품은 발송관서에서 **인수관서에 직접 송부할 수 있다.** 4. 송치하는 금품을 호송관에게 탁송할 때에는 **호송관서에 보관책임**이 있고, 그렇지 아니한 때에는 송부한 관서에 그 책임이 있다.
분사기 등의 휴대	① 호송관은 호송근무를 할 때에는 **분사기를 휴대하여야 한다.** ② 호송관서의 장은 특별한 사유가 있는 경우 호송관이 **총기를 휴대하도록 할 수 있다.**

핵심포인트 223 주요 강력범죄 출소자등에 대한 정보수집에 관한 규칙 – 정보수집 대상자

살인, 방화, 약취·유인	해당하는 범죄로 금고 이상의 실형을 받은 사람
강도, 절도, 마약류 범죄	해당하는 범죄로 **3회 이상 금고형 이상의 실형**을 받은 사람
범죄단체의 조직원 또는 불시에 조직화가 우려되는 조직성 폭력배가 범한 범죄	해당하는 범죄로 **벌금형 이상의 형**을 선고받은 사람

핵심포인트 224 주요 강력범죄 출소자등에 대한 정보수집에 관한 규칙 – 정보수집 기간

마약류 범죄 출소자등	3년
그 밖의 주요 강력범죄 출소자등	2년

→ 대상자가 **사망**하였거나 정보수집 기간이 **경과**한 경우에는 지체없이 정보수집을 **종료**하여야 한다.

핵심포인트 225 주요 강력범죄 출소자등에 대한 정보수집에 관한 규칙 – 정보수집

② 거주 예정지의 관할 경찰서장은 대상자의 재범방지등을 위해 필요한 정보를 수집한다.
③ 경찰서장은 **형사(수사)과 직원** 중 총괄 업무 담당자와 대상자별 담당자를 지정하고, **지구대장(파출소장)은 대상자별 담당자를 지정**하여야 한다.

형사(수사)과 담당자	대상자에 대해서 정보수집 기간의 **개시 후 1년 동안 매 분기별 1회 이상** 재범방지등을 위한 정보를 수집
지구대(파출소) 담당자	**정보수집 기간 동안** 대상자에 대해서 **매 분기별 1회 이상** 재범방지등을 위한 정보를 수집

핵심포인트 226 성폭력범죄의 처벌 등에 관한 특례법 – 미수범 불처벌 (공.업.다.통)

업무상 위력 등에 의한 추행, **공중 밀집 장소**에서의 추행, 성적목적을 위한 **다중이용장소**침입행위, **통신매체**이용한 음란행위

핵심포인트 227 성폭력범죄의 처벌 등에 관한 특례법 – 절차 특례

공소시효 관한 특례	① 미성년자에 대한 성폭력범죄의 공소시효는 해당 성폭력범죄로 피해를 당한 미성년자가 **성년에 달한 날부터 진행**한다. ② 디엔에이(DNA)증거 등 그 죄를 증명할 수 있는 과학적인 증거가 있는 때에는 공소시효가 **10년 연장**된다. ③ **13세 미만의 사람 및 신체적인 또는 정신적인 장애**가 있는 사람에 대하여 공소시효를 적용하지 아니한다. ④ 강간등 살인·치사 및 강간등 살인죄는 공소시효를 적용하지 아니한다.
피의자의 얼굴 등 공개	**검사와 사법경찰관**은 성폭력범죄의 피의자가 죄를 범하였다고 믿을 만한 **충분한 증거**가 있고, 국민의 알권리 보장, 피해자의 재범 방지 및 범죄예방 등 **오로지 공공의 이익**을 위하여 필요할 때에는 얼굴, 성명 및 나이 등 피의자의 신상에 관한 정보를 공개할 수 있다. → 다만, 피의자가 「청소년 보호법」 제2조제1호의 청소년에 해당하는 경우에는 공개하지 아니한다.
영상물의 촬영 보존	① 성폭력범죄의 피해자가 **19세 미만**이거나 신체적인 또는 정신적인 **장애로 사물을 변별하거나 의사를 결정할 능력이 미약한 경우**에는 피해자의 진술 내용과 조사 과정을 비디오녹화기 등 영상물 녹화장치로 **촬영·보존하여야 한다**. ② 영상물 녹화는 **피해자 또는 법정대리인이 이를 원하지 아니하는 의사를 표시한 경우**에는 촬영을 하여서는 아니 된다. → 다만, 가해자가 **친권자 중 일방**인 경우는 그러하지 아니하다.
출입국 신고의무 등	① 등록대상자가 **6개월 이상** 국외에 체류하기 위하여 **출국**하는 경우에는 미리 관할경찰관서의 장에게 체류국가 및 체류기간 등을 신고하여야 한다. ② 신고한 등록대상자가 **입국하였을 때에는** 특별한 사정이 없으면 **14일 이내**에 관할경찰관서의 장에게 입국 사실을 신고하여야 한다.

핵심포인트 228 스토킹범죄의 처벌법 – 응급조치 (경.수.안.인)

1. 스토킹행위의 **제지**, 향후 스토킹행위의 중단 통보 및 스토킹행위를 지속적 또는 반복적으로 할 경우 **처벌 서면경고**
2. 스토킹행위자와 피해자등의 **분리 및 범죄수사**
3. 피해자등에 대한 긴급응급조치 및 잠정조치 요청의 **절차 등 안내**
4. 스토킹 피해 관련 상담소 또는 보호시설로의 **피해자등 인도**(피해자등이 동의한 경우만 해당한다)

핵심포인트 229 스토킹범죄의 처벌법 - 긴급응급조치 (100.전)

1. 스토킹행위의 상대방이나 그 주거등으로부터 100미터 이내의 접근 금지
2. 스토킹행위의 상대방에 대한 「전기통신기본법」 제2조제1호의 전기통신을 이용한 접근 금지

② **사법경찰관은** 긴급응급조치를 하였을 때에는 지체 없이 검사에게 해당 긴급응급조치에 대한 사후승인을 지방법원 판사에게 청구하여 줄 것을 신청하여야 한다.
→ 신청을 받은 검사는 긴급응급조치가 있었던 때부터 48시간 이내에 지방법원 판사에게 해당 긴급응급조치에 대한 사후승인을 청구한다.
→ 긴급응급조치기간은 1개월을 초과할 수 없다.

핵심포인트 230 스토킹범죄의 처벌법 - 잠정조치 (경.백.전.부.유)

1. 피해자에 대한 스토킹범죄 중단에 관한 서면 경고
2. 피해자나 그 주거등으로부터 100미터 이내의 접근 금지
3. 피해자에 대한 「전기통신기본법」 제2조제1호의 전기통신을 이용한 접근 금지
   3의2. 「전자장치 부착 등에 관한 법률」의 위치추적 **전자장치의 부착**
4. 국가경찰관서의 유치장 또는 구치소에의 유치

③ 제2호·제3호 및 제3호의2에 따른 잠정조치기간은 **3개월**(두 차례에 한정하여 각 3개월의 범위에서 연장할 수 있다.
제4호에 따른 잠정조치기간은 **1개월을** 초과할 수 없다.
④ 2호 또는 제3호의(백.전) 잠정조치를 이행하지 아니한 사람은 **2년 이하의 징역** 또는 2천만원 이하의 벌금에 처한다.

핵심포인트 231 스토킹범죄의 처벌법 - 처벌

① 스토킹범죄를 저지른 사람은 **3년 이하의 징역** 또는 **3천만원 이하의 벌금**(반의사불벌)
② 흉기 또는 그 밖의 **위험한 물건을 휴대하거나 이용** → **5년 이하의 징역** 또는 **5천만원 이하의 벌금**

제1편 핵심 총정리

핵심포인트 232 스토킹범죄의 처벌법 – 신변안전조치

법원 또는 수사기관이 피해자등 또는 스토킹범죄를 신고(고소·고발을 포함한다.)한 사람을 증인으로 신문하거나 조사하는 경우의 신변안전조치에 관하여는 「**특정범죄신고자 등 보호법**」 제13조(신변안전조치) 및 제13조의2(신변안전조치 종류)를 준용한다. 이 경우 "범죄신고자등"은 "피해자등 또는 스토킹범죄를 신고한 사람"으로 본다.

> **신변안전조치의 종류**는 다음과 같다.
> 1. 일정 기간 동안의 **특정시설에서의 보호**
> 2. 일정 기간 동안의 **신변경호**
> 3. 참고인 또는 증인으로 **출석·귀가 시 동행**
> 4. 대상자의 주거에 대한 **주기적 순찰**이나 폐쇄회로 텔레비전의 설치 등 **주거에 대한 보호**
> 5. 그 밖에 신변안전에 필요하다고 인정되어 대통령령으로 정하는 조치

핵심포인트 233 마약류 분류

마약	천연마약	양귀비, 생아편, 몰핀, 코데인, 데바인, 코카인, 크랙 (양.아.몰.코.테.크)
	한외마약	유코데, 세코날, 코데날, 코데솔 등 → 마약에서 제외
	합성마약	프로폭시펜, 모리피난, 아미부노텐, 벤조로르핀, 메사돈계, 페치딘계 등
	반합성마약	헤로인, 히드로모르핀, 하이드로폰, 옥시코돈 등
대마		대마초(마리화나), 대마수지(해쉬쉬), 대마수지기름 → 대마초의 종자, 뿌리 및 성숙한 대마초의 줄기와 그 제품은 제외
향정신성의약품	각성제	메스암페타민(히로뽕), 엑스터시, 암페타민 계열
	환각제	LSD, 페이요트, 사일로사이빈, 메스카린 등
	억제제	벤조다이아핀제제, 알프라졸람, 바르비탈염제류제

핵심포인트 234 향정신성의약품 특징

엑스터시(MDMA)	1914년 독일에서 식욕억제제로 개발, **클럽마약(도리도리), 포옹마약**
메스암페타민(필로폰)	강한 각성작용, 중추신경 흥분제, **술깨는 약**, 피로감없애주는 각성약물
GHB(물뽕)	**무색·무취 짠맛**, 데이트 강간약물
러미나 (덱스트로메트로판)	진해거담제효과, 의존성과 독성이 없어 코데인 대용으로 시판 **정글쥬스**
L.S.D	곡물 곰팡이 추출 **무색·무취·무미**, 백플러쉬현상
야바	필포폰보다 순도 낮음(20~30%), **말약**
S정(카리소프로돌)	근골격계 치료, **온몸 경직, 혀꼬부라지는 소리**
메스카린	**선인장인 페이요트에서 추출**, 멕시코 인디언이 사용
프로포폴	수면마취제

핵심포인트 235 중대재해처벌에 관한 법률

1. "중대재해"란 "중대산업재해"와 "중대시민재해"를 말한다.
2. "중대산업재해"란 「산업안전보건법」 제2조제1호에 따른 산업재해 중 다음 각 목의 어느 하나에 해당하는 결과를 야기한 재해를 말한다.

   가. 사망자가 **1명 이상** 발생
   나. 동일한 사고로 **6개월 이상** 치료가 필요한 **부상자가 2명 이상** 발생
   다. 동일한 유해요인으로 급성중독 등 대통령령으로 정하는 **직업성 질병자가 1년 이내에 3명 이상 발생**

3. "중대시민재해"란 특정 원료 또는 제조물, 공중이용시설 또는 공중교통수단의 설계, 제조, 설치, 관리상의 결함을 원인으로 하여 발생한 재해로서 다음 각 목의 어느 하나에 해당하는 결과를 야기한 재해를 말한다. 다만, **중대산업재해에 해당하는 재해는 제외**한다.

   가. 사망자가 **1명 이상** 발생
   나. 동일한 사고로 **2개월 이상** 치료가 필요한 부상자가 **10명 이상** 발생
   다. 동일한 원인으로 **3개월 이상** 치료가 필요한 **질병자가 10명 이상** 발생

→ 적용 : 상시 근로자가 5명 미만인 사업 또는 사업장의 사업주(개인사업주에 한정한다.) 또는 경영책임자등에게는 이 장의 규정을 적용하지 아니한다.

핵심포인트 236 중대재해처벌에 관한 법률 – 처벌

제6조(중대산업재해 사업주와 경영책임자등의 처벌)

① 제4조 또는 제5조를 위반하여 제2조제2호가목의 중대산업재해에 이르게 한 사업주 또는 경영책임자등은 **1년 이상의 징역 또는 10억원 이하의 벌금에 처한다.** 이 경우 징역과 벌금을 **병과할 수 있다.**
② 제4조 또는 제5조를 위반하여 제2조제2호나목 또는 다목의 중대산업재해에 이르게 한 사업주 또는 경영책임자등은 **7년 이하의 징역 또는 1억원 이하의 벌금**에 처한다.
③ 제1항 또는 제2항의 죄로 형을 선고받고 그 형이 확정된 후 5년 이내에 다시 제1항 또는 제2항의 죄를 저지른 자는 각 항에서 정한 **형의 2분의 1까지 가중한다.**

제10조(중대시민재해 사업주와 경영책임자등의 처벌)

① 제9조를 위반하여 제2조제3호가목의 중대시민재해에 이르게 한 사업주 또는 경영책임자등은 **1년 이상의 징역 또는 10억원 이하의 벌금에 처한다.** 이 경우 징역과 벌금을 병과할 수 있다.
② 제9조를 위반하여 제2조제3호나목 또는 다목의 중대시민재해에 이르게 한 사업주 또는 경영책임자등은 **7년 이하의 징역 또는 1억원 이하의 벌금**에 처한다.

핵심포인트 237 경비경찰 – 혼잡경비 예방조치

1. **'공연법'상 재해예방조치**
① 공연장운영자는 화재나 그 밖의 재해를 예방하기 위하여 그 공연장 종업원의 임무·배치 등 **재해대처계획을 수립하여 매년 관할 특별자치시장·특별자치도지사·시장·군수·구청장에게 신고하여야 한다.** 이 경우 특별자치시장·특별자치도지사·시장·군수·구청장은 신고받은 재해대처계획을 관할 **소방서장에게 통보하여야 한다.**
→ 이 경우 신고된 재해대처계획의 내용이 미흡하다고 인정할 때에는 보완을 요구할 수 있다.
→ 재해대처계획을 신고하지 아니한자는 **2천만원 이하 과태료** 부과한다.

② 공연장 외
공연장 외의 시설이나 장소에서 1천명 이상의 관람이 예상되는 공연을 하려는 자는 해당 시설이나 장소 운영자와 공동으로 공연 **개시 14일 전까지** 각호 사항과 안전관리인력의 확보·배치계획 및 공연계획서가 포함된 재해대처계획을 관할 특별자치시장·특별자치도지사·시장·군수 또는 구청장에게 **신고하여야 하며,** 신고한 사항을 변경하려는 경우에는 해당 공연 **7일 전까지 변경신고를 하여야 한다.**

2. **'경비업법'상**
시·도경찰청장은 행사장 그밖에 많은 사람이 모이는 시설 또는 장소에서 혼잡 등으로 인한 위험의 발생을 방지하기 위하여 경비원에 의한 경비가 필요하다고 인정되는 때에는 행사개최일 전에 당해 행사의 주최자에게 경비원에 의한 경비를 실시하거나 부득이한 사유로 그것을 실시할 수 없는 경우에는 **행사개최 24시간 전까지 시·도경찰청장에게** 그 사실을 통지하여 줄 것을 요청할 수 있다.

핵심포인트 238 선거경비

선거기간	⊙ 대통령선거 : 23일 ⓒ 국회의원선거, 지방자치단체의 장 및 의회의원 선거 : 14일 ⓒ 선거기간 • 대통령선거 : 후보자등록마감일의 다음 날부터 선거일까지 • 국회의원선거와 지방자치단체의 의회의원 및 장의 선거 : 후보자등록마감일 후 6일후부터 선거일 까지
선거운동기간	선거기간 개시일부터 선거일 전일까지

선기기간 개시일 ~ 개표 종료시	비상근무체제
선거기간 개시일 ~ 선거 전일	**경계강화** 기간
선거일(06:00) ~ 개표 종료시	갑호비상

핵심포인트 239 다중범죄의 정책적 치료법

경쟁행위법	불만집단과 **반대되는 대중의견을 크게 부각시켜** 불만집단이 해산하거나 분산되도록 하는 방법
지연정화법	주장이나 요구를 시간을 끌어 이성적으로 사고할 기회를 부여하고 정서적으로 **흥분된 상태를 가라앉게 하는 방법**
선수승화법	불만집단에 대한 정보활동을 강화하여 **사전에 불만 및 분쟁요인**을 찾아내 해소시키는 방법
전이법	다중범죄의 징후가 있을 때 국민들의 관심을 집중시킬 경이적인 사건 폭로나 대규모 행사를 개최하여 **원래의 이슈가 상대적으로 약화되도록** 하는 방법

핵심포인트 240 통합방위사태

갑종사태	일정한 조직체계를 갖춘 적의 **대규모 병력 침투** 또는 대량살상무기 공격 등의 도발로 발생한 비상사태로서 **통합방위본부장 또는 지역군사령관의 지휘·통제** 하에 통합방위작전을 수행하여야 할 사태를 말한다.
을종사태	**일부 또는 여러 지역**에서 적이 침투·도발하여 **단기간 내에 치안이 회복되기 어려워 지역군사령관의 지휘·통제** 하에 통합방위작전을 수행하여야 할 사태를 말한다.
병종사태	적의 침투·도발 위협이 예상되거나 **소규모의 적이 침투하였을 때에 시·도경찰청장, 지역군사령관 또는 함대사령관의 지휘·통제** 하에 통합방위작전을 수행하여 단기간 내에 치안이 회복될 수 있는 사태를 말한다.

핵심포인트 241 통합방위사태 선포

선포 사유	선포 건의권자	선포권자
갑종사태에 해당하는 상황이 발생하였을 때 또는 **둘 이상**의 특별시·광역시·특별자치시·도·특별자치도에 걸쳐 **을종**사태에 해당하는 상황이 발생하였을 때	국방부장관 → 국무총리를 거쳐	**대통령**은 건의를 받았을 때에는 **중앙협의회와 국무회의의 심의**를 거쳐 통합방위사태를 선포할 수 있다. → 대통령은 통합방위사태를 선포한 때에는 지체 없이 그 사실을 국회에 통고하여야 한다.
둘 이상의 시·도에 걸쳐 **병종사태**에 해당하는 상황이 발생하였을 때	행정안전부장관 또는 국방부장관 → 국무총리를 거쳐	
을종사태나 병종사태에 해당하는 상황이 발생한 때	시·도경찰청장, 지역군사령관 또는 함대사령관	시·도지사는 건의를 받은 때에는 **시·도 협의회의 심의**를 거쳐 을종사태 또는 병종사태를 선포할 수 있다. → 시·도지사는 을종사태 또는 병종사태를 선포한 때에는 지체 없이 행정안전부장관 및 국방부장관과 국무총리를 거쳐 대통령에게 그 사실을 **보고**하여야 한다. → 시·도지사는 통합방위사태를 선포한 때에는 지체 없이 그 사실을 시·도의회에 **통고**하여야 한다.

핵심포인트 242 국가중요시설 분류

가급	적에 의하여 점령 또는 파괴되거나 기능 마비시 **광범위한** 지역의 통합방위작전수행이 요구되고, 국민생활에 **결정적인** 영향을 미칠 수 있는 시설
나급	적에 의하여 점령 또는 파괴되거나 기능 마비시 **일부 지역의** 통합방위작전수행이 요구되고, 국민생활에 **중대한** 영향을 미칠 수 있는 시설
다급	적에 의하여 점령 또는 파괴되거나 기능 마비시 **제한된** 지역에서 **단기간** 통합방위작전수행이 요구되고, 국민생활에 **상당한** 영향을 미칠 수 있는 시설

핵심포인트 243 경찰비상업무규칙

지휘선상 위치 근무	비상연락체계를 유지하며 유사시 **1시간 이내**에 현장지휘 및 현장근무가 가능한 장소에 위치하는 것을 말한다.
정위치 근무	감독순시·현장근무 및 사무실 대기 등 **관할구역 내에 위치하는 것**을 말한다.
정착근무	사무실 또는 상황과 관련된 **현장**에 위치하는 것을 말한다.
필수요원	전 경찰공무원 및 일반직공무원(경찰관 등) 중 경찰기관의 장이 지정한 자로 비상소집 시 1시간 이내에 응소하여야 할 자를 말한다.
일반요원	필수요원을 제외한 경찰관 등으로 비상소집 시 **2시간 이내**에 응소하여야 할 자를 말한다.
가용경력	총원에서 휴가·출장·교육·파견 등을 제외하고 실제 동원될 수 있는 모든 인원을 말한다.

핵심포인트 244 비상근무 종류 (갑100.을5.병3)

갑호 비상	① 비상근무 갑호가 발령된 때에는 **연가를 중지**하고 **가용경력 100%까지** 동원할 수 있다. ② 지휘관(지구대장, 파출소장은 지휘관에 준한다.)과 참모는 **정착 근무**를 원칙으로 한다.
을호 비상	① 비상근무 을호가 발령된 때에는 **연가를 중지**하고 **가용경력 50%까지** 동원할 수 있다. ② 지휘관과 참모는 **정위치 근무**를 원칙으로 한다.
병호 비상	① 비상근무 병호가 발령된 때에는 부득이한 경우를 제외하고는 **연가를 억제**하고 **가용경력 30%까지** 동원할 수 있다. ② 지휘관과 참모는 **정위치 근무 또는 지휘선상 위치 근무**를 원칙으로 한다.
경계 강화	① **별도의 경력동원 없이** 특정분야의 근무를 강화한다. ② 전 경찰관은 비상연락체계를 유지하고 경찰작전부대는 상황발생시 즉각 출동이 가능하도록 출동대기태세를 유지한다. ③ 지휘관과 참모는 **지휘선상위치근무**를 원칙으로 한다.
작전준비 태세 (작전비상시 적용)	① **별도의 경력동원 없이** 경찰관서 지휘관 및 참모의 비상연락망을 구축하고 신속한 응소체제를 유지한다. ② 경찰작전부대는 상황발생시 즉각 출동이 가능하도록 출동태세 점검을 실시한다. ③ 유관기관과의 긴밀한 연락체계를 유지하고, 필요시 작전상황반을 유지한다.

핵심포인트 245 비상근무의 종류별 정황

경비비상		
갑호	1. 계엄이 선포되기 전의 치안상태 2. 대규모 집단사태·테러 등의 발생으로 치안질서가 극도로 혼란하게 되었거나 그 징후가 현저한 경우 3. 국제행사·기념일 등을 전후하여 치안수요의 급증으로 가용경력을 100% 동원할 필요가 있는 경우	
을호	1. 대규모 집단사태·테러 등의 발생으로 치안질서가 혼란하게 되었거나 그 징후가 예견되는 경우 2. 국제행사·기념일 등을 전후하여 치안수요가 증가하여 가용경력의 50%를 동원할 필요가 있는 경우	
병호	1. 집단사태·테러 등의 발생으로 치안질서의 혼란이 예견되는 경우 2. 국제행사·기념일 등을 전후하여 치안수요가 증가하여 가용경력의 30%를 동원할 필요가 있는 경우	
작전비상		
갑호	**대규모 적정이** 발생하였거나 발생 징후가 현저한 경우	
을호	적정이 발생하였거나 **일부 적**의 침투가 예상되는 경우	
병호	정·첩보에 의해 적 침투에 대비한 **고도의 경계강화**가 필요한 경우	
안보비상		
갑호	간첩 또는 정보사범 색출을 위한 **경계지역 내** 검문검색 필요시	
을호	상기 상황하에서 **특정지역·요지**에 대한 검문검색 필요시	
수사비상		
갑호	**사회이목을** 집중시킬만한 중대범죄 발생시	
을호	**중요범죄** 사건발생시	
교통비상		
갑호	농무, 풍수설해 및 화재로 극도의 **교통혼란 및 사고발생시**	
을호	상기 징후가 **예상될 시**	
재난비상		
갑호	대규모 재난의 발생으로 치안질서가 **극도로 혼란**하게 되었거나 그 징후가 현저한 경우	
을호	**대규모 재난**의 발생으로 치안질서가 혼란하게 되었거나 그 징후가 예견되는 경우	
병호	**재난의 발생**으로 치안질서의 혼란이 예견되는 경우	
경계강화 (기능 공통)		
"병호"비상보다는 낮은 단계로, 별도의 경력동원없이 평상시보다 치안활동을 강화할 필요가 있을 때		
작전준비태세 (작전비상시 적용)		
"경계강화"를 발령하기 이전에 별도의 경력동원 없이 필요한 작전사항을 미리 조치할 필요가 있을 때		

핵심포인트 246 국민보호와 공공안전을 위한 테러방지법

테러단체 구성죄	① 테러단체를 구성하거나 구성원으로 가입한 사람은 다음 각 호의 구분에 따라 처벌한다.	
	수괴	사형·무기 또는 10년 이상의 징역
	테러를 기획 또는 지휘하는 등 중요한 역할을 맡은 사람	무기 또는 7년 이상의 징역
	타국의 외국인테러전투원으로 가입한 사람	5년 이상의 징역
	그 밖의 사람	3년 이상의 징역
	② 테러자금임을 알면서도 자금을 조달·알선·보관하거나 그 취득 및 발생원인에 관한 사실을 가장하는 등 테러단체를 지원한 사람은 **10년 이하의 징역 또는 1억원 이하의 벌금**에 처한다. → 제1항 및 제2항의 미수범은 처벌한다. ③ 테러단체 가입을 지원하거나 타인에게 가입을 권유 또는 선동한 사람은 **5년 이하의 징역**에 처한다.	

핵심포인트 247 테러 경보단계(위협정도에 따라)

관심	테러관련 상황의 전파, 비상연락망 점검 등
주의	국가중요시설에 대한 경비 강화, 테러대상 시설물 등에 대한 안전관리 강화
경계	테러취약시설에 대한 출입통제 강화, 대테러 담당공무원의 비상근무
심각	대테러 관계 기관 공무원의 비상 근무, 필요장비와 인원 동원태세 유지 등

핵심포인트 248 테러취약시설 분류(다중이용건축물등 분류)

A급	테러에 의하여 파괴되거나 기능 마비시 **광범위한 지역**의 대테러진압작전이 요구되고, 국민생활에 **결정적인 영향**을 미칠 수 있는 건축물 또는 시설	관할 경찰서장이 **분기 1회** 이상 점검
B급	테러에 의하여 파괴되거나 기능 마비시 **일부 지역의** 대테러진압작전이 요구되고, 국민생활에 **중대한 영향**을 미칠 수 있는 건축물 또는 시설	관할 경찰서장이 **반기 1회** 이상 점검
C급	테러에 의하여 파괴되거나 기능 마비시 **제한된 지역에서 단기간** 대테러진압작전이 요구되고, 국민생활에 **상당한 영향**을 미칠 수 있는 건축물 또는 시설	

→ 테러취약시설 심의위원회 위원장 : **경찰청 경비국장**
→ **시·도경찰청장은** 관할 내 다중이용건축물등 중 **일부를 선별**하여 해당 시설 관리자의 동의를 받아 **반기 1회 이상** 지도·점검을 실시하여야 한다.
→ **경찰서장은** 관할 테러취약시설 중 **선정하여 분기 1회** 이상 대테러 훈련(FTX)을 실시해야 한다.
→ **시·도경찰청장은 반기 1회** 이상 권역별로 대테러 훈련을 실시하여야 한다.

핵심포인트 249 재난 및 안전관리 기본법

재난	자연재난, 사회재난	
재난관리	예방단계	국가기반시설 지정 관리, **정부합동 안전점검**, 재난관리체계 등의 평가
	대비단계	위기관리 **매뉴얼 작성운영**, 재난대비 훈련 등
	대응단계	**재난사태 선포**, 위기경보발령, 응급조치, 긴급구조 등
	복구단계	재난피해조사, **특별재난지역 선포** 등
긴급구조기관	소방청(소방본부, 소방서 포함), 해양경찰청 → **경찰청은 긴급구조지원기관임.**	
행정안전부장관	국가 및 지방자치단체가 행하는 재난 및 안전관리 업무를 총괄·조정	

핵심포인트 250 경찰청 재난상황실

경찰청 재난상황실 설치	치안상황관리관은 재난이 발생하였거나 재난이 발생할 우려가 있는 경우에는 위기관리센터 또는 치안종합상황실에 재난상황실을 설치·운영할 수 있다. → '심각' 단계의 위기경보가 발령된 경우에는 재난상황실을 설치·운영하여야 한다.		
구성	상황실장은 위기관리센터장으로 한다.		
		총괄반	재난상황실 운영을 총괄하고 재난관리를 위한 관계기관과의 협조 업무
		분석반	재난상황의 분석, 재난관리를 위한 대책 마련 및 다른 국·관과의 협조 업무
		상황반	재난상황의 접수·전파·보고, 재난관리를 위한 초동조치 등 상황관리

핵심포인트 251 경호활동지역

	경호활동	책임
제1선 (안전구역 내부)	요인의 승·하차장, 동선 등의 취약개소로 피경호자에게 직접적으로 위해를 가할수 있는 거리 내의 지역 → 절대안전확보구역 → **출입자 통제관리, MD설치 운용, 비표확인 및 출입자 감시**	주관 책임은 경호처. → 경찰은 경호처의 요청시 경력 및 장비를 지원
제2선 (경비구역 내곽)	제1선을 제외한 행사장 중심으로 소총의 유효사거리 내외의 취약개소이다. → 주경비지역 → **바리케이트 등 장애물 설치, 예비대 운영 및 구급차, 소방차 대기**	경찰이 담당하고, 군 부대 내부 경우는 군이 직접 책임
제3선 (경계구역 외곽)	행사장 중심으로 적의 접근을 **조기에 경보하고 차단**하기 위해 설정된 선이다. → 조기경보지역 → **감시조 운영**, 도보 등 원거리 기동순찰조 운영 등	경찰

핵심포인트 252 청원경찰

	청원경찰	경비원
근거법	청원경찰법	경비업법
신분	원칙 : 민간인 (예외 : 공무원)	민간인
연령	18세 이상	일반경비원 : 18세 이상 특수경비원 : 18세 이상 ~60세 미만
무기 휴대	근무지역 내 가능	일반경비원 : 무기휴대 금지 (특수경비원 : 무기 휴대 가능)

핵심포인트 253 교통약자 보호구역 지정(어린이, 노인 보호구역)

① **시장등은** 교통사고의 위험으로부터 어린이를 보호하기 위하여 필요하다고 인정하는 경우에는 다음 각 호의 어느 하나에 해당하는 시설이나 장소의 주변도로 가운데 일정 구간을 어린이 보호구역으로 지정하여 자동차등과 노면전차의 통행속도를 **시속 30킬로미터 이내로 제한할 수 있다.**

② **시장등은** 보호구역으로 지정·관리할 필요가 인정되는 경우에는 관할 시·도경찰청장 또는 경찰서장과 협의하여 해당 보호구역 지정대상 시설 또는 장소의 주 출입문(출입문이 없는 장소의 경우에는 해당 장소를)을 기준으로 **반경 300미터 이내의** 도로 중 일정구간을 보호구역으로 지정한다.

다만, 시장등은 필요한 경우 보호구역 지정대상 시설 또는 장소의 주 출입문을 기준으로 **반경 500미터 이내의** 도로에 대해서도 보호구역으로 **지정할 수 있다.**

조치내용	**시도경찰청장이나 경찰서장은** 보호구역에서 구간별·시간대별로 다음 조치를 할 수 있다. ㉠ 차마의 **통행을 금지**하거나 제한하는 것 ㉡ 차마의 **정차나 주차를 금지**하는 것 ㉢ 운행속도를 시속 **30킬로미터 이내**로 제한하는 것 ㉣ 이면도로를 **일방통행로**로 지정·운영하는 것

핵심포인트 254 긴급자동차 특례

① 모든 긴급자동차 적용하지 않음(속.앞.끼)
→ **속도**제한, **앞지르기**금지(시기 및 장소), **끼**어들기 금지
② 소방, 구급, 혈액운반차, 대통령령으로 정하는 경찰용 자동차 : 적용하지 아니함(소.구.혈.대)
→ 신호위반, 보도침범, 중앙선 침범, 횡단 등의 금지(횡단, 유턴,후진금지), 안전거리 확보 등, 앞지르기 방법 등, 정차 및 주차의 금지, 주차금지, 고장 등의 조치

※ 긴급자동차,경찰차, 긴급용도 운행중 교통사고
→ 제151조(업무상과실손괴), 교특법 제3조제1항(업무상과실치사상), 특가법 제5조의13(어린이보호구역치사상)에 따른 **형을 감경하거나 면제할 수 있다.**

핵심포인트 255 정차 및 주차금지

① **교차로·횡단보도·건널목이나 보도와 차도가 구분된 도로의 보도**
→ 「주차장법」에 따라 차도와 보도에 걸쳐서 설치된 노상주차장은 제외한다
② **교차로의 가장자리나 도로의 모퉁이로부터 5미터 이내인 곳**
③ 안전지대가 설치된 도로에서는 **그 안전지대의 사방으로부터 각각 10미터** 이내인 곳
④ 버스여객자동차의 **정류지임을 표시**하는 기둥이나 표지판 또는 선이 설치된 곳으로부터 **10미터 이내**인 곳.
→ 버스여객자동차의 운전자가 그 버스여객자동차의 운행시간 중에 운행노선에 따르는 정류장에서 승객을 태우거나 내리기 위하여 차를 정차하거나 주차하는 경우에는 그러하지 아니하다.
⑤ **건널목의 가장자리 또는 횡단보도로부터 10미터 이내인 곳**
⑥ 다음 각 목의 곳으로부터 **5미터 이내인 곳**
  가. 「소방기본법」 제10조에 따른 **소방용수시설 또는 비상소화장치가 설치된 곳**
  나. 「소방시설 설치 및 관리에 관한 법률」 제2조제1항제1호에 따른 소방시설로서 대통령령으로 정하는 시설이 설치된 곳
⑦ 시·도경찰청장이 도로에서의 위험을 방지하고 교통의 안전과 원활한 소통을 확보하기 위하여 **필요하다고 인정하여 지정한 곳**
⑧ 시장등이 제12조제1항에 따라 지정한 **어린이 보호구역**

핵심포인트 256 주차금지 (터.다.5.공.다)

① 터널 안 및 다리 위
② 다음 각 목의 곳으로부터 5미터 이내인 곳

> 가. 도로공사를 하고 있는 경우에는 그 공사 구역의 양쪽 가장자리
> 나. 「다중이용업소의 안전관리에 관한 특별법」에 따른 **다중이용업소의 영업장**이 속한 건축물로 소방본부장의 요청에 의하여 시·도경찰청장이 지정한 곳

③ 시·도경찰청장이 도로에서의 위험을 방지하고 교통의 안전과 원활한 소통을 확보하기 위하여 필요하다고 인정하여 지정한 곳

핵심포인트 257 앞지르기 금지 장소

① 교차로
② 터널 안
③ 다리 위
④ **도로의 구부러진 곳, 비탈길의 고갯마루 부근** 또는 가파른 비탈길의 **내리막** 등 시·도경찰청장이 도로에서의 위험을 방지하고 교통의 안전과 원활한 소통을 확보하기 위하여 필요하다고 인정하는 곳으로서 안전표지로 지정한 곳

핵심포인트 258 음주운전 처벌

0.2% 이상	2년 이상 **5년 이하**의 징역이나 1천만원 이상 **2천만원 이하**의 벌금	면허취소
0.08% 이상 ~ 0.2% 미만	1년 이상 **2년 이하**의 징역이나 500만원 이상 **1천만원 이하**의 벌금	면허취소
0.03% 이상 ~ 0.08% 미만	**1년 이하**의 징역이나 500만원 이하의 벌금	면허정지
음주측정불응	1년 이상 **5년 이하** 징역이나 500만원 이상 **2천만원 이하** 벌금	

→ **약물로 인하여** 정상적으로 운전하지 못할 우려가 있는 상태에서 자동차등 또는 노면전차를 운전한 사람은 **3년 이하의 징역이나 1천만원 이하의 벌금**

핵심포인트 259 2회 이상 음주운전 가중처벌

음주측정불응	1년 이상 6년 이하의 징역이나 500만원 이상 3천만원 이하의 벌금
혈중알코올농도가 0.2퍼센트 이상인 사람	2년 이상 6년 이하의 징역이나 1천만원 이상 3천만원 이하의 벌금
혈중알코올농도가 0.03퍼센트 이상 0.2퍼센트 미만	1년 이상 5년 이하의 징역이나 500만원 이상 2천만원 이하의 벌금

핵심포인트 260 임시운전증명서

임시운전증명서의 유효기간은 **20일 이내**로 하되, 운전면허의 취소 또는 정지처분 대상자의 경우에는 **40일 이내**로 할 수 있다.
→ 다만, **경찰서장**이 필요하다고 인정하는 경우에는 그 유효기간을 **1회에 한하여 20일**의 범위에서 연장할 수 있다.

→ 연습운전면허 **효력 : 면허 받은 날로부터 1년**

핵심포인트 261 음주운전 방지장치 부착 조건부 운전면허(24년10월 시행)

① **음주운전금지** 또는 **음주운전 호흡조사측정**을 위반(자동차등 또는 노면전차를 운전한 경우로 한정한다. 다만, 개인형 이동장치를 운전한 경우는 제외한다.)한 날부터 **5년 이내에 다시** 같은 조 제1항 또는 제2항을 위반하여 운전면허 취소처분을 받은 사람이 자동차등을 운전하려는 경우에는 시·도경찰청장으로부터 **음주운전 방지장치 부착 조건부 운전면허(조건부 운전면허)를 받아야 한다.**
② 음주운전 방지장치는 제82조제2항제1호부터 제9호까지에 따라 조건부 운전면허 발급 대상에게 적용되는 **운전면허 결격기간과 같은 기간 동안 부착**하며, 운전면허 결격기간이 종료된 다음 날부터 부착기간을 산정한다.

핵심포인트 262 운전면허 발급제한 기간

면허정지기간중 운전(**무면허운전**), 국제운전면허증 또는 상호인정외국면허증에 의한 자동차 운전면허 결격기간이 지나지 아니한사람 으로 ㉮ **음주운전·과로한 때** 등의 운전금지, **공동위험행위** 금지 위반으로 사람을 사상한 후 사고발생시의 필요한 조치 및 신고를 하지 아니한 경우 ㉯ **음주운전금지 위반**으로 사람을 **사망**에 이르게 된 경우	5년 (무음과 공사)
무면허운전 등의 금지, 음주운전 금지, 과로한 때 등의 운전금지, 공동 위험행위 금지의 사유가 아닌 **다른 사유로 사람을 사상한** 후 필요한 구호조치 및 신고를 하지 아니한 경우 → 운전면허가 취소된 날부터	4년
㉮ 음주운전, 음주측정거부금지를 위반하여 운전하다가 **2회 이상** 교통사고 일으킨 경우 　　→ 취소된 날부터 ㉯ 자동차를 이용하여 범죄행위를 하거나, 다른 사람의 자동차 등을 훔치거나 빼앗은 사람이 무면허 운전 금지를 위반 한 경우 　　→ 위반한 날로부터	3년
다음 각 경우에 운전면허가 취소된 날부터 2년 ㉮ 무면허운전, 면허정지기간 중 운전 또는 면허발급제한기간 중 국제운전면허증으로 운전금지 규정을 **3회** 이상 위반하여 운전한 경우 그 위반한 날부터 ㉯ 음주운전 금지, 음주측정거부 금지를 위반하여 운전을 하다가 교통사고를 일으킨 경우 ㉰ 공동위험행위 금지를 **2회 이상** 위반한 경우 ㉱ 운전면허의 취소·정지사유 중 　- 운전면허를 **받을 수 없는 사람**이 운전면허를 받거나 **운전면허효력의 정지기간 중** 운전면허증 또는 운전면허증을 갈음하는 증명서를 발급받은 사실이 드러난 경우 　- 다른 사람의 자동차등을 **훔치거나 빼앗은 경우** 　- 다른 사람이 부정하게 운전면허를 받도록 하기 위하여 **운전면허시험에 대신 응시한 경우**	2년
① 위의 2년~5년의 제한사유가 아닌 **다른 사유로 운전면허가 취소된 경우** 운전면허가 취소된 날부터 1년 ② 거짓이나 그 밖의 부정한 수단으로 운전면허 발급 ③ 공동위험행위 금지를 위반하여 운전면허가 취소된 경우 원동기장치자전거면허 취득 결격	1년 (다거원)
1년의 운전면허 발급제한 기간에 해당하는 사유로 면허가 취소된 자가 원동기장치자전거면허를 취득	6개월
운전면허증 **갱신**과 **정기 적성검사**를 받지않은 사유로 운전면허가 취소된 경우	즉시 가능

→ 운전면허효력 정지처분을 받고 있는 경우에는 그 정지기간
→ 국제운전면허증 또는 상호인정외국면허증으로 운전하는 운전자가 운전금지 처분을 받은 경우에는 그 금지기간
→ **음주운전 방지장치를 부착하는 기간**(조건부 운전면허의 경우는 제외한다)

핵심포인트 263 벌점, 누산점수 초과로 인한 운전면허 취소·정지

면허취소	1회의 위반·사고로 인한 벌점 또는 연간 누산점수가 다음 표의 벌점 또는 누산점수에 도달한 때에는 그 **운전면허를 취소한다.**	

기간	벌점 또는 누산점수
1년간	121점 이상
2년간	201점 이상
3년간	271점 이상

면허정지	1회의 위반·사고로 인한 벌점 또는 처분벌점이 **40점 이상이 된 때부터** 결정하여 집행하되, 원칙적으로 **1점을 1일로** 계산하여 집행한다.

→ 이의가 있는 사람은 그 처분을 받은 날부터 **60일 이내**에 행정안전부령으로 정하는 바에 따라 **시·도경찰청장에게 이의를 신청할 수 있다.**
→ 해당처분에 대한 행정소송은 행정심판의 재결을 거치지 아니하면 제기할수 없다.(142조)
→ 면허증 반납사유가 발생한 날로부터 **7일 이내 운전면허증 반납해야한다.**

핵심포인트 264 교통사고 결과에 따른 벌점기준

구분		벌점	내용
인적 피해 교통 사고	사망 1명마다	90	사고발생 시부터 72시간 이내에 사망한 때
	중상 1명마다	15	**3주 이상의** 치료를 요하는 의사의 진단이 있는 사고
	경상 1명마다	5	3주 미만 5일 이상의 치료를 요하는 의사의 진단이 있는 사고
	부상신고 1명마다	2	5일 미만의 치료를 요하는 의사의 진단이 있는 사고

1. 교통사고 발생 원인이 불가항력이거나 피해자의 명백한 과실인 때에는 행정처분을 하지 아니한다.
2. 자동차등 대 사람 교통사고의 경우 **쌍방과실인 때에는 그 벌점을 2분의 1로** 감경한다.
3. 자동차등 대 자동차등 교통사고의 경우에는 그 **사고원인 중 중한 위반행위를 한 운전자만 적용**한다.
4. 교통사고로 인한 벌점산정에 있어서 **처분 받을 운전자 본인의 피해에 대하여는 벌점을 산정하지 아니한다.**

핵심포인트 265 음주운전으로 운전면허 취소, 정지처분의 경우 감경 (생.모3.표)

감경사유	① 운전이 **가족의 생계**를 유지할 중요한 수단이 되는 경우 ② **모범운전자**로서 처분당시 3년 이상 교통봉사 활동에 종사하고 있는 경우 ③ 교통사고를 일으키고 도주한 운전자를 검거하여 경찰서장 이상의 표창을 받은 사람
감경 제외 사유	① 혈중알코올농도가 **0.1퍼센트를 초과**하여 운전한 경우 ② **음주운전 중 인적피해** 교통사고를 일으킨 경우 ③ 경찰관의 음주특정요구에 불응하거나 도주 한때 또는 단속경찰관을 폭행한 경우 ④ 과거 **5년 이내에 3회 이상**의 **인적피해** 교통사고의 전력이 있는 경우 ⑤ 과거 **5년 이내에 음주운전의 전력**이 있는 경우

핵심포인트 266 속도위반 범칙금, 벌점

기준	범칙금	벌점
20Km/h 이하	**3만원**	없음
20Km/h 초과 40Km/h 이하	**6만원**	15점
40Km/h 초과 60Km/h 이하	**9만원**	30점
60Km/h 초과 80Km/h 이하	**12만원**	60점
80Km/h 초과 100Km/h 이하	30만원 이하 벌금, 구류	80점
100Km/h 초과	100만원 이하 벌금, 구류	100점
100Km/h 초과 3회 이상	1년 이하 징역이나 500만원 이하 벌금	면허취소

핵심포인트 267 교통사고 처벌의 특례 12개 사항 (신.중.이.앞.무.음.보.횡.적.어.승.철)

① **신호를 위반**하거나 통행금지 또는 일시정지를 내용으로 하는 안전표지가 표시하는 지시를 위반하여 운전한 경우
② **중앙선을 침범**하거나 같은 법 제62조를 위반하여 횡단, 유턴 또는 후진한 경우
③ **제한속도를 시속 20킬로미터 초과**하여 운전한 경우
④ **앞지르기**의 방법·금지시기·금지장소 또는 끼어들기의 금지를 위반하거나 같은 법 제60조제2항에 따른 고속도로에서의 앞지르기 방법을 위반하여 운전한 경우
⑤ **철길건널목 통과방법을 위반**하여 운전한 경우
⑥ **횡단보도에서의 보행자 보호의무를 위반**하여 운전한 경우
⑦ **운전면허** 또는 건설기계조종사면허를 받지 아니하거나 국제운전면허증을 소지하지 아니하고 운전한 경우(**무면허운전**)
⑧ **술에 취한 상태에서 운전**을 하거나 약물의 영향으로 정상적으로 운전하지 못할 우려가 있는 상태에서 운전한 경우(**음주운전**)
⑨ **보도를 침범**하거나 보도 횡단방법을 위반하여 운전한 경우
⑩ **승객의 추락 방지의무를 위반**하여 운전한 경우
⑪ 어린이 보호구역에서 **어린이의 안전**에 유의하면서 운전하여야 할 의무를 위반하여 어린이의 신체를 상해에 이르게 한 경우
⑫ **화물이 떨어지지 아니하도록** 필요한 조치를 하지 아니하고 운전한 경우 (**적재화물**)

핵심포인트 268 정보순환 과정 (기.계.명.사)

정보요구	첩보**기본요소결정** → 첩보수집**계획서작성** → 첩보수집 **명령하달** → **사후검토**(조정·감독)
첩보수집	첩보수집계획 → 첩보출처의 개척 → 첩보의 수집, 획득 → 첩보의 전달 첩보수집단계는 가장중요하고 어려운 단계다.
정보생산 (소순환과정)	선택 → 기록 → 평가 → 분석 → 종합 → 해석
정보 배포	생산된 정보가 정보의 사용권자에게 배포되는 것

핵심포인트 269 정보요구 방법(수단)

PNIO (국가정보목표 우선순위)	국가안전보장이나 정책에 관련되는 **국가정보목표의 우선순위**로서, **정부**에서 기획된 **연간 기본정책을 수행함에 있어 필요로 하는 자료들을 목표로 하여 선정**하는 경우 → 국가정보원에서 작성하여 정보기관활동의 기본방침이됨.
EEI (첩보기본요소)	각 정보기관별 **정보활동을 위한 일반 지침(첩보수집계획서)** 해당 **정보부서에 맡고 있는 정책을 수행함에 있어서 필요한 일반적·포괄적 정보로서 계속적이고 반복적으로 수집해야 할 필요**가 있는 경우 → PNIO를 지침으로 하여 작성(정보관들은 EEI에 따라 일상적 정보활동을 수행)
SRI (특별첩보요구)	**어떤 수시적 돌발상황의 해결에 필요**한 한도 내에서 **임시적·단편적·지역적인 특수사건을 단기에 해결**하기 위하여 필요한 경우 → **사전수집계획서 불필요**, 주로 경찰업무에서 활용되는 정보요구, 정보기관의 활동임 → 필요시 수시로 SRI를 활용요구함 | SRI | EEI | |---|---| | - 임시적, 돌발적, 지역적 특수사항에 대한 단기적 첩보요구 - 사전 첩보수집요구서 불필요 - 주로 정보기관의 활동 - 수시로 단편적 사항에 대햐 명령됨 - 구도로도 가능 | - 전체적 의미를 가진 일반적 내용으로 계속적, 반복적 수집 - 사전에 첩보수집계획서 작성 - 광범위한 지역에 걸쳐 수집되어야할 요구사항 - 통계표와 같이 공개적인 것이 많고 문서화가 대부분 |
OIR (기타정보요구)	**정보 상황의 변화에 따라 불가피하게 정책상 수정이 요구되거나 이를 위한 정보가 절실히 요구되는 경우 PNIO에 우선하여 이를 충족시키기위한 정보요구** → SRI보다는 광범위하고 장기적이다.

핵심포인트 270 정보보고서 용어

판단됨	어떤 징후가 나타나거나 상황이 전개될 것이 거의 **확실시** 되는 근거가 있는 경우
예상됨	첩보 등을 분석한 결과 **단기적**으로 어떤 상황이 전개될 것이 비교적 확실한 경우
전망됨	과거나 현재동향, 미래 계획 등을통해 **장기적**으로 활동의 윤곽이 어떠하리라는 예측을 할 경우
추정됨	구체적인 근거는 없이 현재 나타난 **동향의 원인·배경 등**을 다소 막연히 추측할 때
우려됨	구체적인 징후는 없으나 전혀 그 가능성을 배제하기 곤란하여 **최소한의 대비**가 필요할 때

핵심포인트 271 집회 및 시위에 관한 법률 – 신고

신고	옥외집회나 시위를 주최하려는 자는 신고서를 옥외집회나 시위를 시작하기 **720시간 전부터 48시간 전에** 관할 경찰서장에게 제출하여야 한다. → 학문, 예술, 체육, 의식, 친목, 오락, 관혼상제 및 국경행사에 관한 옥외집회는 신고 아님
철회신고	① 주최자는 신고한 옥외집회 또는 시위를 하지 아니하게 된 경우에는 신고서에 적힌 집회 일시 **24시간 전에 철회신고서**를 관할 경찰관서장에게 제출하여야 한다. ② 철회신고서를 받은 관할경찰관서장은 금지 통고를 한 집회나 시위가 있는 경우에는 그 금지 통고를 받은 **주최자에게** 그 사실을 **즉시** 알려야 한다. ③ 통지를 받은 주최자는 그 금지 통고된 집회 또는 시위를 최초에 신고한 대로 개최할 수 있다. → 다만, 금지 통고 등으로 시기를 놓친 경우에는 **일시를 새로 정하여** 집회 또는 시위를 시작하기 **24시간 전에** 관할경찰관서장에게 신고서를 제출하고 집회 또는 시위를 개최할 수 있다.
통고	보완 통고	관할경찰관서장은 신고서의 기재 사항에 미비한 점을 발견하면 접수증을 교부한 때부터 **12시간 이내에** 주최자에게 **24시간을 기한으로** 보완할 것을 통고할 수 있다. → 보완 통고는 보완할 사항을 분명히 밝혀 **서면으로** 주최자 또는 연락책임자에게 송달하여야 한다.
	금지 통고	신고서를 접수한 관할경찰관서장은 신고된 옥외집회 또는 시위가 금지사유에 해당하는 때에는 **신고서를 접수한 때부터 48시간 이내에** 집회 또는 시위를 금지할 것을 주최자에게 통고할 수 있다.
	금지, 제한통고 장소	1. 제6조제1항의 신고서에 적힌 장소(신고장소)가 다른 사람의 **주거지역이나 이와 유사한 장소로서** 집회나 시위로 재산 또는 시설에 심각한 피해가 발생하거나 사생활의 평온을 뚜렷하게 해칠 우려가 있는 경우 2. 신고장소가 「초·중등교육법」 제2조에 따른 **학교의 주변 지역**으로서 집회 또는 시위로 **학습권을 뚜렷이 침해할 우려가 있는 경우** 3. 신고장소가 「군사기지 및 군사시설 보호법」 제2조제2호에 따른 **군사시설의 주변 지역으로서** 집회 또는 시위로 시설이나 군 작전의 수행에 심각한 피해가 발생할 우려가 있는 경

핵심포인트 272 집회 및 시위에 관한 법률 - 이의신청과 재결

① 집회 또는 시위의 주최자는 **금지 통고를 받은 날부터 10일 이내**에 해당 경찰관서의 **바로 위의 상급경찰관서의 장**에게 이의를 신청할 수 있다.
② 이의 신청을 받은 경찰관서의 장은 **접수 일시를 적은 접수증**을 이의 신청인에게 즉시 내주고 접수한 때부터 **24시간 이내에 재결**을 하여야 한다.
  → 이 경우 접수한 때부터 24시간 이내에 재결서를 발송하지 아니하면 관할경찰관서장의 **금지 통고는 소급하여 그 효력을 잃는다.**
③ 이의 신청인은 금지 통고가 위법하거나 부당한 것으로 재결되거나 그 효력을 잃게 된 경우 **처음 신고한 대로 집회 또는 시위를 개최할 수 있다.**
  → 금지 통고 등으로 시기를 놓친 경우에는 일시를 새로 정하여 집회 또는 **시위를 시작하기 24시간 전에 관할경찰관서장에게 신고함으로써** 집회 또는 시위를 개최할 수 있다.

핵심포인트 273 집회 및 시위에 관한 법률 - 해산절차

1. 종결 선언의 요청	**주최자에게 집회 또는 시위의 종결 선언을 요청**한다. → 다만, 법 제20조제1항제1호·제2호 또는 제4호(미신고 집회 시위, 금지된 집회 시위등)에 해당하는 집회·시위의 경우와 주최자·주관자·연락책임자 및 질서유지인이 집회 또는 시위 장소에 없는 경우에는 **종결 선언의 요청을 생략할 수 있다** → 주최자의 소재를 알 수 없는 경우에는 **주관자·연락책임자 또는 질서유지인을 통하여** 종결 선언을 요청할 수 있다.
2. 자진 해산의 요청	종결 선언 요청에 따르지 아니하거나 종결 선언에도 불구하고 집회 또는 시위의 참가자들이 집회 또는 시위를 계속하는 경우에는 **직접 참가자들에 대하여** 자진 해산할 것을 요청한다.
3. 해산명령 및 직접 해산	자진 해산 요청에 따르지 아니하는 경우에는 **세 번 이상 자진 해산할 것을 명령**한다.
4. 직접해산	참가자들이 해산명령에도 불구하고 해산하지 아니하면 **직접 해산시킬 수 있다.**

핵심포인트 274 집회 및 시위에 관한 법률 – 처벌

평화적 집회시위 방해	3년 이하의 징역 또는 **300만원** 이하의 벌금 → 가중처벌 : 군인, 검사, 경찰관이 방해하면 **5년 이하**의 징역
– 질서유지선 침범, 손괴, 은닉 등 – 확성기등 사용제한 명령 위반 – 해산명령 위반	6개월 이하의 징역 또는 **50만원** 이하의 벌금, 구류 또는 과료

핵심포인트 275 확성기등 사용제한

소음도 구분		대상 지역	시간대		
			주간 (07:00 ~ 해지기 전)	야간 (해진 후 ~ 24:00)	심야 (00:00 ~ 07:00)
대상 소음도	등가소음도 (Leq)	주거지역, 학교, 종합병원	60 이하	50 이하	45 이하
		공공도서관	60 이하	55 이하	
		그 밖의 지역	70 이하	60 이하	
	최고소음도 (Lmax)	주거지역, 학교, 종합병원	80 이하	70 이하	65 이하
		공공도서관	80 이하	75 이하	
		그 밖의 지역	90 이하		

1. 확성기등의 소음은 관할 **경찰서장(현장 경찰공무원)이 측정**한다.
2. 소음 측정 장소는 피해자가 위치한 **건물의 외벽에서 소음원 방향으로 1~3.5m 떨어진 지점**으로 하되, 소음도가 높을 것으로 예상되는 지점의 **지면 위 1.2~1.5m 높이에서 측정**한다.
   → 다만, 주된 건물 경비 등을 위하여 사용되는 **부속 건물, 광장·공원이나 도로상 영업시설물, 공원의 관리사무소 등은 소음 측정 장소에서 제외**한다.
3. 제2호의 장소에서 **확성기등의 대상소음이 있을 때 측정한 소음도를 측정소음도로 하고**, 같은 장소에서 **확성기등의 대상소음이 없을 때 5분간 측정한 소음도를 배경소음도로 한다.**
4. 측정소음도가 배경소음도보다 **10dB 이상 크면 배경소음의 보정 없이 측정소음도를 대상소음도로 하고**, 측정소음도가 배경소음도보다 3.0~9.9dB 차이로 크면 표의 보정치에 따라 측정소음도에서 배경소음을 보정한 소음도를 대상소음도로 하며, 측정소음도가 배경소음도보다 3dB 미만으로 크면 다시 한 번 측정소음도를 측정하고, 다시 측정하여도 3dB 미만으로 크면 확성기등의 소음으로 보지 아니한다.
5. **등가소음도는 10분간**(소음발생 시간이 10분 이내인 경우에는 그 발생시간 동안) 측정한다.
6. **최고소음도는** 확성기등의 대상소음에 대해 **매 측정 시 발생된 소음도 중 가장 높은 소음도를 측정**하며, 동일한 집회·시위에서 측정된 **최고소음도가 1시간 내에 3회 이상 위 표의 최고소음도 기준을 초과한 경우 소음기준을 위반한 것**으로 본다.
7. 다음에 해당하는 행사(**중앙행정기관이 개최하는 행사만 해당**)의 진행에 영향을 미치는 소음에 대해서는 그 행사의 개최시간에 한정하여 위 표의 **주거지역의 소음기준을 적용**한다.
   가. 「국경일에 관한 법률」 제2조에 따른 **국경일의 행사**
   나. 「각종 기념일 등에 관한 규정」 별표에 따른 **각종 기념일 중 주관 부처가 국가보훈처인 기념일의 행사**

핵심포인트 276 국가보안법 구분

목적범 (이.특.안.자.무.예)	이적단체구성·가입죄 특수잠입·탈출죄 안보위해문건제작 등의 죄 자진지원죄 무고·날조죄 국가보안법상 각 죄의 예비·음모죄
신분범(행위주체 제한)	• 목적수행죄 – 반국가단체의 구성원 또는 지령을 받은자 • 자진지원죄 – 반국가단체의 구성원 또는 그 지령을 받은 자를 제외한 모든 사람 • 이적단체구성원의 허위사실 날조·유포 – 반국가단체를 이롭게 하는 것을 목적으로 하는 단체의 구성원 • 특수직무유기죄 – 범죄수사 또는 정보의 직무에 종사하는 공무원 • 직권남용 무고·날조죄 – 범죄수사 또는 정보의 직무에 종사하는 공무원이나 이를 보조하는 자 또는 이를 지휘하는 자
예비·음모 처벌 (반.목.잠.무.이.자.)	반국가단체 구성·가입죄 목적수행죄 잠입·탈출죄 무기류 등의 편의제공죄 이적단체구성·가입죄 자진지원죄
예비·음모 처벌 없음	금품수수죄(5②) 찬양·고무죄(7) 회합·통신죄(8) 무기외 편의제공(9②)
미수, 예비·음모 모두 불처벌 (불.특.무)	불고지죄 특수직무유기죄 무고날조죄
불고지죄 대상 범죄 (목.자.반)	목적수행죄 자진지원죄 반국가단체구성죄·가입죄·가입권유죄
구속기간 연장 불가	특수직무유기, 무고날조, 찬양고무, 불고지

→ 불고지죄는 국가보안법중 유일하게 벌금형규정(5년이하 징역 또는 200만원 이하 벌금)

핵심포인트 277 국가보안법 – 감면규정

임의적 감면	필요적 감면(불.고.자)
① 단순(기타) 편의제공죄(제9조) → 본범과 친족관계에 있을 때 ② 특수직무유기죄(제11조) → 본범과 친족관계에 있을 때	① **불**고지죄(제10조) → 본범과 친족관계에 있을 때 ② **자**수한 때(제16조) ③ **고**발, 이법 죄를 범하는 것을 방해한 때 → 「국가보안법」상의 죄를 범한 타인의 범행을 고발·방해하였을 때

핵심포인트 278 보안관찰법

	해당범죄	제외 범죄
형법	내란목적살인죄, 외환유치죄, 여적죄, 모병이적죄, 시설제공이적죄, 물건제공이적죄, 간첩죄	**내란죄, 일반이적죄, 전시군수계약불이행죄** (내.일.전)
군형법	반란죄, 반란목적군용물탈취죄, 군대 및 군용시설 제공죄, 군용시설 등 파괴죄, 간첩죄, 일반이적죄	단순반란불보고죄
국가 보안법	목적수행죄, 자진지원죄, 금품수수죄, 잠입탈출죄, 편의제공죄(무기류)	**무고날조죄, 단순편의제공죄, 반국가단체구성가입권유죄, 찬양고무죄, 불고지죄, 특수직무유기죄, 회합통신죄** (무.단.반.찬.불고기.특.회)

핵심포인트 279 피보안관찰자의 신고

최초신고	보안관찰처분 결정고지를 받은 날부터 **7일 이내**에 주거지관할 **지구대·파출소장을 거쳐 관할경찰서장**에게 신고하여야 한다.
정기신고	보안관찰처분 결정고지를 받은 날이 속한 달부터 **매3월이 되는 달의 말일까지** 3월간 주요활동사항 등을 지구대·파출소장을 거쳐 관할경찰서장에게 신고하여야 한다.
변동신고	신고사항에 변동이 있을 때에는 **7일 이내**에 지구대·파출소장을 거쳐 관할경찰서장에게 신고하여야 한다.
이전,여행 신고	피보안관찰자가 **주거지를 이전**하거나 **국외여행 또는 10일 이상** 주거를 이탈하여 여행하고자 할 때에는 미리 거주예정지, 여행예정지 기타 대통령령이 정하는 사항을 지구대·파출소장을 거쳐 관할경찰서장에게 신고하여야 한다.

핵심포인트 280 보안관찰처분 심의위원회

위치, 성격	법무부(의결기관)
구성	위원장 1인과 6인의 위원
위원장	**법무부 차관** → 위원장은 위원회의 회의를 총괄하고 위원회를 대표하며, 위원회의 회의를 소집하고 그 의장이 된다. → 위원장이 사고가 있을 때에는 **미리 그가 지정한 위원이** 그 직무를 대행한다.
위원	학식과 덕망이 있는 자로 하되, **그 과반수는 변호사의 자격이** 있는 자이어야 한다. → **법무부장관의 제청으로 대통령이 임명 또는 위촉**한다.
임기	위촉된 위원의 **임기는 2년**으로 한다. → 다만, 공무원인 위원은 그 직을 면한 때에는 위원의 자격을 상실한다.

→ 보안관찰 처분 기간 : 2년

핵심포인트 281 보안관찰 면제 (준.생.신)

1. **준법정신**이 확립되어 있을 것
2. 일정한 주거와 **생업**이 있을 것
3. 대통령령이 정하는 **신원보증**이 있을 것

핵심포인트 282 남북교류협력에 관한 법률 – 남북한 방문

① 남한의 주민이 북한을 방문하거나 북한의 주민이 남한을 방문하려면 **통일부장관의 방문승인**을 받아야 하며, **방문증명서를 소지하여야 한다.**
  → 승인받지 않고 북한방문시 3년 이하의 징역 또는 3천만원이하의 벌금
② 북한을 방문하기위해 통일부장관의 방문승인을 받으려는 남한의 주민과 재외국민은 **방문 7일 전까지** 방문승인 신청서를 **통일부장관에게 제출하여야 한다.**
  → 단수방문증명서 / 복수방문증명서 **유효기간은 5년 이내로 한다. (5년 연장 가능)**

핵심포인트 283 남북교류협력에 관한 법률 - 남북한 주민 접촉

신고	① 남한의 주민이 북한의 주민과 회합·통신, 그 밖의 방법으로 접촉하려면 **통일부장관에게 미리 신고하여야** 한다. → 대통령령으로 정하는 부득이한 사유에 해당하는 경우에는 **접촉한 후에** 신고할 수 있다. ② 국제행사에 참가한 남한주민이 동 행사에서 북한주민과 접촉 기타 부득이한 사유로 사전승인 없이 북한주민과 접촉하는 경우에는 일단 접촉한 후 **7일 이내**에 사후신고를 하여야 한다.
기간	통일부장관은 남북교류·협력의 원활한 추진을 위하여 대통령령으로 정하는 바에 따라 북한주민접촉결과보고서 제출 등 조건을 붙이거나, **3년 이내의** 유효기간을 정하여 수리할 수 있다. **(3년범위 내 연장가능)** → 대통령령으로 정하는 가족인 북한주민과의 접촉을 목적으로 하는 경우에는 **5년 이내**의 유효기간을 정할 수 있다.

핵심포인트 284 북한이탈주민의 보호 및 정착지원에 관한법률 - 보호

보호 기준	① 보호 및 정착지원은 **원칙적으로 개인을** 단위로 한다. → 필요하다고 인정하는 경우에는 대통령령으로 정하는 바에 따라 세대를 단위로 할 수 있다. ② 보호대상자를 **정착지원시설에서 보호하는 기간은 1년 이내로 하고, 거주지에서 보호하는 기간은 5년으로** 한다.
보호결정 기준	보호대상자로 **결정하지 아니할 수 있다.** 1. 항공기 납치, 마약거래, 테러, 집단살해 등 국제형사범죄자 2. **살인 등 중대한 비정치적 범죄자** 3. **위장탈출 혐의자** 5. 국내 **입국 후 3년이** 지나서 보호신청한 사람 6. 그 밖에 국가안전보장·질서유지·공공복리에 대한 중대한 위해 발생 우려, 보호신청자의 경제적 능력 및 해외체류 여건 등을 고려하여 보호대상자로 정하는 것이 부적당하거나 보호 필요성이 현저히 부족하다고 **대통령령**으로 정하는 사람
거주지에서 신변보호	① **통일부장관**은 보호대상자가 거주지로 전입한 후 그의 신변안전을 위하여 **국방부장관이나 경찰청장**에게 협조를 요청할 수 있으며, 협조요청을 받은 국방부장관이나 경찰청장은 이에 협조한다. → 이 경우 해외여행에 따른 신변보호에 관한 사항은 외교부장관과 법무부장관의 의견을 들을 수 있다. ② 신변보호기간은 5년으로 한다. (협의회 심의 거쳐 연장가능)

핵심포인트 285 신변보호 정도(통일부훈령지침)

가	재북시 고위직, 북한의 테러기도 예상자 등 **신변위해를 당할 상당한 우려가** 있는 자
나	거주지 보호대상자 가운데 북에서 중요 직책에 종사하여 신변위해를 당할 **잠재적 우려가 있는 자**와 사회정착이 심히 불안정하여 **특별한 관찰과 지원이 필요한 자**
다	거주지에 편입된 보호대상자 가운데 재북 경력 등을 감안할 때 신변위해를 당할 우려는 **희박하나** 초기 사회정착 계도 차원에서 **일정기간 보호가 필요한 자**

→ **경찰 신변보호담당관**이 수행한다.

핵심포인트 286 외국인 등록의무

등록	① 외국인이 입국한 날부터 **90일**을 초과하여 대한민국에 체류하려면 대통령령으로 정하는 바에 따라 **입국한 날부터 90일 이내**에 그의 체류지를 관할하는 **지방출입국·외국인관서의 장에게** 외국인등록을 하여야 한다. ② 체류자격 변경허가를 받는 사람으로서 입국한 날부터 90일을 초과하여 체류하게 되는 사람은 체류자격 변경허가를 받는 때에 외국인등록을 하여야 한다.
등록증 발급	① 외국인등록을 받은 지방출입국·외국인관서의 장은 대통령령으로 정하는 바에 따라 그 외국인에게 외국인등록증을 발급하여야 한다. → 그 외국인이 **17세 미만**인 경우에는 발급하지 아니할 수 있다. ② 외국인등록증을 발급받지 아니한 외국인이 17세가 된 때에는 **90일 이내**에 체류지 관할 지방출입국·외국인관서의 장에게 외국인등록증 발급신청을 하여야 한다

핵심포인트 287 외국인의 입국금지 : 법무부장관(금지할수 있다.)

> 1. **감염병환자, 마약류중독자**, 그 밖에 **공중위생상 위해**를 끼칠 염려가 있다고 인정되는 사람
> 2. 「총포·도검·화약류 등의 안전관리에 관한 법률」에서 정하는 **총포·도검·화약류 등을 위법하게 가지고 입국하려는 사람**
> 3. **대한민국의 이익이나 공공의 안전을 해치는 행동**을 할 염려가 있다고 인정할 만한 상당한 이유가 있는 사람
> 4. **경제질서 또는 사회질서를 해치거나 선량한 풍속을 해치는 행동**을 할 염려가 있다고 인정할 만한 상당한 이유가 있는 사람
> 5. 사리 분별력이 없고 국내에서 체류활동을 보조할 사람이 없는 정신장애인, 국내체류비용을 부담할 능력이 없는 사람, 그 밖에 구호가 필요한 사람
> 6. **강제퇴거명령을 받고 출국한 후 5년이 지나지 아니한 사람**
> 7. 1910년 8월 29일부터 1945년 8월 15일까지 사이에 다음 각 목의 어느 하나에 해당하는 정부의 지시를 받거나 그 정부와 연계하여 인종, 민족, 종교, 국적, 정치적 견해 등을 이유로 사람을 학살·학대하는 일에 관여한 사람
>   가. 일본 정부
>   나. 일본 정부와 동맹 관계에 있던 정부
>   다. 일본 정부의 우월한 힘이 미치던 정부
> 8. 제1호부터 제7호까지의 규정에 준하는 사람으로서 **법무부장관이** 그 입국이 적당하지 아니하다고 인정하는 사람

→ 입국금지 처분은 **행정처분이다.**
→ 입국금지 처분에 대한 **이의신청 절차는 없다.**
→ 입국금지로 인한 손해발생 비용은 본인이 부담한다.

핵심포인트 288 여권유효기간

일반여권	유효기간 **10년이내**(18세 미만은 5년)
관용여권	유효기간 **5년이내**
외교관여권	유효기간 5년이내
긴급여권	여권의 긴급한 발급이 필요하다고 인정되어 발급

핵심포인트 289 해외여행경보단계

여행경보단계		해외체류자	해외여행 예정자
1단계 : **남색**경보	**여행유의**	신변안전 위험 요인 숙지·대비	
2단계 : **황색**경보	**여행자제**	신변안전 특별유의	불필요한 여행 자제
3단계 : **적색**경보	**철수권고**	긴급용무 아니면 철수	여행취소·연기
4단계 : **흑색**경보	**여행금지**	즉시 대피·철수	여행금지 준수

핵심포인트 290 외국인 상륙(연장가능)

유형	기간	사유
관광상륙	3일 이내	관광을 목적으로 운항하는 국제 여객운송선박의 외국인승객
승무원상륙	15일 이내	**외국인 승무원이** 다른 선박에 옮겨 타거나 휴양 등의 목적으로
긴급상륙	30일 이내	선박등에 타고 있는 외국인(승무원을 포함)의 **질병 그밖의 사고**
재난상륙		조난을 당한 선박등에 타고 있는 외국인(승무원을 포함) **구조필요시**
난민임시상륙	90일 이내	㉠ 생명·신체, 신체자유 침해받을 공포영역에서 도피·신청 ㉡ **법무부장관의 승인**을 받아서함. 　→ 법무부장관은 외교부장관과 협의해야한다.

핵심포인트 291 외국인 출국정지

수사외 출국금지	㉠ **형사재판에 계속중인 사람** ㉡ **징역형이나 금고형의 집행이 끝나지 아니한 사람** ㉢ 대통령령으로 정하는 금액 이상의 벌금(**1천만원**)이나 추징금(**2천만원**)을 납부하지 아니한 사람 ㉣ 대통령령이 정하는 금액 이상의 국세, 관세(**5천만원**) 또는 지방세(**3천만원**)를 정당사 사유없이 그 납부기한까지 내지 아니한 사람 ㉤ 양육비 이행확보 및 지원에 관한 법률」 제21조의4제1항에 따른 **양육비 채무자 중** 양육비이행심의위원회의 심의·의결을 거친 사람 ㉥ 그 밖에 대한민국의 이익이나 공공의 안전 또는 경제질서를 해할 우려가 있어 그 출국이 부적당하다고 법무부령으로 정하는 자 ⓐ 2억원 이상의 국세를 포탈한 혐의로 세무조사를 받고 있는 사람 ⓑ 20억원 이상의 허위 세금계산서 또는 계산서를 발행한 혐의로 세무조사를 받고 있는 사람 ⓒ 출입국항에서 타인 명의의 여권 또는 위조·변조여권 등으로 출입국하려고 한 사람 ⓓ 3천만원 이상의 공금횡령 또는 금품수수 등의 혐의로 감사원의 감사를 받고 있는 사람 ⓔ 병역의무 기피·감면 목적으로 도망가거나 행방을 감춘 사람
수사상 출국금지	법무부장관은 범죄수사를 위하여 출국이 적당하지 아니하다고 인정되는 사람에 대하여는 **1개월** 이내 출국금지할 수 있다. → 예외적으로 ㉠ 도주 등 특별한 사유가 있어 수사진행이 어려운 사람 : **3개월 이내** ㉡ 소재를 알 수 없어 기소중지결정이 된 사람 : **3개월 이내** ㉢ 기소중지결정이 된 경우로서 체포영장 또는 구속영장이 발부된 사람 : **영장유효기간 이내**

핵심포인트 292 외국인에 대한 조사

① 경찰관은 외국인의 조사와 체포·구속에 있어서는 언어, 풍속과 습관의 특성을 고려하여야 한다.
② 경찰관은 「경찰수사규칙」 제91조제2항에 따라 고지한 경우 피의자로부터 별지 제118호서식의 **영사기관통보요청확인서**를 작성하여야 한다.

> 경찰수사규칙 91조(외국인에 대한 조사)
> ① 사법경찰관리는 외국인을 조사하는 경우에는 조사를 받는 외국인이 이해할 수 있는 언어로 통역해 주어야 한다.
> ② 사법경찰관리는 외국인을 체포·구속하는 경우 국내 법령을 위반하지 않는 범위에서 **영사관원과 자유롭게 접견·교통할 수 있고**, 체포·구속된 사실을 **영사기관에 통보해 줄 것을 요청할 수 있다는 사실을 알려야 한다.**
> ③ 사법경찰관리는 체포·구속된 외국인이 제2항에 따른 통보를 요청하는 경우에는 별지 제93호서식의 영사기관 체포·구속 통보서를 작성하여 지체 없이 **해당 영사기관에 체포·구속 사실을 통보해야 한다.**
> ④ 사법경찰관리는 외국인 변사사건이 발생한 경우에는 제94호서식의 영사기관 사망 통보서를 작성하여 지체 없이 해당 영사기관에 통보해야 한다.
>
> 제92조(한미행정협정사건의 통보)
> ① 사법경찰관은 주한 **미합중국 군대의 구성원·외국인군무원 및 그 가족이나 초청계약자**의 범죄 관련 사건을 인지하거나 고소·고발 등을 수리한 때에는 **7일 이내**에 별지 제95호서식의 한미행정협정사건 통보서를 검사에게 통보해야 한다.
> ② 사법경찰관은 주한 미합중국 군당국으로부터 **공무증명서를 제출받은 경우** 지체 없이 공무증명서의 **사본을 검사에게 송부해야 한다.**
> ③ 사법경찰관은 검사로부터 주한 미합중국 군당국의 재판권포기 요청 사실을 통보받은 날부터 **14일 이내에 검사에게 사건을 송치 또는 송부해야 한다.** 다만, 검사의 동의를 받아 그 기간을 연장할 수 있다.

③ 경찰관은 「경찰수사규칙」 제91조제3항에도 불구하고, 별도 외국과의 조약에 따라 피의자 의사와 관계없이 **해당 영사기관에 통보하게 되어 있는 경우**에는 반드시 이를 **통보하여야 한다.**

핵심포인트 293 주한미군지위협정(SOFA)

적용대상	미합중국 군대 구성원, 군속, 가족(21세미만 자녀), 초청계약자
제외	주한미대사관에 근무하는 무관, 주한미군군사고문단원, 카튜사, 관광목적으로 여행 중인 미군, 독립한 주한미군의 21세 자녀, 주한미군에 근무중인 한국인 근로자

핵심포인트 294 주한미군지위협정(SOFA) – 손해배상

공무집행 중	㉠ 대상자의 전적인 과실이 인정되는 경우 **미군정부가 75%, 한국 정부 25%** ㉡ 대상자의 전적인 과실이 인정되지 않는 경우 **미국정부50%, 한국정부 50%**
공무집행 아닌 경우	미국정부가 100% **부담**

→ **공무중** 사건의 경우 배상신청의 기한은 피해행위가 있었던 날로부터 **5년이내**이며, 배상신청과 별도로 국가를 상대로 손해배상소송이 가능하다.(비공무중 사건의 경우 2년이내)

핵심포인트 295 국제수배서 (적체.청정.녹상.황가.흑사.자수.오폭)

	국제체포수배서, 수배자 체포 및 범죄인 인도
적색수배서	* 우리나라 적색수배서 발부요건 ⓐ **장기2년 이상** 징역이나 금고에 해당하는 죄를 범하여 체포영장 구속영장이 발부된자 ⓑ 살인, 강도, 강간 등 **강력범죄 관련 사범** ⓒ **다액(5억원이상)** 경제사범 ⓓ 사회적 파장 및 사안의 중대성을 고려하여 수사관서에서 특별히 적색수배를 요청한 기타 중요사범
청색수배서	국제정보조회수배서
녹색수배서	상습국제범죄자수배서
황색수배서	가출인수배서
흑색수배서	사망자수배서
장물수배서	도난당하였거나 불법으로 취득한 것으로 보이는 물건에 대한 수배 목적
자주색수배서	범죄수법수배서
오렌지색수배서	**폭발물·테러범** 등에 대해 보안을 경고하기 위해 발행

핵심포인트 296 국제형사사법공조법 – 공조의 제한, 연기 (미.인.정.대.요)

임의적 공조 거절	1. 대한민국주권, 국가안전보장, 안녕질서 또는 **미풍양속을 해할** 우려가 있는 경우 2. **인종·국적·성별·종교·사회적 신분** 또는 특정 사회단체에 속한다는 사실이나 정치적 견해를 달리한다는 이유로 처벌되거나 **형사상 불이익한 처분을 받을** 우려가 있다고 인정되는 경우 3. 공조범죄가 **정치적 성격을 지닌 범죄**이거나 공조요청이 정치적 성격을 지닌 다른 범죄에 대한 수사 또는 재판을 할 목적으로 행하여진 것이라고 인정되는 경우 4. 공조범죄가 **대한민국의 법률에 의하여** 범죄를 구성하지 아니하거나 공소를 제기할 수 **없는** 범죄인 경우 5. 「공조법」에 요청국이 보증하도록 규정되어 있는데도 불구하고 **요청국의 보증이 없는 경우**
공조의 연기 (수.재)	외국의 공조요청이 **대한민국에서 수사진행 중이거나 재판에 계속된 범죄에 대하여** 외국의 공조요청이 있는 경우에는 그 수사 또는 재판절차가 종료될 때까지 공조를 연기할 수 있다.

핵심포인트 297 범죄인 인도 거절 사유

절대적 인도거절 (인도하여서는 아니된다.) (완.재.상.불)	① 대한민국 또는 청구국의 법률에 의하여 인도범죄에 관한 공소시효 또는 형의 **시효가 완성**된 경우 ② **인도범죄에 관하여 대한민국 법원에서 재판계속 중이거나 재판이 확정된 경우** ③ 범죄인이 인도범죄를 행하였다고 **의심할 만한 상당한 이유가 없는 경우**, → 다만, 인도범죄에 관하여 청구국에서 유죄의 재판이 있는 때에는 그러하지 아니하다. ④ 범죄인이 인종·종교·국적·성별·정치적 신념 또는 특정 사회단체에 속함 등을 이유로 처벌되었거나 그 밖의 **불이익한 처분을 받을 염려가 있다고** 인정되는 경우
임의적 인도거절 (인도하지 아니 할수 있다.)	① 범죄인이 **대한민국 국민인 경우** ② 인도범죄의 전부 또는 일부가 **대한민국 영역 안에서 행하여진 경우** ③ 범죄인이 **인도범죄 외의 범죄에 관하여 대한민국 법원에 재판이 계속 중인 경우** 또는 형의 선고를 받고 그 집행을 종료하지 아니하거나 면제받지 아니한 경우 ④ 범죄인이 **인도범죄에 관하여 제3국**(청구국이 아닌 외국을 말함)**에서 재판을** 받고 처벌되었거나 처벌받지 아니하기로 확정된 경우 ⑤ 인도범죄의 성격과 범죄인이 처한 환경 등에 비추어 범죄인을 인도함이 **비인도적이라고 인정되는 경우**

→ 관할 : 서울고등법원과 서울고등검찰청의 전속관할로 한다.

핵심포인트 298 위원구성

보통승진심사위원회	대상자보다 상위계급인 경위이상
보통징계위원회	대상자보다 상위계급인 **경위이상** 또는 상위직급의 6급이상
정규임용심사위원회	대상자보다 상위계급인 **경감이상**

핵심포인트 299 구성 교수

정교수	중앙징계위원회
부교수	손실보상심의위원회, 보통징계위원회, 소청심사위원회
조교수	국가수사본부장, 시도자치경찰위원회, 고충심사위원회

핵심포인트 300 주요 위원회 비교

	국수본부장(외부임용시)	국가경찰위원회 위원	시도자치경찰위원회 위원
자격	수사업무(3급/총경이상) 판사검사변호사 변호사로 국가기관등 법률사무 법률학경찰학 조교수이상 **각 10년 이상** (또는 **합산 15년이상**)	2명은 법관의 자격	판검변·경찰 변호사 국가기관등 법률학·행정학·경찰학 조교수이상 **각 5년이상** (그밖에 학식·덕망 갖춘사람)
결격	① 당적·선거공직 퇴직(이탈) **3년** ② 공무원·판검사 퇴직 **1년** ③ 경찰공무원 결격사유	① 당적·선거공직·경검국군 퇴직(이탈) **3년** ② 국가공무원 결격사유	① 당적·선거공직·경검국군 공무원 퇴직(이탈) **3년** ② 지방공무원 결격사유

소청심사위원회	국가경찰위원회	시도자치경찰위원회
5명~7명 상임위원과 상임위원 수의 1/2이상의 비상임위원 (위원장은 정무직)	7명(위원장+5 비상임, 1명 상임)	7명(위원장+1명 상임)
임기 3년, 1번만 연임 가능	임기 3년, 연임 불가	임기 3년, 연임 불가

핵심포인트 301 의결정족수 비교

재적 과반수찬성	경찰공무원승진심사위원회· 경찰공무원인사위원회· 보상금심사위원회· 시도자치경찰위원회위원추천위
재적 3분의 2 이상 출석, 출석 과반수찬성 (이.소.정)	소청심사위원회 정규임용심사위원회
5명이상 출석, 출석 과반수찬성(고.수)	경찰고충심사위원회의 공개수배심사회의

※ 소청심사위 중징계 취소·변경, 무효등확인 - **재적 2/3 이상 출석, 출석 2/3 이상 찬성**
  → 이 경우 구체적인 결정의 내용은 출석위원 과반수의 합의에 따름
※ 시도자치경찰위원회 재의결 - 재적 과반수 찬성, **출석 2/3 이상 찬성**

핵심포인트 302 임기

위원 임기3년	국가경찰위원회, 시도자치경찰위원회, 소청심사위원회, **언론중재위원회**
위원장 호선 (손.언.국.추.인)	손실보상심의위, **언론중**재위원회, **국가**경찰위원회, 경찰**인권**위원회, 시도자치경찰위원**추천위**

핵심포인트 303 날짜 정리 - 다음날

사망 면직	사망한 다음날 면직
정규임용	시보임용 1년 만료된 다음날
대우공무원	다음달 1일 발령
정보공개청구제도	연장결정
통고처분 미납시	20일+20/100

핵심포인트 **304** 날짜 정리 – 이의신청 날짜

정보비공개결정등 이의신청	30일 이내 해당 공공기관에 (제3자는 7일 이내)
행정기본법상 '처분에 대한 이의신청	30일 이내에 해당 행정청에
집회금지통고 이의신청	10일 이내 바로 위의 상급경찰관서장에게
과태료 이의제기	60일 이내 해당 행정청에

핵심포인트 **305** 날짜 정리 – 소멸시효

보수청구권	국가재정법상 5년 (판례는 3년) → **보수 압류는 1/2 이내로 제한**
연금청구권	5년
재해보상청구권	요양·재활·간병·부조 급여는 3년, 그밖의 급여는 5년

개정 자료 업그레이드는 네이버 카페 <팩트 경찰학> 참고하세요~

초판 1쇄 발행 2024년 11월 30일

편저 김만희
발행인 공태현 **발행처** (주)법률저널
등록일자 2008년 9월 26일 **등록번호** 제15-605호
주소 151-862 서울 관악구 복은4길 50 (서림동 120-32)
대표전화 02)874-1144 **팩스** 02)876-4312
홈페이지 www.lec.co.kr
ISBN 978-89-6336-954-9 (13350)
정가 20,000원